New 테니스교본

KIHON GA MINITSUKU TENNIS RENSHU MENU 200
ⓒ IKEDA PUBLISHING CO., LTD. 2011
Originally published in Japan in 2011 by IKEDA PUBLISHING CO., LTD.
Korean translation rights arranged through TOHAN CORPORATION, TOKYO., and
BC Agency, SEOUL.

이 책의 한국어판 저작권은 BC 에이전시를 통한 저작권자와의 독점 계약으로 삼호미디어에
있습니다. 저작권법에 의해 한국 내에서 보호를 받는 저작물이므로 무단 전재와 복제를 금합니다.

New
Tennis

New 테니스교본

가미야 가쓰노리 지음 | 김석환 감수
김수연 · 김석환 옮김

삼호미디어

Message of the Supervisor
최고의 테니스 선수를 만든다
To Be a Good Tennis Player

신체의 올바른 사용법을 익히는 것이 테니스 실력 향상의 지름길

지금까지의 테니스 지도법

사람들은 테니스 지도에 대해 일반적으로 다음과 같은 과정을 떠올릴 것이다. 코치가 시범을 보인 모범적인 자세나 톱플레이어의 동작을 보고 학생이 라켓을 휘두르면, 코치가 자세를 점검한 뒤 잘못된 부분을 지적한다. 그리고 손목을 돌리지 말라거나 팔꿈치를 굽히지 말라는 등의 조언을 하면서 자세를 교정해 나간다.

이것이 현재 거의 모든 테니스 강습에서 흔히 이루어지는 교육 과정이다. 이와 같이 자세는 곧 실력이라는 전제를 바탕으로 이루어지는 수업을 경과분석(經過分析) 지도법이라 부른다. 선수의 자세와 플레이를 분석하고, 수정할 점을 찾아 개선하는 지도법인 셈이다. 그러나 이 경과분석 지도법에는 한계가 적지 않다. 코치가 말한 형식대로 치는데도 라켓을 늦게 혹은 빨리 휘둘러서 볼을 잘 치지 못해 괴로워하는 사람이 꽤 많기 때문이다. 하지만 이런 사람들은 어쨌든 원칙대로는 잘 치는 것이므로, 경과분석의 관점에서 조언할 수 있는 것이 한정되어 있다. 원래 기술이라는 것은 각양각색이기 때문에 일괄적으로 자세를 통일하는 것 자체에는 무리가 따른다.

구기(球技)의 기본부터 재점검한다

필자는 인간이 지닌 기본 기능을 높이는 과정을 지도하는 기능분석(機能分析) 지도법을 추천한다. 처음부터 테니스의 전문 기술을 배우는 것이 아니라 신체의 올바른 사용법을 터득하는 것부터 지도를 시작하는 방식이다. 경과분석과는 접근 방법이 다른 이 기능분석을 추천하는 이유는 테니스가 구기 종목 중 하나라는 사실 때문이다. 구기 전반에 필요한 기본 기술로는 뛰기, 던지기, 잡기, 치기 등이 있다. 테니스가 구기 종목인 이상 이러한 능력은 반드시 필요하다. 하지만 구기의 기본도 갖추지 못한 선수는 매우 많은 편이다.

아이들이 밖에서 뛰어놀지 못하게 된 사회적 현실을 모르는 것은 아니지만, 중·고등학교로 강습을 나가면 캐치볼도 제대로 하지 못하는 학생이 많다는 사실에 놀라곤 한다.

캐치볼을 잘 하지 못해도 테니스는 잘할 것이라고 생각하는 사람이 있을지 모르지만 실제로는 그렇지 않다. 캐치볼을 할 때에는 상대의 위치를 확인한 다음 그쪽으로 정확히 볼을 던질 수 있게 몸을 움직여야 하기 때문이다. 볼을 잡을 때에도 볼의 낙하점을 예측해 공을 받을 자리로 이동해야 한다.

이를 테니스에 적용하면, 던지기는 볼의 궤도와 낙하점을 의식한 타구 동작, 잡기는 볼의 낙하점을 정확히 예측해 이동하는 동작으로 볼 수 있다.

따라서 캐치볼을 잘 하지 못하면 테니스의 스트로크 역시 능숙하게 해낼 수 없다. 앞에서 언급한 것처럼 원칙에 맞춰 자세를 취했는데도 라켓을 늦게 혹은 빨리 휘두르게 된다면, 구기의 기본 능력을 갖추지 못한 것이 원인 중 하나이다.

꼭 제대로 된 자세가 아니어도 상관없다

이 책에서는 테니스의 전문적인 기술을 배우기 전에 터득해야 하는 올바른 운동 동작과 구기의 기본 기술 트레이닝이 실려 있다. 운동에 관련된 신경 전달을 빠르고 정확하게 실행하기 위한 코디네이션 트레이닝과 일상생활 속 도구를 활용한 트레이닝이 그것이다.

이 책은 기존의 테니스 기술서에서는 거의 소개되지 않았던 트레이닝에 대해 소개하고, 기존 기술서가 중시하는 라켓 휘두르는 법이나 스윙의 올바른 자세 등은 자세히 다루지 않았다. 이 책은 말 그대로 'No form, No grip'의 기술서이다.

하지만 불안해 할 필요는 없다. 연습 프로그램을 실시하면서 몸의 올바른 사용법에 익숙해지면 테니스의 전문 기술도 자연스럽게 터득할 수 있기 때문이다. 이러한 연쇄 작용 역시 고려해 이 책의 프로그램을 구성하였으므로, 제1장의 내용부터 차례대로 실시하는 것이 가장 효과적이다.

물론 연습 환경이나 상황에 따라 자신에 맞게 재구성할 수도 있다. 그러나 쉽고 간단할 것 같다고 판단해 프로그램을 건너뛰면, 나중에 테니스의 전문 기술을 배울 때 어려움을 겪을지도 모른다. 지금부터 자세히 다루겠지만 테니스와 같은 구기 종목은 실력이 갑자기 향상되지 않는다. 따라서 토대를 제대로 쌓지 않으면 테니스의 실력 향상은 기대할 수 없다는 사실을 명심하자.

세계의 흐름이 변하고 있다

사실 이 책에서 소개하는 프로그램 중 대부분은 일본의 대표로 선발된 선수들이 실제로 도입해 훈련 중인 것들이다. 따라서 훈련이 간단하다고 말할 수만은 없다.

덧붙여서 말하자면, 테니스 교육의 세계적인 흐름도 지금까지의 이야기를 뒷받침한다. 국제테니스연맹 역시 이전에는 경과분석 지도

Message of the Supervisor
최고의 테니스 선수를 만든다
To Be a Good Tennis Player

법만 다루었지만, 현재는 기능분석에 바탕을 둔 지도법을 중요시한다. 실제로 이를 바탕으로 주니어에서 시니어까지 일관된 지도 프로그램을 작성해 실시하고 있다.

이는 테니스 교육이 형식을 중시하는 지도에서 신체 사용법을 중시하는 지도로 변해 가고 있다는 의미로, 일본의 테니스협회 역시 이 흐름에 따른 지도 프로그램을 보급하는 데 힘쓰고 있다.

여전히 일선 테니스 지도 현장에는 경과분석 중심의 지도법이 뿌리 깊게 남아 있긴 하지만 세계적인 트레이닝 흐름은 기능분석이 주류가 된 것이 틀림없다.

라켓 등의 도구가 계속해서 진화하는 것에 발맞추어 테니스 기술도 조금씩이나마 변화해 왔다. 반면, 인간의 신체 구조와 기본적인 운동 기능은 시대와 상관없이 늘 제자리이다. 따라서 세계 테니스계가 올바른 신체 사용법을 이용한 트레이닝으로 훈련 방법이 전환한 것도 당연한 변화라고 할 수 있다.

토대를 소홀히 하지 않는다

지도법이 바뀐다고 단번에 테니스를 잘하게 되는 것은 아니다. 연습량을 점차 늘리면서 성실하게 난이도를 올리는 것만이 실력 향상의 지름길이다. 실력 향상을 위한 방법을 그림으로 나타낸 것이 7쪽의 실력 향상 피라미드이다. 전체의 토대가 되는 부분인 '기초 체력', 이를 바탕으로 훈련해 쌓을 수 있는 '전문 체력'과 '기술', 마지막으로 최종 목표인 '피크 퍼포먼스'의 4단계로 실력 향상 피라미드가 구성된다.

여기서 주목할 점은 피라미드의 구조이다. 기초 체력은 모든 움직임의 토대가 된다. 간혹 슬라이스 치는 실력이 부족해 그와 관련해 조언을 구하는 사람들이 있는데, 이때 토대(기초 체력)가 제대로 잡혀 있는 사람이라면 전문적인 조언이 가능하다. 그러나 기초 체력이 없다면, 맨 마지막에 발생하는 운동 동작이 아니라 토대부터 만들도록 지도해야 한다.

이 책의 구성에 맞추어 설명한다면, 기초 체

실력 향상 피라미드

피크 퍼포먼스 — 아래의 세 단계를 통해 습득한 능력을 토대로 더욱 보강된 플레이를 표현하는 단계. 컨디션을 조절해 코트 위에서 최상의 능력을 발휘할 수 있도록 해야 한다.

기술 — 상대를 어떻게 제압해 포인트를 따낼지를 배우는 단계. 상대가 칠 수 없는 볼을 넣고 또 포인트를 얻으려면 어떻게 하면 좋을지 생각하는 전술, 시합을 유리하게 이끌어가기 위해 상대의 체력을 어떻게 소모시킬지와 같은 전략을 세우는 등 더욱 전문적인 테니스 기술이 필요하다. 더불어 이러한 전술과 전략을 수행하는 데 중요한 지혜도 필요하다.

전문 체력 — 테니스에 필요한 전문적인 기술을 배우는 단계. 구기를 할 수 있는 몸 상태로 만들지 않았다면 배우기 어렵다. 라켓으로 정확하게 볼 치기, 볼에 회전 주기, 발리, 스매시 등 샷 기술 습득을 목표로 한다. 또한 상대의 움직임을 파악하면서 어느 쪽을 노려서 볼을 칠 것인가 등의 능력을 기르는 단계이기도 하다.

기초 체력 — 유연성, 근력, 지구력 등 운동 시 기본이 되는 체력뿐만 아니라 지금까지 설명해 온 신체 사용법을 습득한다. 구기에 필요한 뛰기, 던지기, 잡기, 치기 등의 기본 기술을 습득하는 단계가 된다.

력은 신체 사용법을 배우는 제1장의 코디네이션 트레이닝, 전문 체력은 제3장의 샷 기술에 해당한다. 이와 같은 토대 만들기를 소홀히 한 상태에서는 제4장 이후의 기술을 배우더라도 효과를 기대할 수 없게 된다.

실력 향상은 나이와 상관없다

지금까지의 이야기를 통해 올바른 신체 사용법의 중요성에 대해 알게 되었을 것이다. 하지만 성인이 되고 나면 더 이상 운동 능력을 높일 수 없을지도 모른다고 불안해하는 사람이 있을 수 있다.

코디네이션 능력을 강화하는 시기는 유소년기가 가장 좋다는 연구 결과가 있는 건 사실이지만 한편으로는 노인도 이 능력을 계발하는 것이 가능하다는 과학적인 근거가 밝혀졌다. 즉, 이 책을 읽는 누구든지 코디네이션 능력을 높일 수 있는 것이다.

필자의 제자 중 24세의 남자 선수가 있었다. 사회인이 되고 나서 테니스를 시작했는데, 처음 한 달 동안은 코디네이션 능력을 높이는 트레이닝에만 주력했다. 그 결과, 지금은 상금이 걸린 오픈 테니스 대회에 출전할 정도의 실력이 되었다.

이러한 일도 있었다. 라켓을 한 번도 잡아 본 적이 없던 40대 주부를 가르쳤는데, 처음에는 캐치볼도 제대로 못 하는 실력이었지만, 30분 정도 코디네이션 트레이닝을 한 다음에는 간단한 랠리 정도는 이어갈 수 있게 되었다.

위의 예에서 알 수 있듯이, 신체 기능은 트레이닝만으로도 나이와 성별에 상관없이 향상시킬 수 있다. 이는 곧 테니스 실력 향상은 나이와 상관없이 가능하다는 이야기와도 일맥상통한다.

이 책을 접하는 독자들도 신체의 올바른 사용법을 확실히 익혀서 다양한 샷을 자유자재로 칠 수 있게 되기를 바란다.

일본 프로 테니스 코치 가미야 가쓰노리(神谷勝則)

Message by Kim Seok Hwan

감수자 추천사

테니스를 하며
자신의 최고 기량을 발휘한다

어떤 운동이든, 처음 기본기를 배울 때가 가장 중요한 법이다. 테니스의 경우 그러한 기본기를 알려주는 단체나 기관이 많지 않아서 아쉬웠던 차에, 이와 같은 책을 만나게 되어서 반가운 마음이 앞섰다. 테니스를 쳐본 사람들은 알겠지만, 테니스는 매우 강도 높은 전신 운동이다. 따라서 기본기와 요령을 터득하지 않으면 오래 치기 어려우며, 부상을 입기도 쉽다. 하지만 라켓을 잡을 때의 손 모양이라든지, 스윙 시의 팔 동작과 같은 기본동작을 제대로 익히고 실시한다면, 자신의 최고 기량을 발휘할 수 있고, 몸의 기능 또한 크게 향상될 수 있는 운동이 바로 테니스이다.

학교에서 기본기를 가르치고 난 후, 나는 학생들에게 다음과 같은 점을 강조한다. 경기의 흐름을 읽고, 날아오는 볼에 반응해 몸의 각 부분이 하나가 된 듯 즐겁게 스윙을 하는 것이다. 처음에는 느끼기 어렵겠지만, 본인의 리듬과 기본기가 충실히 바탕이 되어 있다면 그 다음엔 어떠한 상황에서 공이 오더라도 쉽게 대응하고 응용할 수 있어 몸의 운동 신경이 테니스에 알맞은 상태가 된다. 이와 같은 몸 상태를 만들기 위한 지도법이 테니스의 새로운 지도법으로 각광을 받고 있는 것이다.

이처럼 올바른 자세는 중요하지만, 정확한 연습법이 없다면 테니스를 배우는 데 많은 시간이 필요하게 된다. 『New 테니스 교본』에는 자세와 연습법이 사진으로 이해하기 쉽게 설명이 되어 있어 테니스를 즐기는 사람들에게 가장 좋은 지침서가 될 것이라 생각한다. 이 책을 접한 독자들이 정확한 기본기를 익히고 자신의 단점도 보완해 한층 수준 높은 테니스를 즐기길 바란다.

한국체육대학교 교수 김석환

이 책을 읽기 전

꼭 알아둘 키워드

이 책에서는 올바른 신체 사용법을 익히는 것을 목표로 한다.
연습 프로그램을 읽기 전에 신체에 관련된 키워드를 알아두자.

키워드 ① 몸
모든 플레이의 중심이 되는 부위

신체의 몸통 부분으로, 주로 복근과 배근 주변의 근육군을 가리킨다. 발과 팔은 이 몸통에 연결되어 있기 때문에 이 몸통 부분이 약하면 뛰기, 던지기와 같은 운동 동작이 불안정해진다. 이는 당연히 테니스를 할 때도 중요한 역할을 하는 부위이다. 스트로크, 발리, 서브 등 모든 플레이를 할 때, 몸을 확실히 지탱하고 안정시키는 역할을 한다. 이 책에서는 몸의 균형을 유지하는 프로그램과 특히 더 중요한 부위인 복근과 배근을 단련하는 트레이닝을 소개한다. 하지만 그 밖의 연습 프로그램을 실시할 때에도 항상 의식적으로 몸을 안정시키기 위해 노력해야 한다.

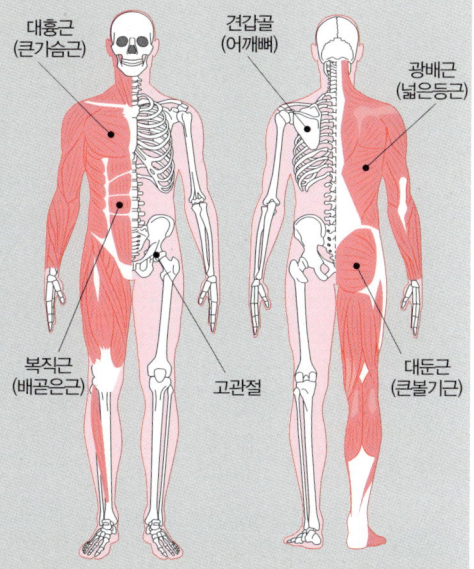

▲ 테니스에서 중요시되는 주요 근육과 골격

인체는 약 200개의 뼈와 약 400개의 근육으로 구성되어 있다. 그중에서도 앞서 언급한 근육과 골격은 몸과 중심의 안정에 중요한 역할을 하는 부위이다. 이 책의 프로그램에서도 자주 언급되는 용어들이므로 알아두는 것이 좋다.

키워드 ② 중심
중심의 안정은 곧 플레이의 안정

신체의 중심은 배꼽 아래에 있다. 중심이 확실히 잡혀야 자세가 안정되고, 플레이를 할 때도 중요한 역할을 한다. 자세가 앞쪽으로 크게 기울어 중심이 불안정해지면, 몸에서 나오는 힘이 팔에서 라켓으로 충분하게 전달되지 않고 위력적인 타구도 할 수 없게 된다. 또 몸이 안정되지 않은 상태에서 볼을 보게 되어 플레이 자체가 부정확해진다. 그러므로 항상 중심의 위치를 의식하고, 이를 유지하면서 플레이하는 것이 중요하다.

키워드 ③ 회내·회외 운동
라켓 스윙에 필요한 팔의 움직임

회내 운동은 팔등을 안쪽으로, 회외 운동은 바깥쪽으로 비트는 움직임을 말한다. 쉬운 예로, 부채질을 할 때 팔 아래쪽을 안쪽으로 비트게 되는데, 이 전완부의 움직임이 회내 운동, 반대의 움직임이 회외 운동이 된다. 테니스에서는 서브와 스핀 샷, 플랫 샷, 스매시 등 모든 기술에서 회내·회외 운동이 이루어진다.

부채질할 때의 회내 움직임은 서브에 응용할 수 있다.

이 책의 사용법

이 책에서 소개하는 프로그램은 모두 연결되는 내용으로, 1장부터 차례대로 실시하면 트레이닝 효과를 높일 수 있다.

1　이 책의 구성

각 장의 구성과 전체의 흐름을 확실히 이해한 다음에 연습 프로그램에 몰두하자.

기초체력	제1장 : 코디네이션	운동과 관련된 신경 전달 반응이 신속하게 이루어지는 데 필요한 코디네이션 능력을 높이는 것이 목표이다. 던지기, 잡기, 치기 등 구기에 필요한 기본 기술을 배운다.
	제2장 : 풋워크	상대의 샷에 빠르게 반응하기 위해 필요한 풋워크를 익힌다. 지구력과 스피드는 물론 코디네이션 능력을 강화하는 것이 중요하다.
체력전문	제3장 : 샷 기술	의도한 곳으로 볼을 치는 능력인 샷 기술을 라켓뿐 아니라 일상생활 속 도구를 사용하는 트레이닝을 통해 향상시킨다.
전문체력·기술	제4장 : 스트로크	포핸드와 백핸드를 비롯해 시합에 필요한 다양한 스트로크 기술을 습득하는 프로그램을 소개한다.
	제5장 : 네트 플레이	네트 앞에서의 플레이는 득점에 매우 좋은 찬스이다. 발리, 스매시 등 네트 플레이에 필요한 기술을 배운다. 이는 특히 복식 경기에 꼭 필요한 기술이다.
	제6장 : 종합 연습	스트로크, 네트 플레이를 조합한 종합 연습이다. 반복 연습뿐만 아니라 랠리 형식의 프로그램도 수록되어 있어 실전 감각을 익히는 것을 목표로 실시하면 좋다.
	제7장 : 서브·서브 리턴	모든 플레이의 시작이 되는 서브(서비스)와 그것을 정확하게 되받아치는 서브 리턴 기술을 습득한다. 아울러 서브에서부터 시작하는 종합 연습도 소개한다.
기술	제8장 : 게임 전술	지금까지 배운 기술을 토대로 실시하는 실전을 가정한 전술 연습이다. 이와 함께 단식 경기 및 복식 경기의 기본적인 움직임(이론)도 배울 수 있다.
체력기초	제9장 : 트레이닝	스피드, 파워, 몸의 균형 등을 강화하는 트레이닝과 피로회복, 부상 예방에 도움이 되는 운동을 소개한다. 기초 체력을 보강하는 장이다.

2 연습 프로그램 페이지

각 프로그램을 사진과 일러스트 등으로 알기 쉽게 설명한다.

목표
연습 프로그램의 주된 목표이다.

연습 데이터
- 난이도는 프로그램의 난이도를 별을 이용해 5단계로 나타낸다.
- 시간과 횟수는 프로그램을 실행하는 데 걸리는 시간과 필요한 횟수를 나타낸다. 선수의 컨디션과 연습 상황 등을 고려하여 실시하도록 한다.
- 1장에서는 해당 프로그램이 7가지 코디네이션 능력(20~21쪽 참조) 중 주로 어떤 능력과 관련이 있는지 아이콘으로 나타낸다.
- 3장에서는 해당 프로그램이 스트로크, 발리, 스매시, 서브 중 주로 어떤 플레이와 관련이 있는지 아이콘으로 나타낸다.

사진 및 일러스트·순서
글과 사진, 일러스트(그림)를 활용해 연습 방법을 설명한다. 전체적인 흐름은 순서를 확인한다. 상세한 연습 포인트와 이미지는 사진과 일러스트를 참고한다.

지도자 MEMO·원포인트 어드바이스
지도자 MEMO는 지도할 때 주의할 점과 연습의 활용법을 설명한다. 원포인트 어드바이스는 보충 설명 등 도움이 되는 요소를 소개한다.

간이 인덱스
연습 프로그램을 찾을 때 사용한다.

목차

머리말	최고의 테니스 선수를 만든다	4	016	위에서 떨어지는 볼 캐치 35
감수자 추천사		8	017	캐치볼 36
이 책을 읽기 전		9	018	무릎 꿇고 캐치볼 37
이 책의 사용법		10	019	신속한 캐치볼 37
용어 해설	테니스의 기초 지식	18	020	멀리 던지는 캐치볼 38

021 원바운드 캐치볼 38
022 바운드 볼 등 뒤에서 캐치 39
023 주머니로 볼 캐치 39
024 오자미식 캐치 40

제1장
코디네이션   19

025 손으로 볼 치기 41
026 떨어지는 볼 손과 발로 받기 41
027 볼 치기 42
028 손·라켓으로 치기 43
029 도구 치기 44
030 짐볼 치기 44
031 라켓으로 볼 치기 45
032 라켓으로 볼 줍기 46

기본 개념 코디네이션의 중요성 20
001 서 있기 24
002 제자리 걷기 25
003 보통 속도로 걷기 25
004 빠르게 걷기 26
005 트로팅 26
006 조깅에서 러닝 27
007 볼 굴리기 28
008 언더스로 29
009 오버스로 29
010 다양한 투구 자세 30
011 다양한 각도로 투구 31
012 멀리 던지기 32
013 볼 세우기 33
014 토스된 볼 캐치 34
015 달걀 캐치 34

제2장
풋워크   47

기본 개념 풋워크의 중요성 48
033 준비 자세 50
034 몸통 균형 잡기 50
035 2~3보 대시 51

12

036	대시 후 제동	51
037	속도 변화 익히기	52
038	가로로 풋워크	53
039	다양한 스텝	54
040	스텝 후 대시	56
041	콘 터치 & 콘 돌기	57
042	뒤쪽에서 오는 볼에 대응하며 대시	58
043	떨어지는 볼 재빨리 캐치	58

제3장 샷 기술   59

기본 개념	샷 기술의 중요성	60
044	바구니에 볼 던져 넣기	62
045	비치볼 플레이	62
046	로테이션으로 받아치기	63
047	패스 게임	63
048	라켓으로 볼 받아 올려 발리로 리턴	64
049	목표물 의식	64
050	이동하는 물체에 투구	65
051	움직임이 있는 볼 캐치	65
052	발로 볼 주고받기	66
053	동시에 캐치볼	67
054	무작위 캐치볼	67
055	콘으로 볼 캐치	68

056	전진하며 볼 되받아치기	69
057	라켓으로 볼 캐치	70
058	호스로 스윙	70
059	낚싯대로 스윙	71
060	빗자루로 스윙	71
061	일상생활 속 스윙 연습	72
062	짐볼 던지기	73
063	메디신볼 주고받기	74
064	걸으면서 라켓 휘두르기	74
065	발판 밟고 스윙	75
066	라켓으로 볼 굴리기	75
067	라켓으로 누르면서 볼 굴리기	76
068	라켓 골키퍼 게임	76
069	쇼트바운드로 볼 캐치	77
070	쇼트바운드로 볼 토스	77
071	볼 던지기 & 발리	78
072	발리 & 스트로크	78
073	라켓 플레이	79
074	라인 플레이	79
075	스페이스 랠리	80
076	장애물 랠리	80
077	스펀지볼 랠리	81
078	셔틀콕 쳐올리기	81

칼럼 ① 국제 테니스 연맹도 추천하는 PLAY & STAY로 테니스를 즐긴다 82

목차

제4장
스트로크 83

기술 해설	포핸드 스트로크 84
기술 해설	백핸드 스트로크(한 손 타법) 86
기술 해설	백핸드 스트로크(양손 타법) 88

- 079 드롭 볼 90
- 080 이동하며 드롭 스트로크 90
- 081 토스한 볼 받아치기 91
- 082 여러 방향에서 날아오는 볼 치기 92
- 083 베이스라인으로 물러나서 치기 93
- 기술 해설 톱스핀 94
- 기술 해설 슬라이스 샷 96
- 기본 개념 회전의 중요성 98
- 084 회전 연습 99
- 085 톱스핀 로브 & 앵글 샷 100
- 086 슬라이스 어프로치 & 디펜스 102
- 087 드롭 샷 104
- 088 공간 인식 105
- 089 가까이 있는 타깃 맞히기 105
- 090 강하게 스윙 106
- 091 노바운드 스윙 106
- 092 짧은 볼 & 깊은 볼 처리 107
- 093 서비스라인의 중앙에서 스트로크 108
- 094 서비스라인에서 옆으로 이동하며 스트로크 108
- 095 베이스라인에서 옆으로 이동하며 스트로크 109
- 096 베이스라인에서 시작해 깊은 볼 & 짧은 볼 치기 110
- 097 스트로크 종합 연습 111
- 098 와이퍼 스트로크 112
- 099 포핸드와 백핸드로 좌우 풋워크 113
- 100 방향 전환 스트로크 114
- 101 돌아서서 포핸드로 처리 115
- 102 일정 코너로 스트로크 116
- 103 오픈 코너로 스트로크 116
- 104 발리 & 스트로크 이어가기 117
- 105 민첩하게 스윙 117

칼럼② 우승을 향한 간절한 마음이 만들어낸 징크스 118

제5장
네트 플레이 119

기술 해설	포핸드 발리 120
기술 해설	백핸드 발리 122
기술 해설	스매시 124

- 106 구기의 기본 동작 연습 126
- 107 서비스라인에서 발리 127
- 108 볼 캐치 & 발리 128
- 109 코너에서 발리 129
- 110 발리의 회전 연습 130
- 111 하이 발리 131

14

112	로우 발리	132
113	하이 발리에서 스매시	133
114	스매시 기본 연습	134
115	라켓 두 개로 연습	135
116	발리 · 스매시 전환 연습	135
117	점핑 스매시	136
118	하프 발리	137
119	드롭 발리	138
120	로브 발리	139
121	복식 경기 진영 익히기	140
122	어프로치 샷 후 움직이기	141
123	어프로치 샷 & 발리 반복 연습	142
124	스트로커 따라 움직이기	143
125	크로스 코트 플레이 (어프로치 샷에서 발리)	144
126	컨트롤 전개 연습	145
127	샷 반복 연습	146

제6장 종합 연습 — 147

기본 개념	랠리의 중요성	148
128	1/4 코트 플레이	150
129	변칙 랠리 게임	150
130	네트에 볼 올려두고 게임 시작	151
131	배구 게임	151
132	셔틀콕 플레이	152
133	미니 코트 컨트롤 샷 게임	152
134	랠리 연습	153
135	스트레이트 vs 크로스 랠리	154
136	반쪽 면 vs 한 면 스트로크	155
137	크로스에서 스트레이트	156
138	버터플라이 스트로크	157
139	2 대 1 스트로크	158
140	발리 vs 발리	159
141	발리 vs 발리(2 대 1)	159
142	반쪽 면 vs 한 면 발리	160
143	변칙 발리 vs 발리	161
144	발리 · 스트로크 종합 연습	162
145	원 온 원(One on One)	162
146	어프로치 샷 vs 드롭 샷	163
147	반쪽 면 vs 한 면 (발리 vs 스트로크)	164
148	발리어와 스트로커의 랠리	164
149	높은 볼 랠리	165
150	2 대 2 플레이	166

목차

제7장
서브·서브 리턴   167

기본 개념	서브 포인트	168
기술 해설	서브	170
기술 해설	슬라이스 서브	172
기술 해설	탑스핀 서브	174
151	무거운 볼 던지기	176
152	토스 연습	176
153	라켓 이용해 토스 위치 파악	177
154	라켓 이용해 토스 높이 파악	177
155	펜스 이용해 토스 높이 파악	178
156	팔꿈치 회내 운동	178
157	서브 동작 단계적으로 익히기	179
158	토스한 볼에 볼 맞히기	180
159	펜스나 벽에 타깃 만들기	180
160	지면의 타깃 치기	181
161	지면에 내리치기	181
162	서브 연습 종합해 서비스박스 겨냥	182
163	1·2·3과 1·2의 리듬으로 서브	183
164	캐처에게 서브	184
165	공간 의식하기	184
166	지구본을 이용한 회전 이해	185
167	서브부터 시작하는 반쪽 면 랠리 게임	186
168	탁구 랠리	187
169	3포인트 랠리 게임	187
기본 개념	서브 리턴 포인트	188
기술 해설	서브 리턴	190
170	서브 리턴 준비 자세	192
171	서브 리턴하듯 볼 잡기	193
172	스플릿 스텝	194
173	어깨 회전	194
174	서브 리턴 시 임팩트	195
칼럼 ③	게으른 선수를 위한 최적의 트레이닝	196

제8장
게임 전술   197

기본 개념	확률의 스포츠, 테니스	198
기본 개념	에어리어 매니지먼트	200
기본 개념	공간 매니지먼트	202
기본 개념	시간 매니지먼트	203
175	V 공격	204
176	N 공격	205
177	X 공격	206
178	공격에 빠르게 대처	207
179	드롭 샷으로 포인트 획득	208
180	패싱 샷으로 포인트 획득	209
181	어프로치 샷으로 포인트 획득	210
182	백핸드 쪽을 깊게 공격당한 상황에서 전개	211

기본 개념	복식 경기의 이론	212
기본 개념	복식 경기의 기본, 안행진	214
기본 개념	복식 경기의 기본, 평행진	216
기본 개념	복식 경기의 기본, 패턴 연습	218

제9장
트레이닝 219

183	준비운동	220
184	어깨뼈 스트레칭	222
185	고관절 스트레칭	223
186	동적 스트레칭	224
187	균형 잡기	225
188	정적 스트레칭	226
189	사다리 운동	227
190	민첩성 기르기	227
191	미니 허들	228
192	마커 옆으로 뛰어 넘기	228
193	미니 콘 터치	229
194	장애물 서킷 트레이닝	229
195	라인 트레이닝	230
196	볼 교환	231
197	스파이더 & 역 스파이더	232
198	볼을 이용해 스텝 밟기	232
199	굴려 준 볼에 대응	233
200	재빠르게 볼 캐치	233
201	복근 단련	234
202	배근 단련	235
203	팔굽혀펴기	235
204	스쿼트	236
205	레그 런지	236
206	고관절 근력 강화	237
207	메디신볼 던지기	237
208	서포트 점프	238

| 맺음말 | 독자 여러분께 | 239 |

Column About the Tennis

용어 해설

테니스의 기초 지식

테니스를 할 때 최소한 알고 있어야 할 전문 용어와 코트의 명칭이다. 이 책의 연습 프로그램에서도 이와 같은 용어가 사용되므로 미리 알아 두도록 한다.

▶▶▶ 주요 테니스 용어

어프로치 샷
네트에 접근하기 위해서 치는 샷.

앵글 샷
의도적으로 대각선 방향으로 날카롭게 각도(앵글)를 주어서 치는 샷.

에이스
강하게 쳐서 상대가 라켓에 맞힐 수 없는 샷.

크로스
대각선으로 치는 샷. 백핸드 쪽으로 오는 볼을 돌아서서 전방으로 치는 것을 역크로스라고 한다.

스위트 스팟
라켓 면의 중심으로, 타격 효과가 가장 좋은 부분.

테이크백
스윙을 하기 위해서 라켓을 뒤로 빼는 동작.

패싱 샷
네트 쪽으로 다가오는 상대의 옆쪽으로 빠져 나가게 치는 샷.

포워드 스윙
라켓을 앞으로 내미는 동작.

플레이스먼트
상대가 못 받게 하거나 리턴할 수 없는 곳을 겨냥해 치는 타구.

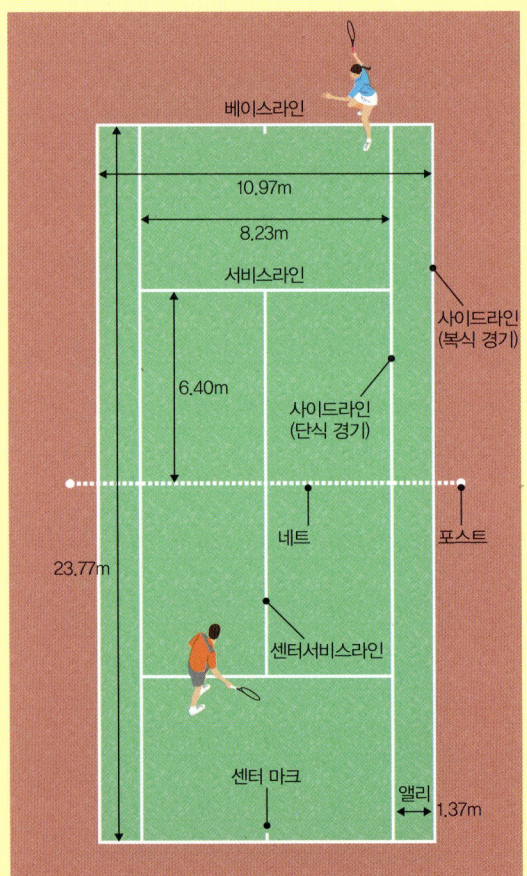

※ 네트 양 끝 포스트의 높이는 1.07m이다. 반면, 네트 중앙의 높이는 91.4cm가 되도록 센터 스트랩이라는 밴드를 매달아 조절한다.

제1장
코디네이션
Coordination

테니스는 구기이다. 전문적인 기술을 배우기 전에 코디네이션 트레이닝을 실시해
뛰기, 던지기, 잡기 등 구기에 필요한 기본 기술을 다지는 것이
테니스 실력을 향상시키는 지름길이다.

코디네이션 트레이닝의 기본 개념

코디네이션의 중요성

코디네이션 능력

운동은 오감을 통해 들어온 정보를 뇌가 인식한 다음 근육과 관절로 동작에 대한 지시를 내림으로써 실시된다. 이 일련의 전달 과정이 빠르고 정확하게 실행되는 능력이 바로 코디네이션 능력이다.

예를 들어 테니스에서는 상대가 친 볼을 보고 최적의 포지션과 리턴 방법을 결정한다. 그러한 결정이 근육과 관절에 전해지면서 실제 샷 동작으로 이어진다. 이와 같은 일련의 움직임을 코디네이션 능력이라고 하는 것이다.

그러므로 테니스 실력을 키우려면 초보자든 경험자든 먼저 이 능력을 계발해야 한다. '라켓을 어떻게 휘두를까' 하는 형식보다 라켓을 휘두르기 위해 필요한 신체의 올바른 사용법을 터득하는 것이 중요하다.

따라서 제1장에서는 코디네이션 능력에 대해 설명하고, 코디네이션 능력을 향상시키기 위한 트레이닝을 소개한다. 코디네이션은 '식별', '연결', '균형', '반응', '리듬', '변환', '자세'의 7가지 능력으로 분류된다. 테니스와의 연관성을 생각하면서 이 능력에 대해 설명해 나가기로 한다.

7 가지 능력	
식별	반응
연결	리듬
균형	변환
	자세

상대가 리턴한 볼을 판단해 정확한 타구 동작을 취하려면 식별 능력이 반드시 필요하다.

식별 — 상황에 대한 정보를 눈으로 확인한다.

눈으로 보고 상황에 맞게 발을 제대로 옮기거나 라켓을 휘둘러 볼을 의도한 곳으로 보내는 능력이다. 상대의 위치나 움직임, 코트를 파악해 적절하게 샷을 하는 능력이다.

테니스를 할 때에는 볼이나 상대의 움직임에 따라 빠르고 다양하게 변하는 상황에 대응하는 능력이 필요하다. 따라서 7가지 코디네이션 능력은 테니스와 밀접한 관련이 있다. 이는 스트로크뿐만 아니라 발리와 스매시, 서브 등 다른 모든 플레이에도 해당한다.

즉, 훈련을 통해 이 7가지 능력을 발달시킨다면 테니스 기술도 자연스럽게 향상될 것이다. 이 능력들은 유소년기일 때 가장 발달시키기 쉽지만, 노력한다면 트레이닝에 따라 연령에 상관없이 누구나 높일 수 있다.

근육과 관절을 유연하게 움직인다.
라켓을 휘두르고 자리를 이동하는 등 그때그때 필요한 동작에 맞춰 효과적이고 유연하게 근육과 관절을 조화롭게 움직이는 능력이다.

몸의 균형을 유지하고, 균형이 무너지더라도 바로 잡는다.
점프 중 혹은 무리한 자세를 취해야 할 때에도 몸의 균형을 유지하는 능력과 더불어 자세가 흐트러지더라도 재빨리 바로 잡을 수 있는 능력이다.

모든 플레이는 운동 동작을 잇는 '연결'이 실행되고 있다.

다양한 정보에 빠르게 반응한다.
볼이나 상대(또는 자신)의 움직임, 위치 등을 재빨리 알아차려서 적절하고 정확한 동작을 취하기 위한 반응 능력이다.

갑작스러운 변화에 재빨리 대응한다.
네트 앞으로 나와 있을 때 로브 공격을 당하게 되는 등 갑작스러운 상황에 직면했을 경우 재빨리 동작으로 바꾸는 능력이다.

리듬을 만들고 동작으로 표현한다.
눈으로 본 정보나 타구음 등의 소리에서 얻은 정보를 토대로 타구 및 포지션 이동의 타이밍을 예측하는 능력이다.

상대 및 볼의 위치를 파악한다.
상대 및 볼과 자신 사이의 거리, 볼의 높이·방향 등을 파악해 그에 따른 적절한 동작을 취하는 능력이다.

구기의 기본 기술을 갈고닦자

자세, 걷기(뛰기), 던지기, 잡기, 던지기 +잡기, 치기를 효과적으로 수행하기 위한 훈련으로 제1장이 이루어져 있다. 이 동작들은 구기의 가장 기본 기술이다.
테니스 역시 구기 종목으로 앞의 동작들을 제대로 하지 못하면, 테니스의 기본 기술을 익혔더라도 정작 실전에 들어갔을 때 볼을 치기 어려울 수 있다.

자세 — 자유로운 움직임과 안정된 자세는 모든 운동의 기본이다.

해당 프로그램 **001** **033**

자세는 모든 동작의 기본이다. 자세에는 서 있기, 눕기, 옆으로 눕기 등 운동을 수반하지 않는 정적 자세(프로그램 001 참고)와 운동을 수반하는 동적 자세가 있다. 테니스에서는 운동을 하기 위한 준비로서 '기본 동적 자세'(프로그램 033 참조)가 기본이 된다. 이 자세를 익히면 치기 어려운 볼을 상대가 쳤을 때에도 재빠르게 대응할 수 있게 된다.

걷기 — 체중 이동과 균형 감각을 익힌다.

걷기(뛰기)는 일상생활에서 빈번하게 이루어지므로 자신 있어 하는 사람이 많을 것이다. 하지만 신체의 상태를 안정시키고 중심의 위치가 유지된 제대로 된 걷기(뛰기)를 할 수 있는 사람은 많지 않다. 보행 자세를 다시 점검하고 올바른 중심 이동과 균형 감각을 의식하는 것이 이후 테니스 샷의 안정으로 이어진다.

해당 프로그램 **002 ~ 006**

던지기 — 자신의 의지를 볼에 전달하는 능력을 기른다.

방향, 거리, 높이 등을 파악해 상대에게 닿는 볼을 던진다. 이 동작은 자신의 의사를 볼에 전달하는, 테니스에 반드시 필요한 능력을 기르기 위한 시작이 된다. 팔뿐만 아니라 전신을 이용해서 던지지 않으면 볼이 멀리 날아가지 않는다. 이 기술을 통해 근육의 운동이 연결되는 운동 연결도 활용할 수 있다.

해당 프로그램 **007 ~ 012**

기존의 테니스 기술서는 대부분 '기술'부터 다루기 시작한다. 하지만 테니스의 형식을 익히기 전에 먼저 구기의 기본 기술을 쌓는 것이 테니스 실력을 향상시키는 데 도움이 된다. 제1장에서는 20~21쪽에서 설명한 코디네이션 7가지 능력을 키우는 트레이닝을 소개한다. 코디네이션 능력을 향상시키면 스트로크, 발리, 서브 등 이후에 배우게 될 테니스의 전문 기술을 습득하는 데 토대가 되므로 결코 소홀히 해서는 안 된다.

잡기
거리를 예측하는 등 상대에게 대응하는 능력이 필요하다.

자신이 의도해서 실시하는 운동인 걷기(뛰기), 던지기와 달리 잡기 동작은 볼 또는 상대에 대응하는 능력을 필요로 하는 기술이다. 볼과의 거리를 예측해서 낙하 지점으로 이동하거나 캐치 타이밍을 잡는 연습은 이후에 볼을 라켓으로 임팩트하는 타이밍을 잡는 데 도움이 된다.

해당 프로그램 013 ~ 016

던지기 + 잡기
상대와의 볼 교환의 기초가 되는 기술이다.

자신이 의도해서 실행하는 의지를 전달하는 던지기와 상대의 의사에 반응하는 잡기의 두 동작을 실행함으로써 상대와의 볼 교환이 이루어진다. 상대의 위치를 파악하고, 어디로 던질지 판단해, 볼을 조작(던지기)하는 과정이 필요하다. 이는 대인 경기인 테니스에 반드시 필요한 요소이다.

해당 프로그램 017 ~ 024

치기
도구를 사용한 운동의 시작, 임팩트와 운동 연결을 배운다.

손이나 도구(라켓)로 볼을 정확하게 파악해 스윙하는 임팩트 타이밍과 팔을 비롯한 전신의 근육이 협응하는 운동 연결을 배운다. 처음에는 손만 사용하다가 서서히 라켓을 이용하는 동작으로 이어가면서 차츰 라켓을 '팔이 연장된 부분'이라고 생각하게 돼 자연스러운 조작이 가능해진다.

해당 프로그램 ~

코디네이션 (자세)

프로그램 001 서 있기

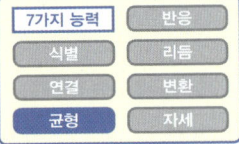

목표 배꼽 아래 위치한 몸의 중심을 느끼면서 균형을 잡는다.
이를 통해 모든 운동의 기본이 되는 자세를 익힌다.

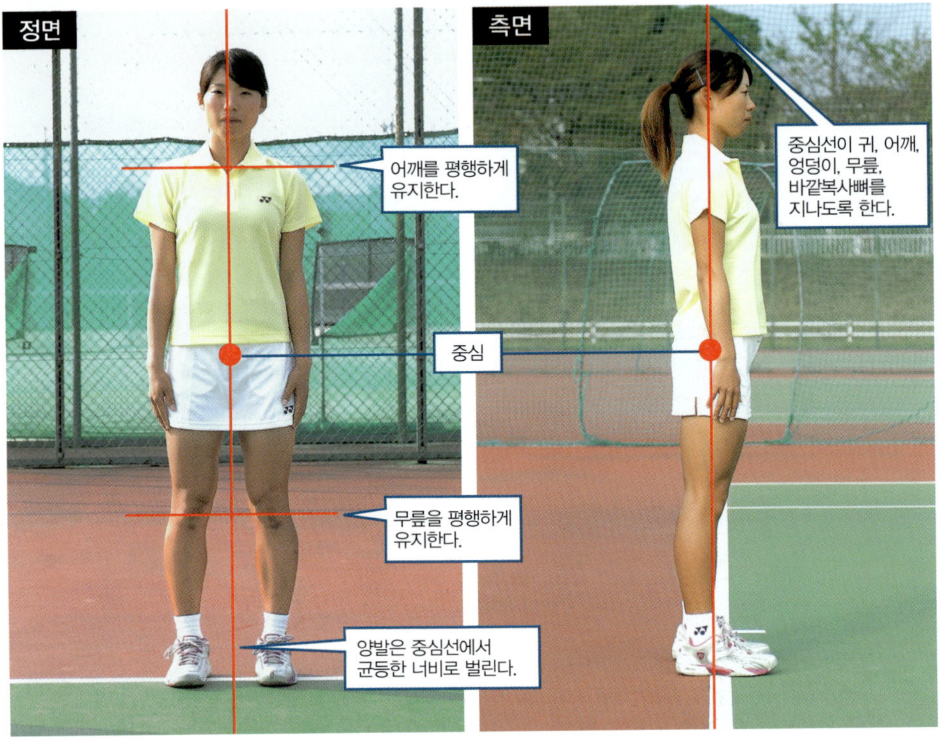

정면
- 어깨를 평행하게 유지한다.
- 중심
- 무릎을 평행하게 유지한다.
- 양발은 중심선에서 균등한 너비로 벌린다.

몸 전체에 힘을 빼고 자연스럽게 선다.

측면
- 중심선이 귀, 어깨, 엉덩이, 무릎, 바깥복사뼈를 지나도록 한다.

몸 전체로 하나의 축이 지나는 느낌으로 선다.

방법
① 양발을 어깨 너비만큼 벌리고 선다.
② 양팔을 몸 옆에 살짝 붙이고, 등을 확실히 편다.
③ 배꼽 아래 위치한 중심을 느끼면서 시선은 정면을 향한다.
④ 몸 전체에 부담이 가지 않는 자세, 즉 귀, 어깨, 엉덩이, 무릎, 바깥복사뼈가 일직선이 된 상태로 선다.

 지도자 MEMO 몸의 균형이 잡혀 있는 것을 느낀다. 서 있는 자세에서는 배꼽 아래에 중심을 두고 귀, 엉덩이, 바깥복사뼈가 일직선이 되는 것이 이상적이다. 이는 모든 운동의 기초가 되므로 확실하게 몸에 익히자.

NG
상체가 좌우 어느 한 쪽으로 기울거나 앞이나 뒤로 기울어서는 안 된다. 기울어진 자세는 몸의 균형을 무너뜨리고 허리의 부담을 가중시킨다.

옆으로 기울어 있다.

앞으로 기울어 있다.

코디네이션 (걷기)

프로그램 002 제자리 걷기

목표 리듬을 유지하며 제자리에서 걷기를 한다. 몸의 균형을 확실하게 잡으면 중심도 안정된다.

7가지 능력	반응
식별	리듬
연결	변환
균형	자세

방법
① 프로그램 001의 자세를 취한다.
② 그 자세에서 제자리 걷기를 한다.
③ 정면을 바라보면서 보행하는 느낌으로 무릎을 들고, 양팔을 앞뒤로 흔든다.
④ 같은 리듬을 유지하며 동작을 이어간다.

머리, 어깨, 중심 라인을 평행하게 유지한다.

지도자 MEMO 배꼽 아래 있는 중심이 위아래로 흔들리지 않게 하면서 리듬을 유지한 제자리 걷기를 한다. 기본 자세를 유지하면, 상체가 좌우로 흔들리지 않으며 리듬도 깨지지 않는다.

코디네이션 (걷기)

프로그램 003 보통 속도로 걷기

목표 자세를 바르게 유지하며 걷는다. 몸에 부담이 가지 않는 평행 운동을 통해 체중을 이동하는 방법을 익힌다.

7가지 능력	반응
식별	리듬
연결	변환
균형	자세

방법
① 제자리 걷기의 상태를 유지하며 보행한다.
② 발뒤꿈치에서 발끝으로 체중을 이동하며 걷는다.

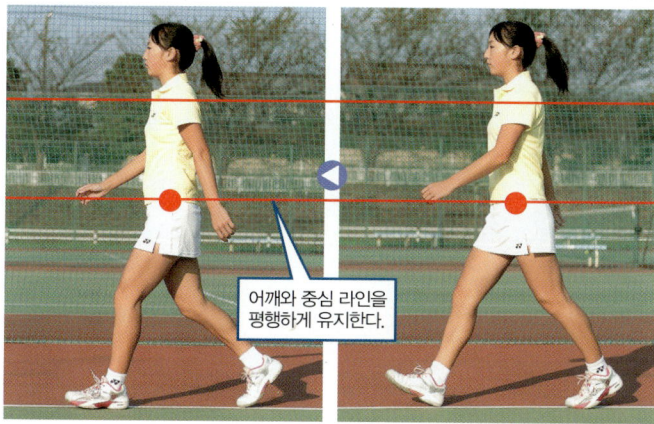

어깨와 중심 라인을 평행하게 유지한다.

지도자 MEMO 신체가 직선 방향으로 평행하게 움직이려는 운동 법칙을 평행 운동이라 한다. 몸을 앞으로 숙인 상태에서는 체중 이동을 해서는 안 된다. 또한 중심이 흔들리지 않도록 코트에 평행하게 이동시켜야 한다.

빠르게 걷기

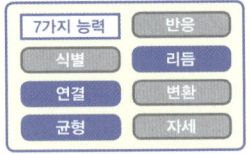

목표 빠른 속도로 보행할 때에도 기본 자세를 유지한다.
중심은 항상 발뒤꿈치에서 발끝으로 이동시킨다.

방법

① 빠르게 걷기 시작한다.
② 발뒤꿈치에서 발끝의 순서로 발이 바닥에 닿는다.
③ 배꼽 아래에 있는 중심을 상하 좌우로 움직이지 않으면서 발뒤꿈치에서 발끝으로 체중을 이동시킨다.

어깨와 중심 라인을 평행하게 유지한다.

 지도자 MEMO 몸을 바로 하고 리듬을 유지하면서 중심이 흔들리지 않는 평행 운동을 한다. 또한 근육과 관절을 원활하고 효과적으로 움직이는 연결(21쪽 참고) 능력을 기른다.

트로팅

목표 풋워크가 세세하게 연속되는 트로팅(trotting, 발을 빨리 움직이는 주법. 속보 훈련)에서도 근육과 관절의 움직임을 연결해 유연한 평행 운동을 실시한다.

방법

① 올바른 자세를 유지하면서 트로팅으로 전진한다.
② 적당한 보폭을 유지한다.
③ 리듬을 유지하면서 평행 운동한다.

중심은 위아래로 움직이지 않는다.

적당한 보폭을 유지한다.

몸의 축을 바로 유지한다.

 지도자 MEMO 민첩하게 걸을 때에도 리듬과 균형을 무너뜨리지 않도록 주의한다. 또 근육과 관절이 따로따로 움직이지 않도록 연결하면서 발이 자연스럽게 앞으로 나오도록 걷는다.

코디네이션 (걷기)

프로그램 006

조깅에서 러닝

7가지 능력	
식별	반응
연결	리듬
균형	변환
	자세

목표 조깅에서 러닝으로 속도가 변하더라도 자세와 중심을 안정시키는 방법을 익힌다.

방법

① 조깅에서 러닝으로 보폭을 넓혀 속도를 내 전진한다.
② 스피드에 맞춰 보폭을 넓히되 자세는 계속 유지한다.

 지도자 MEMO 느린 속도에서 빠른 속도로 변하는 것을 몸으로 느끼자. 이는 동작을 재빨리 전환하는 능력으로 이어진다. 몸을 똑바로 세우면서 근육과 관절을 원활하게 움직이자. 이때에도 중심의 위치는 바뀌지 않는다.

중심의 위치는 항상 일정하게 유지한다.

동작을 재빨리 바꾸어 속도를 높인다.

몸의 축을 바로 유지하고, 얼굴은 정면을 향하게 한다.

「걷기」 총정리

걷기(뛰기)는 모든 운동의 기본이 되는 동작으로, 몸의 모든 부분이 같은 방향을 향하도록 만든 상태에서 하는 평행 운동이다. 따라서 발이 앞으로 나가서 체중이 이동하는 것은 아니라 배꼽 아래에 있는 중심과 함께 몸이 평행하게 나아가면서 체중이 이동되는 것이다.

- 몸의 모든 부분이 같은 방향을 향한 상태에서 실시하는 평행 운동이다.
- 중심은 항상 일정 높이를 유지한다.
- 몸을 바로 한다.
- 발뒤꿈치에서 발끝 순으로 착지한다.
- 정면을 똑바로 응시한다.

 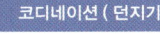

볼 굴리기

목표 상체의 회전과 무릎의 움직임을 느끼면서 볼을 던지거나 칠 때의 움직임을 이해한다.

짐볼

중심은 배꼽 아래에 둔다. / 몸의 축을 바르게 유지한다. / 눈으로 목표물(짐볼)을 확인한다.

소프트발리볼

무릎을 구부리면 중심이 안정된다.

테니스볼

팔의 방향과 볼이 움직이는 방향을 같게 한다.

방법

① 2인 1조가 되어 교대로 볼을 굴린다.
② 볼을 굴릴 때에는 먼저 상대의 위치를 확인한다.
③ 테니스볼 외에는 반드시 양손을 사용하고, 언더스로로 볼이 튀지 않게 굴려야 한다.
④ 왼쪽과 오른쪽 교대로 볼을 굴리도록 한다.

지도자 MEMO 볼을 던질 때에는 먼저 던지는 방향과 반대 방향으로 팔을 당긴다. 그리고 앞으로 뻗은 팔의 방향과 같은 방향으로 볼을 굴리자. 중심은 배꼽 아래 유지하고, 몸을 바로 펴도록 한다.

One Point! 어드바이스 상대를 확인하고 그때의 시각 정보를 바탕으로 볼을 굴리자. 이는 원하는 방향으로 볼을 던지기 위해 필요한 훈련이다. 이를 통해 라켓을 사용해 볼을 치는 데 필요한 능력을 기를 수 있다.

코디네이션 (던지기)

프로그램 008 언더스로

7가지 능력: 반응, 식별, 리듬, 연결, 변환, 균형, 자세

목표: 팔로 던지는 것이 아니라 몸 전체의 평행 운동을 통해 팔을 흔드는 느낌으로 한다.

순서
① 두 명이 거리를 두고 마주 서서 번갈아가며 언더스로로 볼을 던진다.

- 몸 전체가 투구하는 방향을 향한다.
- 몸 전체의 움직임이 이어지게 언더스로로 볼을 던진다.
- 팔로스루에서는 팔에 힘이 빠져 있다.

 지도자 MEMO: 볼을 던지려는 방향을 향해 몸 전체가 평행 운동을 하는지 확인하자. 볼을 던지려는 방향으로 몸이 향하고, 팔을 내리칠 때 볼이 날아가는 방향이 정해진다. 투구 방향과 운동 방향이 달라서는 안 된다. 또한 릴리스 후에는 팔에 힘이 빠져 있어야 한다.

코디네이션 (던지기)

프로그램 009 오버스로

7가지 능력: 반응, 식별, 리듬, 연결, 변환, 균형, 자세

목표: 상체를 비틀 때의 대흉근(큰가슴근) 움직임을 파악한다. 팔로스루 시 몸 전체의 힘이 빠진 상태에서 실시한다.

순서
① 두 명이 어느 정도 거리를 두고 마주 선 채로 번갈아가며 오버스로로 볼을 던진다.

- 가슴을 펴고 투구 준비를 한다.
- 몸의 축이 코트에 수직이 되게 한다.
- 팔의 운동 방향과 볼의 운동 방향이 동일하다.

 지도자 MEMO: 상체를 비틀고 대흉근(7쪽)을 당기면서 테이크백한 다음, 원래 자세로 돌아오면서 볼을 던진다. 이렇게 하면, 근육이 연결되어 움직이는 것을 느낄 수 있다. 몸의 축을 바로 하고, 중심을 배꼽 아래에 유지하며 자세가 흐트러지지 않게 한다.

코디네이션 (던지기)

프로그램 010 다양한 투구 자세

목표 각 투구 동작을 하면서 운동에 필요한 동작과 신체의 안정을 유지하며 상체를 비트는 움직임을 익힌다.

손만 움직여 투구

팔의 근육이 연결되어 던지는 감각을 확인한다.

다트하듯 투구

몸이 약간 비스듬히 기울어도 팔과 근육의 연결은 변하지 않는다.

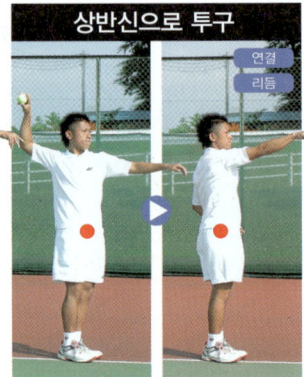

상반신으로 투구

상체를 비틀어서 던질 때 근육의 연결과 몸의 리듬을 느낀다.

벤치에 앉아서 투구

몸의 축을 유지하며 상반신 전체의 힘을 이용해 던진다.

무릎 꿇고 투구

몸의 균형을 잡으면서 상체의 회전을 의식한다.

캐처 자세로 투구

매우 불안정한 상태에서 균형을 잡으며 던진다.

방법

① 두 명이 5~7m의 간격을 두고 마주 선다.
② 6가지 투구법에 따라 교대로 테니스볼을 던진다.
③ 손만 움직여 투구 → 다트하듯 투구 → 상반신으로 투구 → 벤치에 앉아서 투구 → 무릎 꿇고 투구 → 캐처 자세로 투구의 순서로 실시한다.

지도자 MEMO 위의 투구 동작을 할 때에는 각각 근육과 관절의 연결이나 팔과 볼의 운동 방향을 일치시켜야 한다. 그중에서도 무릎 꿇고 투구, 캐처 자세로 투구를 할 때에는 몸을 안정시키고 상체를 비트는 움직임을 익히자.

코디네이션 (던지기)

프로그램 011 다양한 각도로 투구

7가지 능력: 반응 / 식별 / 리듬 / 연결 / 변환 / 균형 / 자세

목표 발로 코트를 찼을 때 생성된 힘은 몸을 통해 팔로 전해져서 볼을 잘 던질 수 있는 원동력이 된다. 이와 같은 운동 연결을 이해한다.

원반 던지기

투구 방향을 보면서 고관절을 벌리고 몸을 비튼다.

팔은 원반을 날리는 방향을 향한다.

던진 후 팔로스루에서는 팔에 힘이 빠져 있어야 한다.

방법
① 두 명이 5~7m 간격을 두고 마주 보고 선다.
② 번갈아가며 원반을 던진다.

쿠션 던지기

쿠션은 무거우므로 균형을 확실히 유지하면서 몸을 비튼다.

몸을 원래 자세로 돌아오게 하면서 팔에 힘을 전달한다.

몸의 축이 흔들리지 않은 상태에서 쿠션을 릴리스한다.

방법
① 두 명이 5~7m의 간격을 두고 마주 보고 선다.
② 번갈아가며 쿠션을 던진다.

지도자 MEMO 고관절을 비틀면서 몸이 자연스럽게 회전할 수 있도록 하고 이에 맞춰 견갑골(어깨뼈)를 뒤로 당긴다. 이 상태에서 다시 몸을 원래의 자세로 돌아오게 하면서 발로 코트를 차 발생한 힘을 팔로 전달하는 것이 던지기 동작이다. 이와 같은 운동 연결의 흐름을 의식하도록 한다.

One Point! 어드바이스 이 두 방법의 공통점은 투구 방향을 보면서 몸을 비트는 것과 투구 방향으로 팔이 나와 있다는 점이다. 이는 투구 동작에서 매우 중요한 요소이다. 발로 코트를 찬 힘이 몸에서 팔로 전달되면서 실질적으로 던지는 힘이 되는 것도 실제로 느껴보도록 한다.

코디네이션 (던지기)

멀리 던지기

7가지 능력	반응
식별	리듬
연결	변환
균형	자세

목표 원활한 운동 연결의 흐름을 통해 다리에서 만들어진 힘이 몸통과 팔로 전달되는 것을 이해한다.

방법
① 코트의 양끝에서 두 명이 마주 보고 선다.
② 도움닫기 없이 테니스볼을 힘껏 던진다.

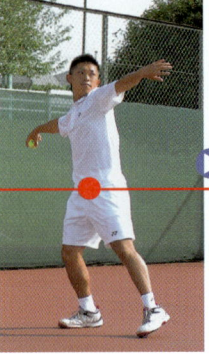
몸을 비틀면서 고관절을 벌린다.

비틀었던 몸을 다시 원래 자세로 되돌리면서 팔에 힘을 전달한다.

볼을 던진 후에는 팔에 힘이 빠져 있다.

지도자 MEMO 멀리 던지기를 할 때에도, 볼을 굴리거나 언더스로로 던질 때와 마찬가지로 근육과 관절이 연결되어야 한다. 발로 코트를 차 생성된 힘을 몸으로 전달하기 때문이다. 몸 전체를 볼을 던지는 방향으로 평행 이동하게 하고, 중심도 평행 이동하게 한다.

「던지기」 총정리

던지기 동작은 볼의 방향, 거리, 높이 등을 자신이 목표한 대로 던질 수 있게 하는 운동이다. 이 동작을 통해 몸 전체의 근육이 이어져 있으며, 몸의 말단에 해당하는 손에도 힘이 전달되도록 한다. 또한 자신의 의사대로 볼을 던질 수 있도록 하자.

- 전신의 근육이 연결되어 손에 힘을 전달한다.
- 자신의 의사를 볼에 전달한다.
- 팔의 운동 방향과 볼이 향하는 방향은 같다.
- 릴리스 후 팔에는 힘이 남아 있지 않도록 한다.

코디네이션 (잡기)

프로그램 013 볼 세우기

7가지 능력	반응
식별	리듬
연결	변환
균형	자세

목표 볼과 자신의 거리, 볼이 구르는 방향을 확인하고 힘을 흡수해 볼을 세운다.

짐볼 세우기

볼의 궤도 안에 서 있다. 　　몸의 균형을 안정시킨다. 　　볼의 힘을 몸으로 흡수한다.

소프트발리볼 세우기

반드시 볼과 정면으로 마주한다.

테니스볼 세우기

작은 볼을 잡을 때도 균형을 잃지 않는다.

방법

① 두 명이 5~7m 정도의 간격을 두고 마주 선다.
② 상대가 굴린 볼을 양손으로 정면에서 잡는다.
③ 처음에는 큰 볼을 사용하고, 난이도를 높여 점차 작은 볼을 사용하도록 한다.

지도자 MEMO 굴러오는 볼과의 거리와 방향을 확인해 볼의 상태를 파악하는 능력(21쪽 참고)을 기른다. 더불어 볼의 크기에 따라 힘(구르는 힘)이 달라지니 무릎을 낮추고 중심을 안정시키면서 흡수하는 방법도 익힌다.

NG

오른쪽 사진처럼 팔로만 볼을 세워서는 안 된다. 상체를 구부리고 있기 때문에 중심이 가슴 쪽으로 이동해 자세가 불안정해진다.

코디네이션 (잡기)

프로그램 014 토스된 볼 캐치

목표: 볼을 빠르게 잡는 타이밍을 익힌다. 이 연습은 라켓을 휘두를 때 정확한 임팩트의 바탕이 된다.

7가지 능력: 반응 / 식별 / 리듬 / 연결 / 변환 / 균형 / 자세

방법
① 두 명이 2m 정도의 간격을 두고 마주 선다.
② 가볍게 발을 움직이면서 상대가 언더스로 던진 볼의 궤도를 확인한다.
③ 잡을 타이밍이 되면 반드시 오버스로 모양으로 손을 오므려 날렵하게 잡는다.

궤도를 확인하면서 손바닥이 볼을 향하게 한다.

몸 전체의 감각으로 볼을 잡는다.

지도자 MEMO: 순간적으로 볼을 잡는 연습은 플레이 시 정확한 임팩트 타이밍을 익히는 데 도움이 된다. 손바닥 전체를 사용해 볼을 입에 무는 모양처럼 해서 재빠르게 잡는다.

코디네이션 (잡기)

프로그램 015 달걀 캐치

목표: 전신을 이용해 달걀을 받는 연습을 통해 운동에 필요한 힘을 흡수하는 감각을 익힌다.

7가지 능력: 반응 / 식별 / 리듬 / 연결 / 변환 / 균형 / 자세

방법
① 두 명이 3m 정도의 간격을 두고 마주 선다.
② 상대가 날달걀이나 물풍선을 던져주면 온몸의 감각을 이용해 캐치한다.

달걀과 자신의 거리와 달걀의 궤도를 확인한다.

손뿐만이 아니라 전신을 이용해 캐치한다.

힘을 흡수하는 느낌으로 캐치한다.

지도자 MEMO: 던지기, 치기와 같은 운동을 할 때에는 힘을 흡수했다가 발산해야 한다. 달걀 캐치는 이처럼 힘을 흡수하는 감각을 익히는 연습이다. 힘을 제대로 흡수하지 못한다면 달걀처럼 깨지기 쉬운 물건을 잡을 수 없다.

코디네이션 (잡기)

프로그램 016 위에서 떨어지는 볼 캐치

7가지 능력	
식별	반응
연결	리듬
균형	변환
	자세

목표 위에서 떨어지는 볼을 향해 얼굴(턱)을 들어 거리를 파악하는 습관을 들인다.

방법

① 코치가 심판대 위에 서서 다양한 방향으로 볼을 떨어뜨리면, 선수가 그 볼을 캐치한다.
② 심판대가 없다면, 10~12m 떨어진 곳에서 포물선을 그리는 볼을 던져주고 선수는 그 볼을 캐치한다.

불규칙적으로 떨어지는 볼에 신속하게 대응한다.

볼과의 거리감은 얼굴이 볼 쪽을 향한 다음 파악한다.

지도자 MEMO 위에서 떨어지는 볼을 눈으로만 확인하는 것이 아니라 턱을 들어 올려 얼굴이 볼 쪽을 향하게 해서 거리를 정확하게 파악해야 한다. 몸은 똑바로 펴서 실시한다. 달걀이나 무거운 물체로 바꿔서 연습하면 몸으로 힘이 흡수되는 것을 느낄 수도 있다.

「잡기」 총정리

잡기 동작을 하려면 볼과의 거리 및 볼의 코스, 방향을 판단할 필요가 있다. 또한 이 동작을 제대로 하려면 눈과 손의 조화가 필요하다. 이때 습득한 볼 잡는 타이밍이 이후에 임팩트 타이밍으로 이어진다.

- 자신과 볼의 관계를 몸에 익힌다.
- 눈과 손의 조화(핸드-아이 코디네이션)를 이해한다.
- 임팩트 타이밍으로 이어지는 훈련이다.
- 자신의 시야 안에서 볼을 잡는다.

프로그램 017 — 코디네이션 (던지기+잡기)

캐치볼

7가지 능력	
식별	**반응**
연결	리듬
균형	변환
	자세

목표 자신과 상대의 위치 관계, 볼에 대한 대응 등을 통해서 '상대와의 관계'를 이해하는 트레이닝이다.

방법
① 두 명이 5~7m 간격을 두고 마주 선다.
② 상대의 가슴 부근을 목표로 오버스로로 던진다.
③ 볼의 코스와 방향 등을 확인하면서 잡는다.

상대와의 거리와 위치를 파악해 어디로 던질지 판단하면서 투구 동작에 들어간다.

볼의 코스를 확인한다.

타이밍을 맞춘다.

상대의 위치를 확인한다.

상대가 잡을 수 있는 위치로 던진다.

지도자 MEMO 이 연습을 통해서 처음으로 상대와 관계 맺는 방법을 배운다. 상대와의 거리, 위치를 고려해 볼을 던지거나 잡는 것은 상대와 일종의 대화를 나누는 것이라고 할 수 있다. 이처럼 상대와의 관계에 주력한 훈련은 대인 경기인 테니스 실력을 높여준다.

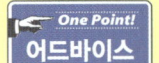
One Point! 어드바이스 볼을 잡을 때는 속도, 방향, 궤도를 판단해 신속하게 대응하는 것이 중요하다. 또 상대에게서 매번 똑같은 볼이 오는 것이 아니므로, 볼의 변화에 대해서도 늘 대응하는 자세를 가져야 한다.

코디네이션 (던지기+잡기)

프로그램 018 무릎 꿇고 캐치볼

7가지 능력	
식별	**반응**
연결	리듬
균형	변환
	자세

목표 상체만 이용해 볼을 캐치하며 몸 전체를 움직일 때의 균형 감각을 익힌다.

팔만 사용하는 것이 아니라 몸 전체의 균형을 잡으면서 볼을 던진다.

방법

① 두 명이 5~7m 정도의 간격을 두고 마주 본 상태에서 무릎을 세워 앉는다. 그런 다음 상체를 이용해 볼을 던진다.
② 손을 목표로 상대가 볼을 던질 수 있도록 자신의 손을 얼굴 앞쪽에 둔다.
③ 캐치하는 팔과는 다른 팔로 볼을 던진다.

 지도자 MEMO 상체로 볼을 던질 때 중요한 것은 균형이다. 팔의 힘에만 의지하는 것이 아니라 몸을 부드럽게 비틀어서 균형을 잡는 감각을 익히자.

코디네이션 (던지기+잡기)

프로그램 019 신속한 캐치볼

7가지 능력	
식별	**반응**
연결	리듬
균형	변환
	자세

목표 잡자마자 던지기를 반복하면서 재빨리 동작을 바꾸는 요령을 익힌다.

항상 발을 움직여 어떤 볼도 잡을 수 있는 민첩성을 기른다.

볼을 잡자마자 바로 다시 던진다. 몸 전체로 빠른 템포의 리듬을 만들자.

방법

① 두 명이 5~7m 정도의 거리를 두고 선 다음, 전신을 이용해 볼을 던진다.
② 볼을 잡으면 재빨리 다시 던진다.

 지도자 MEMO 민첩한 투구와 포구를 반복해 반응 동작을 빠르게 하는 연습이다. 상대의 위치와 거리, 볼의 코스 및 방향, 속도 등을 재빨리 판단해 곧바로 동작을 바꿀 수 있게 하자. 발을 계속해서 움직이면 반응도 빨라진다.

코디네이션 (던지기 + 잡기)

프로그램 020 멀리 던지는 캐치볼

7가지 능력	
식별	반응
연결	리듬
균형	변환
	자세

목표 노바운드로 상대에게 전해질 볼의 궤도와 도달점을 연상하면서 전신의 근육과 관절이 자연스럽게 이어져 움직이도록 던진다.

볼을 잡을 타이밍을 파악한다.

볼의 궤도와 도달점을 연상한다.

전신의 근육과 관절이 연결되도록 던진다.

방법

① 코트에 떨어져 서 있는 두 사람이 멀리 던지기를 한다. 난이도에 따라 두 사람의 거리를 조절해도 된다.
② 상대에게 노바운드로 볼을 보낸다.
③ 라이너성 볼(직선으로 쭉 뻗어나가는 타구)이나 포물선을 그리는 볼 등 다양한 구질로 던져보자.

 지도자 MEMO 프로그램 012와 마찬가지로 근육과 관절을 연결하는 연습이지만, 이 연습을 할 때에는 볼이 정확히 상대에게 전해지도록 볼의 궤도와 도달점을 예측해야 한다.

코디네이션 (던지기 + 잡기)

프로그램 021 원바운드 캐치볼

7가지 능력	
식별	반응
연결	리듬
균형	변환
	자세

목표 볼의 코스와 스피드에 따라 원바운드된 후에 볼이 어떻게 변하는지 이해한다.

원바운드된 볼이 상대의 가슴 쪽으로 도달하게 하려면 어떻게 던져야 좋을지 생각한다.

멀리 있는 링으로 볼이 튀게 한다.

가까이 있는 링으로 볼이 튀게 할 때에는 강하게 내려쳐야만 상대에게 전달될 수 있다.

가까이 있는 링으로 볼이 튀게 한다.

방법

① 두 명이 한쪽 코트에 마주 보고 선 다음, 원하는 위치에 링을 놓아둔다.
② 상대가 지정하는 링 속으로 볼을 던져 넣으면서 원바운드해 상대의 가슴 쪽으로 도달하게 한다.

 지도자 MEMO 링의 위치와 볼의 스피드에 따라 바운드된 후 볼의 코스가 어떻게 변하는지 이해한다. 동시에 볼을 상대의 가슴 쪽으로 던지는 방법도 생각하자. 이는 전략과 전술을 생각하는 기초가 된다.

코디네이션 (던지기 + 잡기)

프로그램 022 바운드 볼 등 뒤에서 캐치

7가지 능력	반응
식별	리듬
연결	변환
균형	자세

목표 볼을 주시하면서 등 뒤로 떨어질 볼의 궤도를 예측해 잡는다. 이로써 볼의 궤도를 익히는 힘을 기른다.

방법

① 눈앞에서 세게 내려쳐서 바운드된 볼을 등 뒤에서 잡는다.

지도자 MEMO 볼이 보이지 않게 되었을 때 머릿속으로 궤도를 연상하고, 그에 맞춰 손발을 움직여 볼을 잡는다. 앞으로 일어날 일을 예측하는 능력을 기르는 연습이다. 이 연습은 시합에서 상대가 친 볼의 궤도를 예측하는 능력을 길러준다.

볼의 궤도와 방향을 눈으로 확인한다.

머릿속으로 볼의 궤도를 그려본다.

볼이 떨어질 자리를 예상한 다음 손발을 움직여 볼을 잡는다.

코디네이션 (던지기 + 잡기)

프로그램 023 주머니로 볼 캐치

7가지 능력	반응
식별	리듬
연결	변환
균형	자세

목표 도구를 사용해 볼을 처리하는 연습에 익숙해지면 손으로 라켓을 조작할 때의 감각도 기를 수 있다.

방법

① 상대가 던진 볼을 주머니나 옷에 달린 후드 등으로 캐치한다.

주머니로 캐치하기 / 후드로 캐치하기

지도자 MEMO 주머니나 후드를 볼을 캐치하기 위한 도구라고 생각하자. 라켓도 일종의 도구이기 때문에, 이 연습을 통해 라켓을 손으로 조작하는 기술을 기를 수 있다.

눈으로 확인해 볼의 궤도를 읽는다.

주머니라는 도구를 사용한다는 의식을 갖자.

궤도를 예측하지 못하면 볼을 캐치할 수 없다.

코디네이션 (던지기 + 잡기)

프로그램 024

오자미식 캐치

7가지 능력	반응
식별	리듬
연결	변환
균형	자세

목표 볼을 신속하게 처리하는 감각을 기르고, 몸 앞쪽에서 볼을 치는 감각도 익힐 수 있다.

방법

① Ⓐ가 양손으로 볼을 잡고, 교대로 토스한다.
② Ⓑ는 주로 쓰는 손(일반적으로는 오른손)으로만 볼을 캐치해 재빠르게 토스한다. Ⓐ는 토스된 볼을 캐치하는 동시에 다른 손에 있는 볼을 Ⓑ에게 토스한다. 이 연습을 반복한다.

볼에 정신을 빼앗기면 토스와 캐치에 반응하는 감각이 둔해지므로 주의한다.

토스와 캐치를 반복하면서 볼을 주고받는 감각을 기른다.

지도자 MEMO 라켓으로 볼을 칠 때는 볼이 확실하게 시야에 들어온 후 몸 앞에서 볼을 파악하는 것이 좋다. 이 연습을 통해 그와 같은 감각을 기를 수 있다.

「던지기 + 잡기」 총정리

투구는 자신의 의사를 전달하고, 포구는 상대의 의사를 받아들이는 동작이다. 이 두 동작을 통해 상대와의 볼 교환을 이해해야 한다. 이것이 몸에 배어 있지 않으면 대인 경기인 테니스에서는 정확한 판단을 내릴 수 없으며 따라서 볼을 치기 어려워진다.

- 볼 주고받기의 감각을 이해하고 몸에 익힌다.
- 상대와의 위치 관계를 파악한다.
- 포구와 투구는 전신 운동이다.
- 테니스는 대인 경기라는 사실을 기억한다.

코디네이션 (치기)

프로그램 025 손으로 볼 치기

목표 라켓을 사용하기 전에 손으로 볼을 쳐서 임팩트 타이밍을 익힌다.

7가지 능력	반응
식별	리듬
연결	변환
균형	자세

방법

① 1m 정도 떨어진 곳에서 상대가 가볍게 포물선을 그리는 볼을 던져주면, 그것을 손바닥으로 되받아친다.

몸속에서 나오는 힘을 이용해 볼을 치는 느낌으로 임한다.

몸 앞에서 볼을 처리한다는 의식이 중요하다.

임팩트 타이밍을 익히자.

지도자 MEMO 임팩트 타이밍을 익히도록 한다. 볼이 일직선으로 날아가지 않거나 다른 방향으로 어긋난다면, 이는 타이밍이 어긋나 있기 때문이다. 또한 이 연습은 프로그램 024와 마찬가지로 몸 앞에서 볼을 처리하는 것이 중요하다.

코디네이션 (치기)

프로그램 026 떨어지는 볼 손과 발로 받기

목표 볼의 위치와 속도에 재빨리 대응하는 연습이다. 상대가 친 볼에 대응하는 순간적인 판단력을 기른다.

7가지 능력	반응
식별	리듬
연결	변환
균형	자세

방법

① 코치가 심판대 위에서 앞뒤 좌우로 방향·속도에 변화를 주며 볼(여기서는 스펀지볼)을 떨어뜨린다.
② 지면에 누운 상태에서 허리로만 몸을 지탱하며 상체와 양발을 들어 올려 준비한다. 떨어지는 위치에 맞추어 손과 발로 볼을 튕긴다.

지도자 MEMO 손과 발을 나누어 사용함으로써 볼의 낙하 위치와 속도 변화에 대한 순간 판단력을 기른다. 이 연습은 복근의 근력 강화에도 도움이 된다.

코디네이션 (치기)

프로그램 027 볼 치기

7가지 능력	
식별	반응
연결	리듬
균형	변환
	자세

목표 여러 방법으로 볼을 치면서 전신을 이용한 볼 컨트롤 감각을 습득한다.

몸 전체의 움직임이 팔에서 손으로 전달되도록 한다.   양쪽 볼을 같은 리듬으로 반복해서 치자.

방법
① 한 손으로 치기, 두 손으로 치기, 번갈아 치기 등을 골고루 연습한다.
② 한 손으로 할 때에는 오른손, 왼손을 바꿔가며 연습한다.

볼이 코트에 부딪히는 소리, 코스 및 방향, 스피드로 리듬을 만들어낸다.

 손으로 볼을 치는 동작도 전신을 이용해야 한다는 것을 익히자. 몸의 말단, 즉 손만 움직이는 것이 아니라 몸 전체의 운동이 팔에서 손으로 전달되는 것이다. 라켓으로 볼을 치거나 때리는 것도 마찬가지이다.

 볼을 칠 때에는 리듬도 중요하다. 리듬에 맞춰 몸이 움직이기 때문에 반복해서 볼을 칠 수 있다. 가끔은 리듬을 바꿔 실시해 바뀐 리듬에 빠르게 대응할 수 있는지도 확인해보자.

코디네이션 (치기)

프로그램 028 손 · 라켓으로 치기

7가지 능력	
식별	반응
연결	리듬
균형	변환
	자세

목표 손으로 느끼는 '누르기 · 치기 · 대기 · 문지르기'는 라켓으로도 동일하게 느낄 수 있다. 라켓은 팔이 연장된 부분이라는 것을 몸으로 이해한다.

손으로 치기

손에 직접 전해지는 감촉에 집중하자.

누르기 · 치기 · 대기 · 문지르기의 감촉은 모두 다르다.

라켓으로 치기

라켓은 손의 연장된 부분이라는 점을 이해하자.

네트 치기

라켓으로 네트를 친다.

방법
① 마주 보는 상대의 손을 손으로 누르거나, 가볍게 치거나 또는 대거나 문지른다.
② 라켓으로 상대의 손에 ①과 같이 한다.
③ 라켓으로 네트 누르기, 가볍게 치기, 갖다대기, 문지르기를 한다.

지도자 MEMO 누르기·치기·대기·문지르기의 감각을 손으로 직접 느끼도록 한다. 모두 각기 다른 감각이라는 사실을 알게 될 것이다. 라켓으로 이 연습을 실시했을 때도 같은 느낌을 받을 것이다. 이를 통해 라켓은 팔이 연장된 부분이라는 사실을 이해하자.

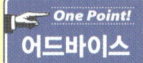 **One Point! 어드바이스** 라켓으로 누르기·치기·대기·문지르기를 할 때 그립을 강하게 쥐어서는 안 된다. 라켓을 이용해 볼에 힘을 전달해야 하는데, 강하게 쥐면 손목만 움직이게 되어 힘이 제대로 전달되지 않는다.

코디네이션 (치기)

프로그램 029 도구 치기

7가지 능력: 반응 / 식별 / 리듬 / 연결 / 변환 / 균형 / 자세

목표 콘과의 거리를 파악하면서 라켓 면의 중심을 콘의 끝부분에 댄다. 이 훈련은 스트로크나 발리를 할 때 라켓 면으로 볼을 정확히 맞히는 감각으로 발달한다.

방법
① 콘을 옆으로 들고 그 끝에 라켓 면을 댄다.
② 콘을 세워 놓거나 다른 사람이 들고 있게 하는 등 다양한 방법을 활용한다.
③ 라켓의 중앙에 정확하게 갖다 대도록 한다.

지도자 MEMO 라켓을 팔이 연장된 부분이라고 생각하면서 콘에 힘을 전달하도록 한다. 이때 콘에 라켓 면의 중심을 대면 힘이 효과적으로 전달된다는 사실도 이해하자.

라켓 면의 중심을 콘에 제대로 댔을 때의 손목 각도와 라켓 잡는 법을 익히자.

코치가 콘을 옆으로 들고 있고 선수는 그 끝에 라켓 면을 댄다.

코디네이션 (치기)

프로그램 030 짐볼 치기

7가지 능력: 반응 / 식별 / 리듬 / 연결 / 변환 / 균형 / 자세

목표 라켓으로 볼을 정확하게 쳤을 때 팔에 전해지는 타격감은 미스 샷과는 다르다. 이 차이를 알고 바르게 치는 법을 익힌다.

방법
① 라켓으로 짐볼을 친다.
② 라켓 면의 중심이 정확하게 맞도록 한다.

지도자 MEMO 부드러운 짐볼에 라켓 면의 중앙이 닿지 않으면 볼의 힘이 팔에 전달되어서 예상치 못한 방향으로 팔이 튕겨 나간다. 정확하게 닿았을 때에는 경쾌한 소리가 나며, 배에 타격감이 전달된다.

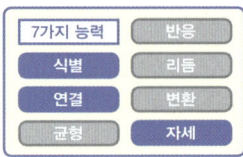
짐볼과의 거리를 예측해 라켓 면의 중심을 댄다.

타점이 너무 가까운 경우

정확하게 댔을 때와 그렇지 않을 때의 차이를 느껴본다.

코디네이션 (치기)

프로그램 031 라켓으로 볼 치기

목표 라켓 면이나 프레임으로 볼을 치면 라켓을 컨트롤하는 능력을 자연스럽게 기를 수 있다.

가볍게 쳐올리기

코트에서 튀어 올라온 볼을 라켓 면의 중앙으로 받아서 가볍게 쳐올린다.

라켓으로 치기

타이밍을 의식하면서 정확하게 연속해서 친다.

튕기기

볼을 치는 타이밍을 더욱 의식한다.

양면 교대로 치기

팔을 안팎으로 비틀어서 라켓 양면을 교대로 사용해 반복해서 볼을 튕긴다. 이때 손목만 사용해서는 안 된다.

프레임으로 치기

라켓 면 외의 부분으로 볼을 반복해서 튕긴다.

그립엔드(손잡이끝부분)로 치기

그립 엔드로 반복해서 볼을 친다.

방법

① 라켓의 여러 부분을 이용해 볼을 튕긴다.
② 라켓 면을 이용한다면 코트에서 튀어 오른 볼을 반복해서 가볍게 쳐올리거나 양면을 교대로 사용해 볼을 튕긴다.
③ 프레임이나 그립 엔드를 이용해 볼을 그 부분으로 반복해서 친다.

지도자 MEMO 볼을 잡는 타이밍과 라켓을 컨트롤하는 힘을 기른다. 임팩트 타이밍을 익히면 효과적으로 볼에 힘을 전달할 수 있다. 라켓을 자신의 의지대로 컨트롤할 수 있으면 다양한 구질과 코스의 볼을 치는 것도 가능해진다. 이 두 가지는 테니스에서 매우 중요한 기술이다.

코디네이션 (치기)

라켓으로 볼 줍기

목표 라켓으로 볼을 튀어 오르게 한 다음 줍는다. 라켓으로 볼을 다루는 감각을 익힐 수 있다.

지면의 볼 튀어 오르게 하기

타이밍을 생각하면서 가볍게 볼을 친다.

반동으로 볼이 튀어 오르게 한다.

볼을 여러 번 쳐서 바운드를 점점 크게 만든다.

방법
① 코트 위에 볼을 놓아둔다.
② 타이밍에 맞춰서 볼을 쳐 튀어 오르게 한다.
③ 그 상태에서 여러 번 쳐서 바운드를 크게 만든 다음, 적당한 높이가 되었을 때 라켓으로 떠올리거나 손으로 잡는다.

라켓과 발 사이에 끼워서 줍기

라켓과 발의 바깥쪽 면 사이에 가볍게 볼을 끼운다.

축이 되는 발로 몸의 균형을 잡으면서 타이밍에 맞춰 볼을 들어 올린다.

볼을 떨어뜨린 후 여러 번 쳐서 바운드를 점점 크게 만든다.

방법
① 코트 위의 볼을 발 바깥쪽과 라켓 사이에 끼워서 들어 올린다.
② 무릎 정도까지 들어 올린 다음, 라켓을 들어 볼을 떨어뜨린다.
③ 바운드된 볼을 여러 번 쳐서 라켓으로 떠올리거나 손으로 잡는다.

지도자 MEMO 시합에서 선수가 보여주는 단순한 기술이지만, 라켓을 자유롭게 다루지 못한다면 불가능한 기술이다. 라켓 면을 의식하면서 볼을 튀기거나 발에 끼우도록 한다. 볼을 잡는 타이밍에도 정신을 집중하도록 하자.

One Point! 어드바이스 볼은 맨 처음에 친 힘에 의해 위에서 눌린 상태가 되고, 그 상태에서 원래대로 돌아가려고 하는 성질에 의해 튀어 오르게 된다. 처음에는 바운드가 낮으므로 여러 번 쳐서 띄운다. 사이에 끼워서 올릴 때는 라켓과 발이 올라가는 속도가 동일해야 한다.

제2장
풋워크
Footwork

테니스에서는 상대의 샷에 재빨리 반응해 최적의 타구 위치를 향해 최고 속도로 이동하는 것이 중요하다. 따라서 재빠른 발 기술인 풋워크를 몸에 익히자.

풋워크의 중요성

몸이 흔들리지 않도록 균형 감각을 기르고 근육과 관절을 유연하게 조화시켜야 한다. 따라서 재빠르게 타구 위치로 이동하는 풋워크는 꼭 필요한 기술이다.

POINT ①

정해진 법칙은 없다. 상황에 따라 자연스럽게 스텝을 밟는다.

테니스의 스텝은 크게 나누어 스플릿 스텝, 사이드 스텝, 크로스 스텝, 캐리오카 스텝, 백 스텝의 다섯 종류로 나눌 수 있다. 단, 상황에 맞춰 어떤 스텝을 밟아야 한다는 법칙은 없다(스플릿 스텝은 상대의 동작을 보고 타이밍을 예측하기 위해 사용한다). 스텝은 어디까지나 상황에 따라 몸이 자연스럽게 반응해 나타나는 움직임이다.

러닝 스텝   크로스 스텝

테니스 시합에서 한 번에 10m를 이동해 볼을 치는 상황은 많지 않다. 짧은 거리를 순간적으로 이동하는 경우가 대부분이다. 따라서 빠르게 판단해 최적의 타구 위치로 민첩하게 이동하는 풋워크를 몸에 익히는 것이 중요하다. 이를 실현하려면 제1장에서 설명한 것처럼 빠르고 정확하게 행동하는 능력, 즉 코디네이션 능력이 반드시 필요하다. 제2장에서도 이와 같은 능력을 쌓으면서 실전에 유효한 풋워크를 익히자.

POINT ②
재빠르게 움직일 수 있는 준비 자세가 풋워크의 기본이다.

테니스를 할 때 전후좌우로 재빠르게 움직이는 능력은 매우 중요하다. 따라서 그저 똑바로 서 있는 것만으로는 상대에 대응할 수 없다. 우선 즉시 움직일 수 있는 준비 자세(프로그램 033)를 익힌다. 이 자세를 몸에 익히는 것이 풋워크의 기본이다.

POINT ③
몸통의 안정에서 비롯되는 몸의 균형이 꼭 필요하다.

제1장에서도 각 동작을 느끼며 트레이닝했던 것처럼, 풋워크에서도 몸의 균형을 유지하는 것이 굉장히 중요하다. 이를 실현하려면 배꼽 아래에 있는 중심을 의식하고, 몸의 중심인 몸통을 안정시켜야 한다. 몸통은 근육과 배근 주변의 근육군을 가리키며, 이 부분이 강하면 무리하게 취한 자세도 빠르게 수정할 수 있다. 날렵한 풋워크는 단순히 발의 속도만으로 이루어지지 않는다. 몸통이 안정되어야만 몸의 균형이 유지된다는 사실을 항상 염두에 두자.

POINT ④
가속, 감속, 방향 전환 등 스피드 조절 능력이 중요하다.

테니스를 할 때 선수들은 항상 같은 속도로 움직이지 않는다. 베이스라인 부근에서 완만하게 이동하면서 리턴한 후, 상대의 허를 찌르기 위해 네트 근처에서 발리를 넣는 등 스피드에 변화를 주어야 한다. 이때 필요한 것이 가속(뛰기), 감속(멈추기), 방향 전환과 같은 능력이다. 또한, 각 능력을 키우는 동시에 이 능력들을 순조롭게 전환하는 능력도 함께 길러야 한다. 이 점에 유의하며 스피드를 자신의 의지대로 조절하는 능력을 기르도록 하자.

POINT ⑤
이동 시의 속도는 발을 내딛을 때의 민첩성이 좌우한다.

네트 근처로 떨어진 볼을 앞으로 나가서 되받아치는 등 시합 중 대시하는 상황은 자주 발생한다. 대시에서 중요한 것은 '맨 처음에 내디딘 첫발이 얼마나 민첩하게 이동하는가'이다. 첫발이 민첩했다면 가속이 붙게 된다. 첫발을 민첩하게 움직이는 것과 중심을 이동하는 방법을 익히면 방향 전환에도 응용할 수 있다.

풋워크

프로그램 033 준비 자세

시간 적당히
횟수 적당히

목표 시합 중 생기는 다양한 상황 변화에 따라 재빨리 움직일 수 있는 '기본 동적 자세'를 익힌다.

올바른 자세 / 중심

NG

배꼽 아래에 있는 중심의 위치를 느낀다.

상체를 너무 앞으로 숙이면 이동할 수 없다.

중심의 위치가 뒤쪽을 향해 있다.

방법

① 배꼽 아래에 있는 중심의 위치를 느끼며 엉덩이를 뒤쪽으로 내밀어 골반이 앞으로 기울어지게 한다.
② 발을 어깨너비로 벌리고 무릎을 가볍게 구부린다.
③ 상체에 힘이 들어가지 않도록 유의한다.

지도자 MEMO 플레이 시의 최적의 자세는 기본 동적 자세이다. 중심의 위치를 의식하면서 상체에 힘을 과하게 주지 않도록 한다. 스스로 전후좌우로 재빠르게 움직일 수 있는 자세가 되어 있는지 확인한다.

풋워크

프로그램 034 몸통 균형 잡기

시간 적당히
횟수 적당히

목표 중심이 안정된 플레이를 하려면 반드시 몸의 축인 몸통의 균형을 잡아야 한다.

짐볼로 균형 잡기

밸런스보드로 균형 잡기

굽힌 양 무릎 사이에 짐볼을 끼우고 몸통의 균형을 잡는다.

밸런스보드 위에 서서 정면을 보며 균형을 잡는다.

방법

① 짐볼을 사용할 때는 양 무릎 사이에 볼을 끼운 상태에서 훈련한다. 익숙해지면 짐볼 위에 두 발로 선다.
② 밸런스보드를 사용할 때에는 밸런스보드 위에 올라가 두 발로 선다.
③ 두 방법 모두 상체를 세운 상태에서 실시한다.

지도자 MEMO 균형 감각을 익히려면 체중의 절반 정도를 차지하는 몸통을 안정시켜야 한다. 몸통의 균형은 중심이 흔들리지 않는 자세의 기본이다.

풋워크

프로그램 035 · 2~3보 대시

시간	약 5분
횟수	5~6회×3세트

목표 ▶ 첫발로 힘차게 지면을 차면서 민첩하게 대시하는 능력을 기른다.

방법

① 몸의 내부에서 힘을 일으킨다는 사실을 의식하면서 중심을 낮춰 민첩하게 첫발을 내디딘다.
② 2~3보 빠르게 대시한다.

전신의 근육을 의식하면서 첫발을 내딛는다.

중심을 낮추면서 힘차게 지면을 찬다.

민첩성이 대시 속도를 결정한다.

지도자 MEMO 풋워크에서는 가속(뛰기), 감속(멈춤), 방향 전환 동작을 민첩하게 수행하는 것이 중요하다. 이를 위해서 연습할 때 첫발로 얼마나 중심을 낮춰 뛰어나갈 수 있는지 확인하도록 한다.

풋워크

프로그램 036 · 대시 후 제동

시간	약 5분
횟수	5~6회×3세트

목표 ▶ 민첩한 대시(가속) 후에 제동(감속)을 걸더라도 몸의 균형을 유지하도록 한다.

방법

① 2~3보 대시한 후 제동을 걸어 감속한다.

제동을 걸 때는 몸통에서부터 실시한다.

잔 스텝을 밟아 제동을 건다.

중심의 위치를 의식하면서 정확하게 균형을 유지한다.

지도자 MEMO 급격한 속도 변화에 필요한 코디네이션 능력(20~21쪽 참고)이 필요하다. 그중에서도 근육과 관절의 조화와 연결, 몸의 균형을 수정·유지하는 능력, 대시부터 감속에 대응하는 변환 능력을 기르는 것이 목적이다.

풋워크

프로그램 037 속도 변화 익히기

🕐 시간 약 1분

👆 횟수 10초×3세트

목표 갑작스러운 변화에 대응할 수 있도록 동작을 재빨리 바꾸는 능력을 기른다.

준비 자세에서 코치가 신호하면 대시한다.

첫발을 재빨리 내딛는다.

코치를 주시하면서 대시한다.

코치가 신호하면 제동을 걸고 나서 재빨리 백 스텝을 밟는다.

방법

① 베이스라인 중앙에서 프로그램 033의 준비 자세를 취한다.
② 코치가 신호하면 대시를 시작한다.
③ 코치가 한 번 더 신호하면 제동해 멈추고, 백 스텝으로 재빠르게 후퇴한다.
④ 이를 반복해서 실시한다.

지도자 MEMO 대시한 후 감속해 백 스텝으로 후퇴하는 동작을 반복하면서 다양한 신호(실제 경기에서는 상황의 변화)를 재빠르게 알아차리고 이에 대응하는 능력을 기른다. 신호를 빠르게 알아차리는 반응 능력과 상황에 따라 동작을 변환하는 능력이 필요하다.

풋워크

프로그램 038 가로로 풋워크

시간 약 1분
횟수 10초×3세트

목표 코치의 신호에 재빨리 대응한다. 가로로 방향을 전환하는 변환 능력을 높인다.

코치가 손을 든 방향으로 대시한다.

뛰는 동안에도 계속 코치를 주시한다.

재빠르게 제동을 걸어 방향 전환에 대비한다.

몸의 균형을 의식하면서 코치를 주시한다.

방법

① 베이스라인 중앙에서 프로그램 033의 준비 자세를 취한다.
② 코치의 손이 올라간 방향으로 대시해 이동한다.
③ 코치가 반대쪽 손을 올리면 그쪽으로 방향을 전환해 대시로 이동한다.
④ 이를 반복해서 실시한다.

지도자 MEMO 가로 방향으로 가속과 감속에 의한 재빠른 방향 전환 훈련을 하면서 갑작스러운 상황 변화에 대응하는 능력을 키운다. 이때 얼굴과 시선은 항상 상대(코치)를 향하도록 한다. 몸이 흔들리지 않으면서 대시하는 균형 감각이 필요하다.

풋워크

프로그램 039 다양한 스텝

🕐 시간 적당히
횟수 적당히

 플레이 중 필요한 다양한 스텝은 몸이 자연스럽게 실시하는 연동 중 하나라는 사실을 이해한다.

스플릿 스텝

방법
① 제자리 걷기를 하면서 준비 자세를 취한다.
② 상대가 볼을 치는 순간을 연상하면서 아주 조금만 뛰어오른다.

 기본 동적 자세에서부터 아킬레스건이 가볍게 반응할 정도의 아주 적은 힘으로 뛰어오른다. 항상 몸의 균형을 유지하도록 한다.

몸에 불필요한 힘을 뺀 자세로 선다.
발에 아주 적은 힘을 주어 가볍게 뛰어오른다.
중심을 잘 잡아 균형이 무너지지 않도록 한다.

사이드 스텝

방법
① 발을 끌어당기는 것이 아니라, 두 발로 가볍고 재빠르게 지면을 차 옆으로 이동한다.
② 상체는 위아래로 움직이지 않는다.

 사이드 스텝은 발을 끌어당기는 동작이 아니다. 의식적으로 시선과 어깨, 허리를 일정한 높이로 유지하도록 하자.

두 발로 가볍고 재빠르게 지면을 차는 느낌으로 실시한다.
상체의 자세와 시선의 높이를 유지한다.
두 발을 지나치게 끌어당기지 않도록 한다.

크로스 스텝

방법
① 두 발을 교차하면서 옆으로 이동한다.
② 상체가 정면을 향한 상태에서 허리를 비튼다.

 고관절을 움직여 발을 교차한다. 주로 뒤로 이동할 때 쓰이며, 앞으로 돌아오는 스텝은 크로스 오버 스텝이다.

●오른발 ●왼발

고관절의 움직임을 의식하면서 발을 교차한다.
상체는 정면을 향하게 하고, 하체만 움직인다.
균형을 무너뜨리지 않도록 주의한다.

테니스 시합에는 스플릿 스텝, 사이드 스텝, 크로스 스텝, 캐리오카 스텝, 백 스텝 등 다양한 스텝이 있다. 예를 들면 스플릿 스텝으로 상대의 리턴 타이밍을 가늠한 다음, 캐리오카 스텝으로 앞으로 나가서 백핸드 슬라이스를 친다. 또는 상대가 친 볼이 코트 깊숙이 들어오면 사이드 스텝을 밟으면서 뒤쪽으로 물러나 타구를 취할 때도 있다. 즉, 제자리에서 타이밍을 잡는 스플릿 스텝을 제외하고, 그때그때 상황에 맞춰 적절하게 다양한 스텝을 밟는 것이 중요하다.

짧은 시간이라도 좋으니 평소에 스텝을 연습하자. 그러면 상황에 따라 자연스럽게 스텝을 밟게 될 것이다.

캐리오카 스텝

균형을 유지하면서 오른발을 앞으로 내민다.

오른발을 착지한 뒤, 왼발을 오른발 뒤로 가져간다.

오른발을 앞으로 내밀면서 몸의 균형을 잡는다.

방법
① 오른발을 왼발 앞으로 교차하면서 동시에 상체도 왼쪽으로 비튼다.
② 교차한 상태에서 왼발을 오른발과 나란히 내디며 중심을 잡는다.
③ 왼발의 움직임에 맞춰 라켓을 휘두르듯이 오른팔을 아래쪽으로 휘두른다.
※ 오른손잡이인 선수가 백핸드를 칠 경우를 가정해 설명했다.

백 스텝

스플릿 스텝을 한 후 움직인다.

오른발을 뒤쪽으로 끌어당기면서 오른손을 백스윙한다.

몸의 왼쪽에 균형을 잡은 상태에서 자세를 유지한다.

방법
① 맨 처음에 볼의 움직임을 확인하는 동작을 한다.
② 오른발을 왼발의 뒤쪽에 두고, 오른손으로 백스윙한다.
③ 왼발을 왼쪽 뒤로 비스듬하게 끌어당긴다.
④ 오른발을 왼쪽으로 비스듬하게 끌어당기면서 오른손을 포핸드로 휘두른다.
※ 오른손잡이인 선수가 뒤쪽으로 온 볼을 포핸드로 돌아서서 칠 경우를 가정해 설명했다.

지도자 MEMO 스텝은 플레이 중 자연스럽게 몸이 반응해 실시하는 풋워크이다. '이럴 때 꼭 이런 스텝을 밟아야 한다'라고 생각하면서 스텝을 밟는 것은 불가능하다. 스텝은 거의 본능적으로 몸이 반응하는 것이 옳은 것이다.

One Point! 어드바이스 캐리오카 스텝, 백 스텝을 할 때에는 볼에서 눈을 떼지 않아야 한다. 발의 움직임을 지나치게 의식하면 실수를 할 수도 있다. 볼을 보는 것과 포지션을 이동하는 것은 거의 동시에 이루어진다는 사실을 잊지 말자.

풋워크

시간 약 3분
횟수 각 10초×3세트

프로그램 040 스텝 후 대시

목표 스텝을 밟은 상태에서 신호에 맞춰 대시하는 연습이다. 상황 변화에 신속하게 대응하는 능력을 높인다.

스플릿 스텝

스플릿 스텝으로 상대와의 타이밍을 맞춘다.

코치의 신호를 확인하고 전력으로 이동한다.

방법
① 네트 쪽에 있는 코치를 보며 준비한다.
② 제자리에서 스플릿 스텝을 실시한 후, 코치가 팔을 올린 방향으로 대시해 이동한다.

사이드 스텝

스텝에 지나치게 신경을 쓰면 코치의 움직임 즉, 상황의 변화를 알 수 없다.

코치의 신호를 확인하고 전력으로 대시한다.

방법
① 네트 부근에 있는 코치를 보면서 사이드 스텝을 이용해 중앙으로 돌아온다.
② 코치가 팔을 올리면 전력으로 대시한다. 다음 신호에서는 방향을 전환해 중앙으로 돌아온다.

지도자 MEMO 갑작스러운 상황 변화에 신속하게 대응하는 능력을 향상시키는 훈련이다. 스플릿 스텝에서는 코치(상대)의 신호에 따라, 사이드 스텝에서는 눈으로 인식한 정보에 따라 재빨리 움직이는 것이 포인트이다.

One Point! 어드바이스 방향을 갑자기 바꾸면 균형이 무너지기 쉽다. 중심을 잘 잡으면서 근육과 관절을 유연하게 움직여 방향을 전환하자. 코치의 신호를 주시하며 신속하게 반응하는 것이 중요하다.

풋워크

프로그램 041 콘 터치 & 콘 돌기

시간 약 3분
횟수 각 10초×3세트

목표 콘(목표물)을 확인하면서 좌우로 대시함과 동시에 몸의 중심을 잘 잡아 균형 감각을 기른다.

콘 터치

멈출 때에는 중심을 아래쪽에 두어 확실하게 제동을 건다.

스텝은 사이드 스텝 또는 러닝 스텝을 밟는다.

방법

① 8m 정도의 간격을 두고 콘 두 개를 놓은 후 콘의 가운데 선다.
② 코치의 신호에 맞춰 한쪽 콘을 향해 대시해서 콘을 터치한다.
③ 터치 후 다른 쪽 콘을 향해 대시해서 터치한다.
④ 이를 반복한다.

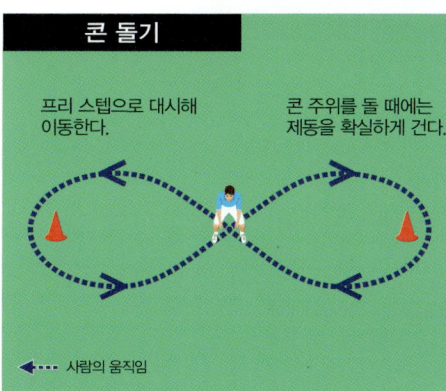

콘 돌기

프리 스텝으로 대시해 이동한다.

콘 주위를 돌 때에는 제동을 확실하게 건다.

←--- 사람의 움직임

콘의 뒤쪽에서 앞쪽으로 돌아 8자를 그리듯이 이동한다.

콘 가까이를 돌 때에는 확실하게 제동을 건다.

방법

① 8m 간격으로 놓인 두 개의 콘 가운데 서서, 코치의 신호에 맞춰 한쪽 콘을 향해 대시로 이동한다.
② 콘의 뒤쪽에서 앞쪽으로 돈 다음, 다른 쪽 콘을 향해 대시하고 같은 요령으로 뒤에서 앞으로 돈다.
③ 이를 반복한다.

지도자 MEMO 스피드의 가속에 필요한 중심의 위치를 의식하는 능력과 균형 유지를 강조한 연습이다. 콘을 터치할 때나 돌 때 몸이 흔들리지 않도록 주의한다. 또한 콘(목표물)을 향해 몸을 옮기는 감각도 터득하자.

One Point! 어드바이스 네트 근처에서 공격할 때에는 민첩한 이동과 행동이 중요하므로 볼과 상대의 움직임을 놓치지 않고 확인해야만 한다. 이 연습에서도 그러한 움직임을 놓치지 않도록 얼굴이 정면을 향해 상황을 확인하는 습관을 들이자.

프로그램 042 — 뒤쪽에서 오는 볼에 대응하며 대시

풋워크

🕐 시간 약 3분
👆 횟수 5~6회×3세트

목표 다양한 방향에서 볼이 오는 상황을 만들어 갑작스러운 변화에 대응하는 능력과 위치 관계를 파악하는 능력을 기른다.

곧바로 움직일 수 있는 자세를 취한다.

집중하지 않으면 반응이 늦어지므로 반드시 집중하자.

방법
① 등 뒤로 1m 정도 떨어진 곳에 코치가 서 있고 선수는 등을 돌린 상태에서 준비 자세를 취한다.
② 코치가 선수의 두 발 사이나 머리 위 등으로 규칙 없이 볼을 던진다. 선수는 그 볼에 대응한다. 머리 위에서 날아오는 볼은 반드시 원바운드로 캐치한다.

> **지도자 MEMO** 갑작스러운 상황에 대응하는 변환 능력과 볼과 자신의 위치 관계를 정확히 파악하는 자세가 필요하다.

프로그램 043 — 떨어지는 볼 재빨리 캐치

풋워크

🕐 시간 약 3분
👆 횟수 5~6회×3세트

목표 떨어지는 볼을 재빠르게 캐치함으로써 상대가 친 볼에 대응하는 능력을 기른다.

선수는 반드시 스플릿 스텝을 한다.

노바운드나 원바운드로 캐치한다.

방법
① 선수는 베이스라인 부근에, 코치는 서비스라인 부근에 선다.
② 스플릿 스텝을 밟고 나서 코치가 떨어뜨린 볼을 원바운드로 캐치한다.

> **지도자 MEMO** 이 연습도 프로그램 042와 마찬가지로 변환 능력과 자세 능력을 기른다. 또한 상대의 드롭 샷에 재빨리 대응하는 것을 돕는 훈련이다.

제3장
샷 기술
Shot Technique

볼을 자신의 의도한 대로 치는 샷 기술을 배운다.
스트로크와 같은 전문 기술을 배우기 전
꼭 필요한 기본 기술을 익히는 트레이닝을 실시하자.

샷 기술의 기본 개념

기본 개념

샷 기술의 중요성

훈련에 도구를 활용해 샷 기술에 필요한 다양한 능력을 향상시킨다.

POINT ①

샷 기술은 다양한 능력이 필요한 종합 기술이다.

의도한 곳으로 볼을 치려면 눈으로 자신과 상대 사이의 공간(방향, 거리, 높이, 상대의 위치 등)에 대한 정보를 파악하고, 그 정보에 따라 볼을 컨트롤해야 한다. 다시 말해 샷 기술이란 단순히 볼 컨트롤 능력만을 의미하는 것이 아니라, 공간 인지 능력을 비롯해 다양한 정보에 반응하는 신체의 종합적인 기술을 뜻한다.

샷 기술을 익히려면 볼을 컨트롤하는 능력, 상대와 자신 사이에 있는 공간을 인지하는 능력, 순차 가속 운동(아래 설명 참조)을 이해하는 능력 등 다양한 요소가 필요하다. 이와 같은 능력을 기르기 위해 제3장에서는 낚싯대나 부채 등 일상생활 속 도구를 활용한 트레이닝을 소개한다. 그리고 이러한 능력을 쉽게 이해하고 향상시킬 트레이닝을 소개한다. 제3장에서 배운 능력은 제4장 이후의 테니스 전문 기술을 습득할 때 자연스럽게 발휘될 것이다.

POINT ②
라켓 면과 볼의 관계를 이해한다.

라켓 면이 향한 방향과 볼이 날아가는 방향은 동일하다. 이와 같은 샷의 기본을 이해해야 볼 컨트롤 능력을 키울 수 있다.

POINT ③
샷 기술은 라켓을 휘두르는 것에 국한되지 않는다.

샷 기술을 향상시키려면 눈으로 본 정보와 풋워크를 연결한 풋-아이 코디네이션과 눈으로 본 정보와 팔의 움직임을 연동한 핸드-아이 코디네이션을 익혀야 한다. 이와 같은 방법을 익히면 최적의 타구 포지션까지 이동하는 움직임 또는 볼 컨트롤에 필요한 몸동작을 제대로 실시할 수 있다. 샷 기술이란 단순히 라켓을 휘두르는 기술에 국한되지 않는다는 사실을 기억해두자.

POINT ④
몸 전체의 힘으로 볼을 치려면 순차 가속 운동을 이해해야 한다.

스윙할 때에는 발로 코트를 찼을 때의 힘이 '허벅지→허리→어깨→팔→손'으로 전해지며 동작이 가속되고, 마지막은 라켓에서 볼로 힘을 전달해야 한다.
이와 같은 힘의 전달을 '순차 가속 운동'이라고 한다. 이처럼 힘을 전달하면 볼에 최대의 스피드와 힘을 전할 수 있다. 말하자면, 몸 전체를 이용해 볼을 치는 것이다. 호스나 낚싯대 등 일상생활 속의 도구를 사용해 연습하면서 가속 운동을 익히도록 하자.

POINT ⑤
공간을 입체적으로 인식하는 능력을 기른다.

테니스는 네트를 사이에 두고 상대 선수와 볼을 주고받는 경기이다. 네트라는 장애물을 파악하면서 원하는 장소로 볼을 보내려면 공간을 평면이 아닌 입체로 인식해야 한다. 이러한 공간 인지 능력을 높이는 것 역시 제3장의 목표이다.

샷 기술 익히기

프로그램 044 바구니에 볼 던져 넣기

목표 손이나 라켓으로 목표물에 볼을 넣는 연습을 통해 공간 인지 능력을 높인다.

손으로 던지기

언더스로로 던져서 볼이 곡선을 그리며 바구니 속으로 들어가게 한다.

라켓으로 치기

라켓으로 볼을 올려쳐서 바구니 속에 넣는다. 이 연습을 통해 힘 조절 능력을 기른다.

방법

① 베이스라인과 서비스라인 사이에 바구니 여러 개를 무작위로 놓는다. 처음에는 언더스로로 볼을 던져서 바구니에 넣고, 익숙해지면 라켓으로 쳐서 바구니에 넣는다.
② 볼이 곡선을 그리며 날아가도록 던진다.

지도자 MEMO 목표까지의 거리(공간), 방향, 높이를 인지해야만 볼을 넣을 수 있다. 이를 통해 공간 인지 능력을 키운다.

샷 기술 익히기

프로그램 045 비치볼 플레이

목표 초보자도 쉽게 받아칠 수 있는 체공 시간이 긴 볼을 사용해 라켓으로 볼을 치는 감각을 익힌다.

방법

① 두 명이 5~6m 떨어져서 마주 보고 선다.
② 체공 시간이 긴 풍선, 비치볼(사진 참조) 등을 이용해 서로 발리한다.

지도자 MEMO 풍선이나 비치볼을 이용하면 라켓이 볼을 칠 때까지 시간적 여유가 생긴다. 그러므로 초보자도 간단하게 라켓을 조작해 볼을 치는 감각을 익힐 수 있다.

체공 시간이 길기 때문에 라켓 면이 여유 있게 볼을 향한다.

샷 기술 익히기

로테이션으로 받아치기

[스트로크] [발리]
[스매시] [서브]

목표 ▶ 체공 시간이 긴 볼을 로테이션으로 받아치는 훈련을 통해 볼에 즉시 대응하는 능력을 기른다.

방법

① 선수 4~5명이 한 줄로 길게 선다. 선수들 앞에 코치는 3~4m 떨어져 있다.
② 코치가 던져 준 비치볼을 발리로 되받아치고 열의 맨 뒤로 이동한다.
③ 다음 선수도 같은 요령으로 되받아치고 열의 맨 뒤로 이동한다.

자기 차례가 되면 코치가 던져준 볼에 즉시 대응해 되받아친다.

 지도자 MEMO 프로그램 045와 같이 체공 시간이 긴 볼을 사용하지만, 이 연습은 로테이션으로 하기 때문에 볼을 파악하는 시간이 짧다. 이를 통해 볼에 즉시 대응하는 능력을 키운다.

샷 기술 익히기

패스 게임

[스트로크] [발리]
[스매시] [서브]

목표 ▶ 놀이하는 듯한 패스 게임을 통해 구기에 필요한 기본 기술과 라켓을 조작하는 감각을 기른다.

방법

① 네 명이 둘러서서 볼(비치볼 또는 테니스볼)을 한 명씩 받아친다.
② 처음에는 허리 높이에서 가볍게 친다. 볼이 머리보다 높이 올라가지 않게 주의한다.
③ 익숙해지면 머리 위 높이에서 볼을 친다.

라켓을 조작하기 쉬운 허리 부근에서부터 치도록 한다.

 지도자 MEMO 볼을 치는 자세는 신경 쓰지 않는다. 처음에는 치기 쉬운 비치볼을 이용해서 놀이하듯 구기의 기본 기술과 라켓 조작 감각을 기르도록 한다.

샷 기술 익히기

프로그램 048 — 라켓으로 볼 받아 올려 발리로 리턴

스트로크 **발리**
스매시 **서브**

목표: 라켓으로 볼을 받아 올려 발리로 리턴함으로써 라켓 조작에 필요한 능력을 기른다.

방법
① 두 명이 3~4m 간격을 두고 마주 보고 선다.
② 상대가 친 볼을 라켓으로 가볍게 받아 몸 앞에서 한 번 튕겨 올린다.
③ 그 볼을 발리로 되받아친다.
④ 이 연습을 반복한다.

라켓으로 볼을 받아 올린다. 볼을 주시하면서 발리 준비를 한다. 볼이 상대에게 도달되도록 정확하게 친다.

지도자 MEMO: 볼의 위치를 정확하게 판단해 동작으로 옮기는 자세(21쪽) 능력과 눈과 손을 하나로 연결된 듯 움직이는 핸드-아이 코디네이션(61쪽) 능력을 키우는 연습이다.

프로그램 049 — 목표물 의식

스트로크 **발리**
스매시 **서브**

목표: 링을 통과하도록 볼을 컨트롤하면서 공간 지각 능력 및 눈과 손이 연동하는 핸드-아이 코디네이션(61쪽) 능력을 익힌다.

방법
① 베이스라인에 선 다음, 서비스라인에 있는 링에 볼을 던져서 통과시킨다.
② 펜스에 달아 놓은 링을 겨냥해 라켓으로 볼을 친다.
③ 마지막으로 펜스에서 20m 정도 떨어져 링을 겨냥해 라켓으로 볼을 친다.

링 속으로 던지기

한 사람이 스비스라인에서 링을 들고 있으면, 볼을 던져 링 속으로 넣는다.

펜스에 매달아 놓은 링을 겨냥해 라켓으로 볼을 친다.

링 속으로 치기

지도자 MEMO: 지금까지 배운 목표물과의 거리, 높낮이, 방향, 공간 등을 파악하면서 눈과 손이 하나처럼 움직이는지, 동작을 정확하게 수행하는지 확인한다.

샷 기술 익히기

프로그램 050

이동하는 물체에 투구

스트로크 | **발리**
스매시 | **서브**

목표 움직이는 물체에 볼을 맞혀 공이 굴러가는 자리를 예측하는 능력과 공간을 파악하는 능력을 기른다.

방법
① 베이스라인에 서서 사이드 라인 사이를 굴러가는 농구공이나 링을 겨냥해 볼을 던진다.
② 볼을 던져서 농구공은 맞히고 링은 통과시킨다.

농구공 — 구르는 농구공을 겨냥해 볼을 던진다.

링 — 링을 통과하도록 볼을 던진다.

지도자 MEMO 움직이는 목표물이 어디로 이동할지 예측하는 능력을 기른다. 아울러 목표물까지의 거리, 높낮이, 방향을 파악하는 능력도 향상시킨다.

샷 기술 익히기

프로그램 051

움직임이 있는 볼 캐치

스트로크 | **발리**
스매시 | **서브**

목표 간신히 잡을 수 있게 던져진 볼을 캐치한다. 투구자는 상대의 위치를 고려한 동작을 하고, 포구자는 볼에 대응하는 감각을 익힌다.

방법
① 두 명이 5m 정도의 거리를 두고 마주 선 다음, 포구자는 토스된 볼을 캐치한다 (프로그램 014 참고).
② 투구자는 포구자가 간신히 잡을 수 있는 곳으로 볼을 던진다.
③ 볼을 잡으면 되돌려주고 재빨리 원위치로 돌아간다.

투구자는 포구자의 위치를 고려해 볼을 던진다.

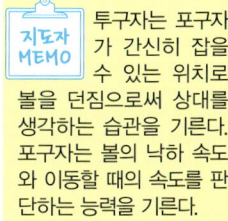
포구자는 볼이 떨어지는 속도와 지면에 닿는 속도를 고려해 캐치한다.

지도자 MEMO 투구자는 포구자가 간신히 잡을 수 있는 위치로 볼을 던짐으로써 상대를 생각하는 습관을 기른다. 포구자는 볼의 낙하 속도와 이동할 때의 속도를 판단하는 능력을 기른다.

샷 기술 익히기

발로 볼 주고받기

목표: 발로 볼을 컨트롤한다. 눈과 발이 연동하는 '풋–아이 코디네이션' 능력과 몸통에서 발생하는 힘 전달의 중요성을 이해한다.

땅볼로 되돌려주기

발바닥으로 볼을 굴린다. 이때 눈의 움직임과 발의 움직임에 조화를 이루자.

볼을 발로 막거나 차는 힘은 몸에서 발생한다는 사실을 확인하자.

노바운드로 되돌려주기

고관절을 벌려서 발로 볼을 찬다.

방법

① 서로 7~8m 정도 떨어져 발바닥으로 볼을 굴린다. 볼이 오면 발바닥으로 세우고, 다시 발바닥으로 굴려 상대에게 돌려준다. 난이도에 따라 볼의 크기를 달리한다.

② 이 훈련이 익숙해지면 상대가 던진 볼을 인사이드(발의 안쪽)로 노바운드로 돌려준다.

지도자 MEMO: 발바닥으로 굴리거나 인사이드 킥으로 리턴할 때 그 힘이 어디에서 나오는지 파악한다. 발뿐만 아니라 몸통에서 발생한 힘이 고관절을 움직여서 볼을 차는 동작으로 이어진다는 사실을 이해한다.

One Point! 어드바이스: 볼이 오는 것을 보고 그에 맞춰 근육과 관절을 연동해 움직여야 정확한 킥을 할 수 있다. 이와 같은 눈과 발의 연동을 '풋–아이 코디네이션'이라고 한다. 이는 최적의 타구 위치를 판단할 때 꼭 필요한 능력이다.

샷 기술 익히기

동시에 캐치볼

| 스트로크 | **발리** |
| 스매시 | 서브 |

목표 투구와 포구를 동시에 하면서 두 가지 동작에 몸이 제대로 반응하는지 확인한다.

방법

① 두 명이 4~5m 간격을 두고 마주 서서, 볼을 하나씩 든다.
② 제자리 걷기를 하면서 서로 볼을 던지고 캐치한 후에 다시 던지기를 반복한다.

제자리 걷기와 함께 볼을 던지고 캐치한다.

제자리 걷기가 멈춰진다면 동작이 제대로 되고 있지 않다는 증거이다.

지도자 MEMO 투구와 포구 동작을 따로 할 때와 동시에 할 때의 차이를 확인하자. 몸이 동작에 제대로 대응하지 못한다면 제자리 걷기를 멈추게 된다. 이때에는 제1장의 던지기, 잡기 동작을 잘 익혔는지 확인한다.

샷 기술 익히기

무작위 캐치볼

| 스트로크 | **발리** |
| 스매시 | 서브 |

목표 시합을 할 때 자신의 균형 유지와 상대의 균형을 무너뜨리는 기술을 익힌다.

방법

① 프로그램 053과 같은 요령으로 한다.
② 단, 상대가 앞뒤 좌우로 1~2보 움직여서 캐치할 수 있는 곳으로 던져준다.

상대가 앞뒤 좌우로 1~2보 움직여서 캐치할 수 있도록 볼을 던진다.

균형을 잘 잡으면서 캐치한다.

 **지도자 MEMO** 상대의 움직임과 반대되는 곳으로 볼을 던져서 상대의 균형을 무너뜨리는 기술을 익힌다. 아울러 자신의 균형을 어떻게 유지할지도 염두에 두자. 실전에서도 자신은 균형을 유지하면서 상대의 균형을 무너뜨리는 플레이가 필요하다.

샷 기술 익히기

콘으로 볼 캐치

목표 손에 든 도구로 볼을 캐치해 라켓을 다루는 감각을 익히는 트레이닝이다.

자신과 볼 사이의 거리를 인식한다.

낙하점으로 빠르고 정확하게 이동해 캐치한다.

방법

① 오른손으로 콘의 뾰족한 부분을 잡고, 코치가 앞뒤 좌우로 던진 볼을 노바운드로 캐치하는 연습을 반복한다.
② 코치가 앞뒤 좌우로 던진 볼을 원바운드로 캐치하는 연습을 반복한다.

도구를 이용해 볼을 처리하는 감각을 익히는 트레이닝이다.

지도자 MEMO 도구를 이용해 볼을 처리할 경우 도구가 클수록 조작이 어렵다. 그러므로 조작하기 쉬운 콘을 이용해 볼을 잡는 감각을 익히도록 한다. 이 감각을 익혀두면 라켓을 조작할 때의 감각도 쉽게 배울 수 있다.

One Point! 어드바이스 볼과 자신 사이의 거리를 확실히 파악하도록 한다. 애매하게 파악했을 경우, 볼의 낙하 지점을 빨리 알아차릴 수 없다. 볼과 자신 사이의 거리를 재빠르게 파악하는 능력은 타구 위치로 이동할 때의 감각으로 발전한다.

샷 기술 익히기

프로그램 056 전진하며 볼 되받아치기

스트로크	발리
스매시	서브

목표 다양한 도구를 사용해 볼을 되받아쳐, 임팩트 타이밍을 파악하는 능력을 기른다.

바구니로 받아치기

양손으로 바구니를 잡고, 밑바닥으로 볼을 되받아친다.

날아오는 볼의 코스와 스피드를 확인하면서 전진해 되받아친다.

핸드볼공으로 받아치기

스위트 스팟(sweet spot, 타격 효과가 가장 좋은 부분, 18쪽)이 좁으므로 주의해서 되받아친다.

나무판자로 받아치기 (가로)

나무판자로 받아치기 (세로)

나무판자는 세로와 가로 두 가지 방법으로 리턴하자.

테니스볼로 받아치기

볼이 작기 때문에 받아치기가 매우 어렵다.

방법
① 바구니, 나무판자, 핸드볼공, 테니스볼 등을 이용해 코치가 던진 볼을 전진하면서 되받아친다.
② 코치가 캐치할 수 있도록 되받아쳐야 한다.

지도자 MEMO 임팩트 타이밍을 익히는 연습이다. 바구니나 나무판자로 되받아칠 때, 정확하게 맞히면 경쾌한 소리가 난다. 팔뿐만이 아니라 몸 전체로 받아친다는 의식을 갖는다.

One Point! 어드바이스 핸드볼공과 테니스볼은 구체이기 때문에 스위트 스팟이 매우 좁다. 따라서 타이밍을 잡기 어렵고, 또한 정확하게 맞히지 않으면 미스 샷이 되므로 주의해야 한다.

샷 기술 익히기

프로그램 057 라켓으로 볼 캐치

스트로크	발리
스매시	서브

목표 볼과의 거리를 예측하면서 팔뿐만 아니라 전신을 이용해 라켓을 조작하는 감각을 익힌다.

볼과의 거리를 정확하게 파악한다.

볼을 캐치한 뒤 몸에 힘을 모아서 되던질 준비를 한다.

팔만 움직여서 던지면 똑바로 날아가지 않는다.

방법

① 라켓을 양손에 하나씩 들고, 코치가 네트 부근에서 던진 볼을 라켓 두 개를 겹쳐서 캐치한다.
② 라켓 사이에 끼운 볼을 코치에게 보낸다.

지도자 MEMO 몸통으로 중심을 잡고 전신을 움직여 던진다. 팔만 움직여 볼을 던지면 목표한 지점으로 보내기 어렵다는 사실을 이해하자. 또한 볼과의 거리를 파악하지 못하면 볼을 정확하게 캐치할 수 없다는 점도 기억하자.

샷 기술 익히기

프로그램 058 호스로 스윙

스트로크	발리
스매시	서브

목표 끝 부분의 움직임을 파악하기 쉬운 호스를 사용해 팔이 아닌 몸으로 스윙하는 감각을 배운다.

발 → 상체 → 팔로 전달되는 힘을 느끼자.

이 지점에서 최대 속도가 되도록 휘두른다.

스윙을 잘했을 때에는 호스가 몸을 휘감는다.

방법

① 라켓의 1.5~2배 정도 되는 길이의 호스를 사용해 스윙한다.
② 스윙을 잘했을 때에는 호스가 몸을 휘감는다.

지도자 MEMO 팔로만 호스를 휘두를 경우 끝 부분이 몸을 때리게 된다. 온몸으로 휘두르는 감각을 터득해 호스가 몸에 휘감기도록 하자. 발에서부터 생긴 힘을 상체를 통해 팔로 전달해 호스를 휘두르는 힘을 만들도록 하는데, 이를 '순차 가속 운동'이라고 한다.

샷 기술 익히기

낚싯대로 스윙

스트로크 발리
스매시 서브

목표 낚싯대의 끝 부분이 크게 흔들리는 동작을 통해 스윙에 꼭 필요한 순차 가속 운동(61쪽)을 이해한다.

몸속에서 발생한 힘을 손에서 낚싯대로 전달한다.

반복적으로 위아래로 휘둘러서 힘이 전달되는 방법을 익힌다.

손목의 스냅만 이용해 휘둘러서는 안 된다.

방법
① 낚싯대를 위로 치켜든 상태에서 여러 차례 휘두른다.
② 팔을 크게 휘두르지 말고, 손잡이를 잡은 손목을 살짝 움직이지만 낚싯대 끝 부분으로 갈수록 점점 그 움직임이 커지도록 한다.

지도자 MEMO 낚싯대가 크게 흔들리는 것은 순차 가속 운동에 의해 몸통에서 생긴 힘이 손을 통해 낚싯대의 끝 부분까지 전달되었기 때문이다. 손잡이 부분에 정신을 집중해 힘이 전달되어 낚싯대가 크게 흔들리는 것을 느끼도록 한다.

샷 기술 익히기

빗자루로 스윙

스트로크 발리
스매시 서브

목표 몸의 균형을 유지하면 원심력에 저항해 스윙할 수 있다는 사실을 확인한다.

야구 배트로 스윙할 때와 같은 요령으로 휘두른다.

원심력에 저항하면서 몸을 똑바로 지탱한다.

다리를 벌려서 몸의 균형을 잡는다.

방법
① 야구 배트로 스윙할 때처럼 빗자루를 휘두른다.
② 몸의 중심에서 바깥쪽(빗자루의 끝 부분)으로 이어지는 움직임이 큰 운동이 되도록 한다.

지도자 MEMO 빗자루를 휘두르면 강한 원심력이 생기는데, 이 원심력으로 인해 스윙이 불안정해진다. 따라서 자세를 확실히 유지하면서 고관절을 벌려 원심력에 저항해 몸의 균형을 잡도록 하자.

71

샷 기술 익히기

스트로크 | 발리
스매시 | 서브

프로그램 061 일상생활 속 스윙 연습

목표 일상생활 속 스윙으로 이어지는 다음의 동작을 통해 몸통 사용의 요령을 이해한다.

테이블 닦기

톱스핀을 거는 느낌으로 닦는다.

유리창 닦기

톱스핀을 거는 느낌으로 닦는다.

바닥 쓸기

가볍게 잡고 스윙하는 느낌으로 쓴다.

부채질하기

팔을 안쪽으로 돌려서 치는 서브를 연상한다.

이불 두드리기

스트로크를 치는 장면을 연상한다.

먼지 털기

발리 시의 라켓 조작을 연상한다.

방법
① 테이블 닦기, 유리창 닦기, 바닥 쓸기, 부채질하기, 이불 두드리기, 먼지 털기 등 일상생활의 다양한 동작을 라켓으로 스윙한다고 상상하며 실시한다.

지도자 MEMO 일상생활에서도 테니스의 동작들을 연습할 수 있다. 여기서 예로 든 동작들은 모두 라켓 스윙에 관련된 것들이다. 이때에도, 모든 동작은 손만 움직여 하는 것이 아니라 몸에서 발생시킨 힘으로 운동 연결을 실행해야 한다는 사실을 염두에 두자.

One Point! 어드바이스 일상생활을 할 때에도 항상 테니스를 생각한다면 자연스럽게 테니스 실력이 빠르게 늘 것이다. 특히 빗자루나 부채 등 손에 쥐는 도구를 사용한 움직임은 스윙 연습으로 이어질 수 있으니 위의 연습을 참고하자.

샷 기술 익히기

프로그램 062 짐볼 던지기

스트로크 | 발리 | 스매시 | 서브

목표 짐볼을 던지려면 몸 전체의 힘이 필요하다. 이처럼 몸에서 발생한 힘의 중요성을 인식할 수 있는 트레이닝이다.

아래에서 위로 던지기
배근을 바로 해 몸의 균형을 잡는다.

어깨 옆에서 던지기
고관절을 벌리고 상체를 확실히 지탱한다.

어깨 위쪽에서 던지기
다리와 몸통에서 발생시킨 힘을 이용해 던지도록 한다.

방법
① 두 명이 5~6m의 간격을 두고 마주 선다.
② 서로 번갈아가며 짐볼을 던진다.
③ 처음에는 아래에서 위로 던지고, 그다음에는 어깨 옆에서 던진다.
④ 마지막으로 어깨 위쪽에서 위로 던진다.

지도자 MEMO 짐볼처럼 큰 볼은 손만 이용해 던질 수 있는 무게와 크기가 아니기 때문에 반드시 몸에서 발생한 힘을 사용해야 한다. 따라서 짐볼로 이 연습을 하면 힘이 팔까지 전달되는 운동 연결을 쉽게 이해할 수 있고, 몸의 사용법 또한 익히기 쉬워진다.

One Point! 어드바이스 짐볼을 던질 때 상체(몸통)를 기울이면, 볼을 확실하게 잡을 수 없게 되고 몸의 균형 유지도 어려워지므로 주의해야 한다. 이때에는 고관절을 벌려서 상체를 확실히 지탱하도록 한다.

샷 기술 익히기

메디신볼 주고받기

스트로크 / 발리 / 스매시 / 서브

목표: 무거운 볼의 투구 및 포구로 몸 전체의 사용법과 균형 잡는 방법을 이해한다.

체중을 앞쪽으로 이동시키면서 몸통의 힘으로 볼을 던지는 감각을 익힌다.

중심과 균형을 유지하면서 캐치한다.

방법
① 두 명이 네트를 사이에 두고 마주 보고 선 다음, 상대가 자신 앞으로 메디신볼을 던지면 원바운드로 잡는다.
② 잡고 나면 같은 요령으로 되던진다.

지도자 MEMO
몸통에서 발생한 힘으로 무거운 볼을 던지는 감각을 익히도록 하자. 볼을 던질 때에는 체중을 앞쪽으로 이동시키면서 실시한다. 또한 투구나 포구 시에는 고관절에 의식을 집중해 균형을 잡는 것이 중요하다.

샷 기술 익히기

걸으면서 라켓 휘두르기

스트로크 / 발리 / 스매시 / 서브

목표: 걸으면서 라켓을 스윙한다. 자연스럽게 체중을 이동시키는 방법을 익힐 수 있다.

전진하며 라켓을 휘두른다.

걷는 방향과 라켓을 휘두르는 방향은 동일하다.

라켓을 휘두를 때에도 보폭을 일정하게 유지한다.

방법
① 사이드라인 위를 걸어가면서 라켓을 휘두른다.

지도자 MEMO
프로그램 003에서 배운 운동의 기본인 걷기를 하면서 라켓을 휘두를 때에도 자연스럽게 체중을 이동할 수 있어야 한다. 이렇게 하면 균형을 유지하면서 라켓을 휘두르는 감각을 습득할 수 있다.

샷 기술 익히기

발판 밟고 스윙

목표 ▶ 안정된 라켓 스윙에 중요한 역할을 하는 고관절의 움직임을 이해할 수 있다.

| 스트로크 | 발리 |
| 스매시 | 서브 |

방법

① 높이가 50cm 정도 되는 벤치에 라켓 든 팔의 반대쪽 발을 올려놓고 스윙 연습을 한다.

뒷발(왼발)에 체중을 실었을 때 고관절이 벌어진 상태가 되어야 한다.

상체의 자세가 흐트러지지 않도록 스윙한다.

 지도자 MEMO
고관절이 움직이는 범위를 넓히면 몸의 균형을 잡기 쉽고 스윙도 안정된다. '발 밟고 스윙하기'는 이 고관절의 움직임을 이해하기 위한 연습이다. 균형을 잡는 방법과 발로 지면을 차서 고관절을 움직이는 감각 등을 익히자.

샷 기술 익히기

라켓으로 볼 굴리기

목표 ▶ 라켓으로 큰 볼을 굴리면서 라켓 면과 타구 방향의 관계를 이해한다.

방법

① 두 명이 5~6m 떨어져 마주 보고 서서 상대를 향해 라켓으로 볼을 굴린다.
② 크기가 큰 볼부터 실시하고, 마지막에는 테니스볼로 실시한다.

짐볼을 굴린다.   소프트발리볼을 굴린다.

테니스볼을 굴린다.

 지도자 MEMO
라켓 면이 향한 방향(타구 방향)으로 볼이 날아가는 것을 이해하는 연습이다. 라켓 면과 볼의 관계를 알기 쉽도록 큰 볼부터 굴린다. 작은 볼로 연습할 경우에도 동작은 동일하다.

샷 기술 익히기

프로그램 067

라켓으로 누르면서 볼 굴리기

| 스트로크 | 발리 |
| 스매시 | **서브** |

> **목표** 포핸드 톱스핀이나 서브를 할 때 팔을 안쪽으로 비트는 감각을 익힌다.

볼의 윗부분을 누르면서 굴린다.

팔이 안쪽으로 비틀어지는 감각을 확인한다.

공을 문지르는 것은 스핀을 만드는 감각과 비슷하다.

방법

① 상대와 5~6m 떨어져 선 다음, 상대를 향해 라켓으로 볼을 누르면서 굴린다.
② 큰 볼부터 시작하고, 마지막에는 테니스볼을 굴린다.

> **지도자 MEMO** 볼을 누르면서 굴리면 자연스럽게 팔이 안쪽으로 비틀어진다. 이것이 회내(7쪽) 동작으로, 포핸드 스핀이나 서브를 할 때 필요하므로 연습을 통해 미리 몸에 익힌다.

샷 기술 익히기

프로그램 068

라켓 골키퍼 게임

| 스트로크 | 발리 |
| 스매시 | 서브 |

> **목표** 타구 시 상체를 안정시키기 위해 무릎을 구부리는 동작을 몸에 익힌다.

짧은 라켓을 사용하기 때문에 무릎을 구부리지 않으면 라켓이 볼에 닿지 않는다.

방법

① 콘 두 개를 3~4m의 간격으로 놓아둔 다음, 양손에 어린이용 라켓을 들고 콘 사이에 선다.
② 코치가 차례로 굴려주는 볼을 라켓으로 잡아서 리턴한다.

> **지도자 MEMO** 어린이용 짧은 라켓을 사용하면 무릎을 낮추고 균형을 잡는 동작을 자연스럽게 익힐 수 있다. 또한 양손이 볼에 빠르게 반응하는 능력도 향상된다.

샷 기술 익히기

프로그램 069 쇼트바운드로 볼 캐치

목표 쇼트바운드로 볼을 캐치해 볼을 칠 때 필요한 힘을 흡수하는 방법을 익힌다.

스트로크 / 발리 / 스매시 / 서브

방법

① 두 명이 3~4m 간격을 두고 마주 선 다음, 상대가 던진 볼을 쇼트바운드로 캐치한다.

지도자 MEMO 볼이 바운드된 순간에 캐치해 볼의 힘을 흡수한다. 다시 말해, 볼을 잡는 타이밍을 온몸으로 예측해 임팩트 시의 감각과 타이밍으로 연결한다.

몸 전체로 캐치 타이밍을 예측한다.

몸 전체로 볼의 힘을 흡수한다.

샷 기술 익히기

프로그램 070 쇼트바운드로 볼 토스

목표 가볍게 라켓 면을 대는 동작만으로 볼을 되받아치는 연습이다. 샷에서 가장 중요한 임팩트를 배울 수 있다.

스트로크 / 발리 / 스매시 / 서브

방법

① 두 명이 3~4m 간격을 두고 선 다음, 상대가 던진 볼을 쇼트바운드로 되받아친다.

지도자 MEMO 이 연습에서는 큰 동작이 필요하지 않다. 바운드된 볼에 라켓 면을 살짝 대기만 해도 볼을 칠 수 있기 때문이다. 이를 통해 샷에서는 임팩트가 중요하다는 것을 알게 된다.

볼이 바운드될 위치를 예측한다.

동작을 작게 하면서 볼에 라켓을 댄다.

임팩트 순간 정신을 집중한다.

샷 기술 익히기

프로그램 071 볼 던지기 & 발리

| 스트로크 | **발리** |
| 스매시 | 서브 |

목표 상대가 던진 볼을 발리로 되받아치는 연습이다.
볼을 칠 때 목표물을 향해 친다는 의식을 갖는다.

방법
① 두 명이 4~5m 간격을 두고 마주 선 다음, 상대가 포물선을 그리도록 던져준 볼을 코트에 놓아둔 링을 겨냥해 발리로 친다.

지도자 MEMO 목표(링)를 겨냥해서 친다는 것은 볼에 자신의 의사를 전달하는 것이다. 이는 타구를 컨트롤하는 힘으로 이어진다. 또한, 라켓을 얼굴 앞쪽으로 들면 발리에 실패할 확률이 줄어든다.

얼굴 앞쪽으로 라켓을 들고 정확한 타점을 찾는다.

볼에 자신의 의사를 전달하도록 한다.

샷 기술 익히기

프로그램 072 발리 & 스트로크

| 스트로크 | **발리** |
| 스매시 | 서브 |

목표 발리와 스트로크를 주고받는다. 대인 경기인 테니스에서 상대와의 관계에 대해 배울 수 있다.

방법
① 두 명이 6~7m 간격을 두고 마주 선 다음, 한 사람은 발리로 리턴하고 다른 한 사람은 원바운드된 볼을 리턴한다.

지도자 MEMO 프로그램 071과 마찬가지로, 볼에 의사를 전달할 수 있고 더불어 상대와의 관계 맺는 방법에 대해서도 배울 수 있다. 대인 경기인 테니스에서는 상대를 의식하는 것이 중요한 포인트이다.

Ⓐ는 발리로 상대가 있는 곳까지 정확하게 볼을 보낸다.

Ⓑ는 원바운드된 볼을 터치 샷으로 친다.

샷 기술 익히기

라켓 플레이

스트로크	발리
스매시	서브

 볼을 제자리에서 쳐올리기만 하면 되는 간단한 랠리이다. 상대와의 관계를 생각하면서 친다.

방법

① 두 명이 2~3m 간격을 두고 마주 선다.
② 몇 걸음 전진한 다음 볼이 바운드되도록 가볍게 쳐올린 후 다시 몇 발자국 물러선다.
③ 번갈아가며 같은 방식으로 볼을 친다.

라켓 면이 위로 오게 해 터치 샷을 구사한다.

상대를 의식하며 볼을 쳐올린다.

 이 연습처럼 교대로 가볍게 볼을 쳐올리기만 해도 게임이 된다. 상대와 함께하는 게임이기 때문에 볼을 쳐올릴 위치를 판단하고, 상대를 주시하는 행동 등도 필요하다는 사실을 기억하자.

샷 기술 익히기

라인 플레이

스트로크	발리
스매시	서브

 라인을 그리고 프로그램 073의 랠리를 실시한다. 라인을 넣은 후에 생긴 목표의 변화를 확인한다.

방법

① 두 명이 사이드라인을 사이에 두고 마주 선다.
② 볼이 라인을 살짝 넘도록 아래에서 위로 가볍게 쳐올린 다음, 몇 발자국 물러난다.
③ 이를 교대로 반복한다.

라인을 넣어서 목표 의식을 갖도록 한다.

라인 및 상대와의 거리를 확실히 인식한다.

 프로그램 073과 목적은 같으나, 라인이라는 요소를 더해 목표 의식을 갖도록 했다. 이로써 정확도가 높은 플레이를 할 수 있도록 유도한다.

샷 기술 익히기

스페이스 랠리

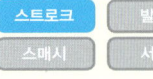

목표 간격을 넓혀서 랠리를 실시한다. 랠리의 거리가 멀면 볼을 치는 감각이 달라진다.

방법
① 두 명이 앨리를 사이에 두고 마주 선 다음, 앨리를 넘어가도록 볼을 친다.
② 치고 나면 몇 발자국 후퇴한다.
③ 이를 교대로 반복한다.

앨리

상대와 자신 사이의 거리를 인식하는 것이 중요하다.

상대와의 거리가 좁을 때와 볼을 치는 감각이 다르다는 것을 느낀다.

 지도자 MEMO 프로그램 074의 라인 플레이에서 앨리를 사이에 둔 랠리로 바꾼 연습이다. 볼과의 거리와 방향을 인식하지 못하면 랠리를 이어 갈 수 없다. 따라서 상대와의 거리를 파악해 볼을 치자.

샷 기술 익히기

장애물 랠리

목표 장애물을 사이에 두고 랠리한다. 거리, 방향에 높이를 더해 입체적으로 플레이하는 감각을 기른다.

방법
① 앨리의 한가운데에 장애물을 놓고 두 명이 마주 선다.
② 장애물과 앨리를 넘어가도록 볼을 친다.
③ 치고 나면 몇 발자국 후퇴한다.
④ 이를 교대로 반복한다.

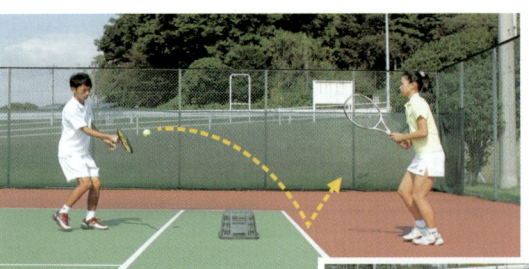

장애물(바구니)에 의해 높이에 대한 감각이 생긴다.

바구니 대신 네트를 놓으면 실전 감각을 익히기 더욱 좋다.

 지도자 MEMO 앨리 안에 장애물을 놓고, 프로그램 075의 거리와 방향에 높이까지 고려해 리턴해야 한다. 공간을 입체적으로 인식하게 만드는 것이 목표이다.

샷 기술 익히기

스펀지볼 랠리

 잘 튀지 않는 볼을 이용해 랠리의 감각을 익히는 트레이닝이다.

스펀지볼

서로 번갈아 치면서 랠리의 리듬을 파악한다.

스트로크 / 발리 / 스매시 / 서브

방법

① 두 명이 네트를 사이에 두고 마주 선다. 플레이 구역을 서비스박스로 한정한다.
② 스펀지볼 등 속도가 느린 볼로 원바운드 랠리를 실시한다.

 비거리가 멀지 않고 잘 튀지 않는 스펀지볼을 사용하면 간단하게 랠리를 이어갈 수 있다. 초보라도 볼을 주고받을 때 상대와 관계 맺는 방법과 랠리의 리듬을 익힐 수 있다.

샷 기술 익히기

셔틀콕 쳐올리기

 코르크 부분을 쳐야 잘 날아가는 셔틀콕을 치면서 볼을 주시하는 습관을 몸에 익힌다.

코르크를 치지 않으면 미스 샷이 된다.   쳐야 할 포인트를 확실히 주시하며 친다.

방법

① 셔틀콕을 위로 연타한다.

 테니스볼은 크기가 작기 때문에 쳐야 할 포인트를 알기 어렵다. 따라서 타점이 명확한 셔틀콕을 치면서 눈으로 볼을 확실히 보는 훈련을 하는 것이 도움이 된다.

Column About the Tennis

칼럼 ①

국제 테니스 연맹도 추천하는
PLAY & STAY로 테니스를 즐긴다

플레이 앤드 스테이(PLAY & STAY)라는 스포츠에 대해 들어본 적이 있는가? 이것은 테니스의 형식을 갖추면서 초보자와 어린이들도 간단하게 테니스 랠리를 즐길 수 있어 국제테니스연맹(ITF)이 추천하는 프로그램이다.

어떤 스포츠든 그 묘미는 게임을 즐기는 데에 있다. 하지만 테니스를 처음 접하는 초보자 가운데에는 랠리를 이어가는 것조차 버거운 사람이 적지 않다. 따라서 이 운동은 바로 그러한 사람들을 위해 치기 쉬운 볼과 상대적으로 좁은 면적의 코트를 사용해 게임이나 랠리를 가볍게 즐길 수 있도록 돕는다.

볼은 레드볼(Red Ball, 일반 볼보다 스피드가 75% 정도 느리다), 오렌지볼(Orange Ball, 일반 볼보다 스피드가 50% 정도 느리다), 그린볼(Green Ball, 일반 볼보다 스피드가 25% 정도 느리다)의 세 종류가 있으며, 기술의 난이도나 연령(어린이의 경우)에 따라 구분해서 사용한다.

이 볼들은 스피드가 잘 나지 않으며 일반 볼과 달리 잘 튀지 않게 만들어졌다. 그래서 초보자도 라켓으로 볼을 맞히기 쉽고, 일반 볼처럼 자신의 키보다 높이 튀어 오르지 않기 때문에 어린이들도 두려움 없이 잘 칠 수 있다. 사용하는 코트 역시 볼에 따라 다른데, 레드볼은 길이 11m×폭 5~6m, 오렌지볼은 길이 18m×폭 6.5m~8.23m로 넓지 않아서 랠리를 한층 더 길게 이어갈 수 있다. 국제테니스연맹은 이 프로그램에 맞춰 2012년 1월부터 "① 10세 이하의 시합에는 레드볼, 오렌지볼, 그린볼을 사용한다. ② 10세 이하의 시합에는 레드볼과 오렌지볼 코트의 사용을 권하나, 느린 볼을 사용한다면 일반 사이즈의 코트도 이용할 수 있다."라는 규칙을 시행하고 있다.

이와 같이 이제 테니스 코칭은 게임을 하는 데 역점을 두고, 게임을 통해 테크닉과 전술을 지도하는 것이 세계적인 흐름이 되었다. 누구나 쉽게 시작하고 즐길 수 있는 플레이 앤드 스테이를 통해 테니스에 더욱 흥미를 갖게 될 것이다.

플레이 앤드 스테이 볼을 이용하면 누구나 간단하게 게임을 즐길 수 있다.

제4장
스트로크
Stroke

시합을 하는 데 가장 기본이 되는 것이 스트로크이다.
포핸드, 백핸드 등 다양한 기술을 익혀서 정확하게 볼을 칠 수 있도록
스트로크 능력을 향상시키자.

스트로크의 기초 기술

포핸드 스트로크

POINT 1 무게 중심을 배꼽 아래 두고, 축이 되는 발을 정한다.

POINT 2 축이 되는 발에서 생긴 힘을 팔을 통해 라켓으로 전하는 동작을 실시한다.

POINT 3 하반신에서 상반신으로 근육과 관절이 자연스럽게 움직이도록 한다.

볼 판단

얼굴을 볼이 오는 쪽으로 돌려 볼의 상태를 확인한 다음, 재빨리 최적의 타구 자세를 취한다.

몸 비틀어 임팩트 준비

볼과의 거리 및 속도, 궤도 등을 판단하면서 몸을 비틀어 임팩트를 준비한다.

상반신에 힘 전달

발을 벌리고 무릎을 가볍게 구부려서 자세를 안정시킨 다음, 발에서 만들어진 힘을 효과적으로 상반신에 전달하는 것이 핵심이다.

볼은 항상 끝까지 주시한다. 단순히 눈으로만 보는 것이 아니라, 얼굴을 볼이 오는 쪽으로 돌려서 직접 바라보아야 한다. 이렇게 하면 볼과의 거리, 볼의 방향 등을 정확하게 알 수 있으며 재빨리 타구 자세를 취할 수도 있다. 볼을 칠 때에는 몸의 축을 확실하게 유지한 상태에서 볼을 향해 상체를 비틀면서 뒷발에서 앞발로 몸의 중심을 이동한다. 타점은 앞발의 약간 앞쪽에 두고, 임팩트 순간에는 라켓 면을 볼이 오는 방향과 같은 방향이 되게 한다. 발로 코트를 차면서 생긴 몸의 힘을 팔에서 라켓으로 전달한다.

 POINT 4 임팩트 시 라켓 면은 볼이 오는 방향과 같은 방향이 되게 한다.

 POINT 5 치고자 하는 타구 방향으로 자연스럽게 팔로 스루한다.

 POINT 6 라켓을 휘두른 뒤에는 재빨리 몸의 균형을 잡고 다음 샷을 준비한다.

정확하게 임팩트

운동 연결 동작을 통해 라켓으로 전달된 힘을 정확한 임팩트로 단번에 발휘한다.

팔로스루로 균형 잡기

타구 후 균형을 잡으려면 팔로스루를 확실히 해야 한다.

 스트로크의 기초 기술

백핸드 스트로크(한 손 타법)

POINT 1 양손으로 라켓을 잡고 몸을 비틀어 라켓을 뒤쪽으로 끌어당긴다.

POINT 2 어깨로 라켓을 끌어당긴다는 느낌으로, 뒤쪽으로 당긴다.

POINT 3 시계추의 움직임을 연상하며 스윙을 시작한다.

볼과의 거리 파악

볼과의 거리 및 볼의 방향, 궤도, 높이를 정확하게 파악해야 미스 샷을 피할 수 있다.

어깨 너머로 볼 확인

단순히 눈으로만 보는 것이 아니라 얼굴을 볼이 오는 쪽으로 돌려서 확인해야만 볼을 제대로 파악할 수 있다.

체중 이동

체중을 앞발로 옮겼을 때 몸의 축이 흔들리지 않도록 균형을 확실하게 유지한다.

한 손 타법 백핸드의 장점은 양손 타법보다 리치(reach, 볼이 라켓에 닿는 거리, 즉 수비할 수 있는 범위)가 길어진다는 점이다. 낮은 볼을 슬라이스로 되받아칠 때 역시 라켓을 낮은 위치에서 준비하기 쉽다. 테이크백할 때에는 어깨로 라켓을 끌어당긴다는 느낌으로 하는데, 프로그램 011에서 원반 던지는 연습을 할 때처럼 타구 방향을 보면서 실시한다. 포워드 스윙(18쪽)은 테이크백할 때 비틀었던 몸을 시계추가 타원 궤도를 그리는 모습을 생각하면서 타구 방향을 향하도록 실시한다.

POINT 4	임팩트 순간에는 볼이 오는 방향으로 팔이 나와 있어야 한다.
POINT 5	팔로스루는 양손을 크게 벌려 실시한다.
POINT 6	라켓을 오른쪽 어깨 뒤쪽까지 높이 올린다.

임팩트는 몸 앞

라켓 면과 볼이 오는 방향을 같게 하고, 몸 앞에서 임팩트하도록 한다.

팔로스루로 균형 잡기

임팩트 직전부터 팔로스루까지 치고자 하는 방향으로 앞발을 내디뎌 지면을 밟은 상태에서 스윙한다. 포핸드는 양팔이 가까워지도록 라켓을 휘두르지만, 백핸드에서는 양팔을 크게 벌리듯 팔을 충분히 뻗어서 끝까지 휘두른다.

스트로크의 기초 기술

백핸드 스트로크(양손 타법)

POINT 1 오른팔은 라켓 면, 왼팔은 힘과 방향을 담당한다.

POINT 2 테이크백할 때에는 오른쪽 어깨 너머로 볼을 주시한다.

POINT 3 양발을 넓게 벌려 몸이 쉽게 회전할 수 있게 한다.

볼 확인
날아오는 볼에 대한 인지와 타구 위치로의 이동을 재빠르게 한다.

빠르게 임팩트 준비
어깨 너머로 볼을 주시하면서 몸을 비틀어 임팩트 준비를 한다.

체중 이동
고관절을 벌려 중심을 안정시키고, 뒷발에서 앞발로 자연스럽게 체중을 이동한다.

커다란 볼을 양손으로 잡고 허리 부근에서 던지는 느낌으로 스윙한다. 그리고 오른팔의 바깥쪽이 라켓 면, 왼팔이 치는 힘과 볼을 보낼 방향을 담당한다고 생각하면서 휘두르는 것이 좋다. 스윙할 때에는 어깨와 팔꿈치의 불필요한 힘을 빼 손목이 돌아가지 않게 주의한다.

어깨와 팔꿈치를 고정하면 손목이 흔들려 불안정한 스윙이 되기 때문이다. 양손 타법 백핸드는 상대가 몰아붙이더라도 힘 있게 볼을 받아 낼 수 있다는 장점이 있으며, 한 손 타법은 힘이 부족한 사람에게 적합한 방법이다.

POINT 4
오른쪽 팔꿈치와 어깨를 부드럽게 움직여 손목이 돌아가지 않게 한다.

POINT 5
팔로 친다기보다 회전축의 힘으로 친다는 느낌으로 한다.

POINT 6
오른쪽 어깨를 올리면 상체가 젖혀져 몸의 축이 흔들리므로 주의한다.

볼에 힘 전달

몸통에서 발생시킨 힘을 운동 연결 동작을 통해 팔에서 라켓으로 전달해 볼에 힘을 전하도록 한다.

왼쪽 어깨는 타구 방향

타구 직후 왼쪽 어깨는 볼이 날아간 방향을 향하게 한다.

균형 잡기

확실하게 팔로스루 해 균형을 잡고 다음 플레이를 준비한다.

스트로크

프로그램 079 — 드롭 볼

목표: 타구 시의 타이밍을 알고, 타이밍을 잡는 데 필요한 리듬을 익힌다.

★

- 시간: 5~10분
- 횟수: 3~10구×여러 번

방법
① 서비스라인에 서서, 코치가 떨어뜨린 볼을 원바운드 후에 스트레이트로 친다.
② 팔로스루의 마지막 동작에서 정지한다.

지도자 MEMO: 볼이 떨어졌다가 튀어 오르는 순간을 파악하기 위해 필요한 타이밍과 리듬을 익히는 연습이다. 포핸드와 백핸드 모두 연습하도록 한다.

코치가 떨어뜨린 볼을 주시한다.

균형이 잡히지 않으면 팔로스루의 마지막 동작은 멈추지 않고 흔들린다.

스트로크

프로그램 080 — 이동하며 드롭 스트로크

목표: 이동하면서 볼을 치는 연습이다. 움직이면서도 타구 타이밍과 리듬을 자연스럽게 파악할 수 있다.

★★

- 시간: 5~10분
- 횟수: 3~5구×여러 번

방법
① 코치와 선수가 베이스라인에서 네트 쪽으로 걸어간다. 코치가 연속해서 떨어뜨리는 볼을 선수가 스트레이트로 친다.

지도자 MEMO: 프로그램 079의 타이밍을 파악하고 리듬을 익히는 연습에 걷기라는 요소를 더했다. 다음 훈련에 익숙해지면 타깃 구역(91쪽 그림 참고)을 설정해 치는 등 난이도를 높인다.

볼을 칠 때에도 계속 걷는다.

무릎을 굽혔다 폈다 하며 몸의 균형을 유지하며 볼을 친다.

스트로크

프로그램 081 토스한 볼 받아치기

목표: 쉬운 볼을 쳐서 타격 동작을 확인한다. 익숙해지면 의도한 곳으로 볼을 보내는 연습을 한다.

난이도 ★
시간 5~10분
횟수 3~10구×여러 번

방법
① 서비스라인에 선 다음, 2~3m 떨어진 위치에서 코치가 토스한 볼을 원바운드 후 스트레이트로 되받아친다.
② 아래 그림의 베이스라인 양쪽에 설치된 타깃 안으로 볼이 떨어지도록 겨냥해서 친다.
③ 포핸드와 백핸드 모두 연습한다.

어렵지 않은 볼이므로 침착하게 대응하자.

몸의 축을 유지하면서 임팩트 타이밍을 맞춘다.

볼의 궤도와 낙하 지점을 예측하면서 타깃을 겨냥한다.

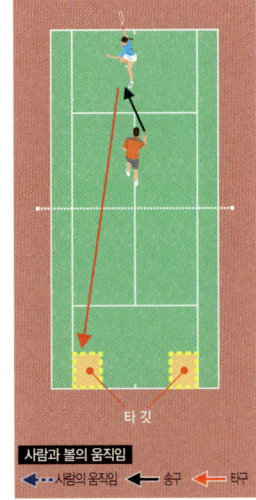

베이스라인 양쪽에 테이프 등을 이용해 타깃 구역을 만든다.

사람과 볼의 움직임
← --- 사람의 움직임   ← 송구   ← 타구

지도자 MEMO: 서비스라인에서 치기 때문에 세게 칠 필요는 없다. 포핸드, 백핸드의 동작을 의식하면서 타깃을 겨냥한다. 임팩트 순간에는 몸의 축을 확실히 유지한다. 손목만 사용해 타격하지 않도록 한다.

One Point! 어드바이스: 서비스라인 뒤쪽을 '디펜스 에어리어(200쪽)'라고 부르는데, 그곳을 타깃으로 겨냥하면 상대는 그 자리에서 플레이하게 된다. 이처럼 상대가 공격적으로 나오지 못하도록 만드는 플레이를 생각하며 타격하는 것도 필요하다.

스트로크

프로그램 082 여러 방향에서 날아오는 볼 치기

난이도 ★★★

시간 5~10분

횟수 각 방향 3~10구

목표 코치가 다양한 방향에서 던져주는 볼을 친다. 균형을 유지하면서 정확하게 되받아치는 기술을 익힌다.

방법

① 2~3m 후방 또는 좌우에서 코치가 원바운드로 던진 볼을 타깃을 겨냥해 스트레이트로 친다.

뒤쪽에서

뒤쪽에서 날아오는 볼을 뒤쫓아가듯이 이동해서 치기는 어렵다.

오른쪽에서

옆에서 날아오는 볼은 점으로 파악되기 때문에 타이밍을 맞춰서 치는 것이 중요하다.

왼쪽에서

백핸드 쪽에서 날아오는 볼은 시야를 벗어나 있어 파악하기 어렵다.

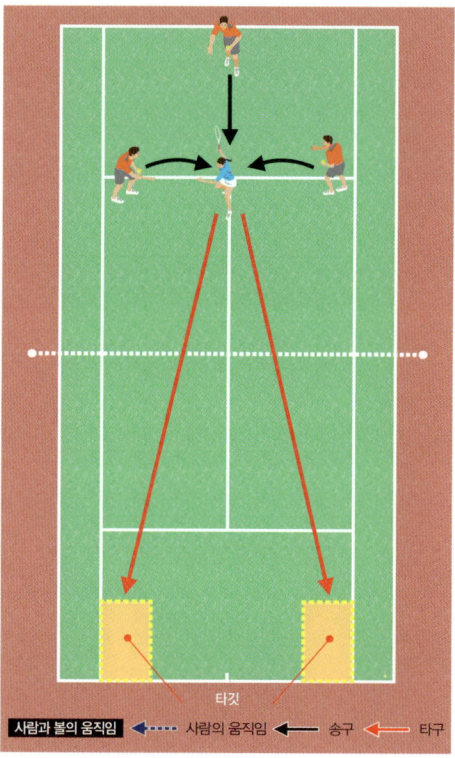

타깃

사람과 볼의 움직임 ◁┄┄ 사람의 움직임 ◀── 송구 ◀── 타구

처음에는 한쪽 코스만 겨냥한다. 연습에 익숙해지면 반대 방향도 겨냥해 쳐보자.

 지도자 MEMO 단순히 볼을 치는 것이 목적이 아니라 정확한 타점을 만들기 위한 연습이다. 빠르게 칠 필요는 없으며 목적을 확실하게 의식하면서 실시한다. 익숙해지면 발리로 겨냥해보자. 난이도를 상당히 높일 수 있다.

스트로크

프로그램 083 베이스라인으로 물러나서 치기

난이도 ★★

🕐 시간 10~20분

횟수 3~10구×여러 번

목표
베이스라인 부근에서 타깃 장소까지의 거리를 파악해 올바른 동작으로 볼을 치는 감각을 익힌다.

방법

① 베이스라인 부근에 서서 서비스라인에 있는 코치가 던져준 볼을 원바운드로 친다.
② 아래 그림에 나와 있는 타깃을 겨냥해 스트레이트로 친다.
③ 코치가 던진 볼의 코스에 따라 포핸드와 백핸드를 구분해 친다.

타깃의 위치를 파악하면서 볼을 확인한다.

팔로스루를 확실히 하면서 라켓을 휘두른다.

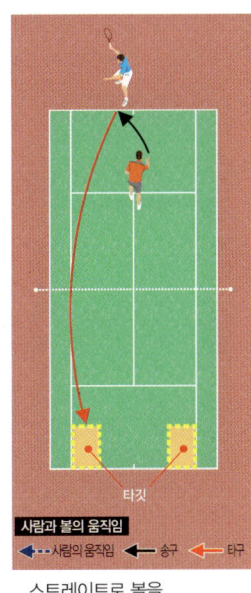

스트레이트로 볼을 타깃으로 보낸다.

지도자 MEMO
타깃과의 거리가 멀어졌기 때문에 타깃과 자신 사이의 공간 인지 능력이 필요하다. 따라서 거리, 방향 등을 확실히 파악해야 한다. 빠른 볼을 칠 필요는 없으므로 중심의 이동과 몸의 축 유지 등 동작에 집중해서 친다.

One Point! 어드바이스
포핸드와 백핸드를 이용해 상대편 코트 깊숙한 곳에 스트레이트로 볼을 치는 감각을 익히도록 한다. 이 방법을 습득하면 상대를 디펜스 에어리어로 몰아넣어서 전략적인 공격을 구사할 수 있다.

| 기술 해설 | ## 톱스핀 |

스트로크의 기초 기술

POINT 1	어깨 너머로 볼을 확인하면서 테이크백한다.
POINT 2	볼이 오는 쪽으로 고개를 돌리고, 고관절을 벌려서 몸의 균형을 잡는다.
POINT 3	하반신으로 들어 올리는 듯한 느낌으로 라켓을 아래에서 위로 치켜든다.

하반신의 힘이 중요

테이크백 시 중심을 낮춰 라켓을 치켜들 준비를 한다. 이 동작을 효과적으로 수행하기 위해 고관절을 벌리고 양 무릎을 유연하게 유지하자. 몸의 한가운데 축을 두고 하반신에 힘을 모은다.

낮은 위치에서 볼을 문질러 올린다

라켓은 아래에서 위로 치는데, 이때 스탠스를 넓게 하면 스윙 궤도가 흔들리지 않는 유연한 스윙이 된다.

톱스핀이란 볼에 순회전을 강하게 주는 것이다. 순회전하는 볼은 아래로 떨어지는 궤도로 날아가 아웃 미스의 위험을 줄일 수 있다. 기본 타법은 아래에서 위로 볼을 문질러 올리는 것이다. 이때 라켓에 가해진 힘인 원심력에 팔이 휩슬리지 않도록 몸통으로 몸 전체를 지탱하는 힘, 즉 구심력을 기른다. 또한 타구하기 전에 벌린 고관절을 타구할 때는 닫아 균형을 유지한다.

POINT 4
스탠스를 넓게 해 공에 회전을 걸 때 스윙 자세를 안정시킨다.

POINT 5
라켓에 닿는 볼을 아래에서 위로 세게 문지르기 때문에 손목이 어깨 위로 올라가게 된다.

POINT 6
팔로스루에서는 균형을 유지하자.

타점은 몸 앞

몸통으로 균형을 유지하면서 타점을 몸 앞에 두고 라켓으로 볼을 아래에서 위로 문질러 올린다.

임팩트 시 라켓 면 유지

팔로스루에서는 임팩트 시 라켓 면을 유지한 채 라켓을 치켜든다.

팔로스루는 크게

팔로스루는 라켓을 잡은 팔을 어깨보다 높은 위치까지 올려 회전이 많고 비거리가 긴 볼을 만든다.

스트로크의 기초 기술

슬라이스 샷

POINT 1 라켓을 비스듬히 기울여 테이크백한다.

POINT 2 어깨 너머로 고개를 돌려 볼을 주시하면서 일정한 힘으로 내려친다.

POINT 3 상체를 안정시키고 라켓을 밀어내듯 스윙한다.

볼과의 거리 확인

몸을 확실하게 옆으로 하고, 어깨 너머로 고개를 돌려 볼과의 거리를 예측한다. 눈으로만 볼을 보면 정확한 거리를 파악할 수 없다.

어깨로 미는 느낌으로

몸통은 똑바로 유지한다. 몸이 앞이나 뒤로 기울면 볼을 정확하게 칠 수 없다. 어깨를 이용해 일정한 스피드로 라켓을 밀듯이 휘두르면 안정된 스윙을 할 수 있다.

슬라이스는 볼에 역회전을 거는 기술이다. 힘을 많이 쓰지 않아도 칠 수 있기 때문에 컨트롤하기 쉽고, 다른 타법보다 타점이 넓어서 상대가 때려 넣더라도 되받아치기 쉽다.
기본 타법은 라켓을 비스듬히 기울인 채 볼의 아래쪽을 치는 것이다. 그러면 볼에 역회전이 걸린다. 이때, 절대로 손목의 힘으로만 라켓을 휘두르거나 근력으로 볼의 회전수를 컨트롤하려 하지 말아야 한다. 온몸에서 전달되는 일정한 힘으로 라켓을 휘두르도록 하자.

POINT 4 상체가 앞을 보지 않도록 왼손을 뒤쪽으로 보내는 느낌으로 자세를 잡는다.

POINT 5 팔로스루의 마지막에서 팔은 어깨보다 위로 올라가지 않게 한다.

POINT 6 팔로스루를 크게 하면 볼이 멀리 날아간다.

볼과 라켓 면

다른 샷과 마찬가지로 임팩트 순간이 매우 중요하다. 라켓 면은 볼과 수직이 되게 만들고, 지나치게 위쪽을 향하지 않도록 주의한다.

팔로스루로 비거리 조절

볼의 비거리는 팔로스루로 조절한다. 팔로스루를 크게 하면 볼을 멀리 보낼 수 있다. 전방으로 가볍게 휘두르면 비거리가 짧아진다.

회전의 기본 개념

회전의 중요성

볼에 톱스핀(순회전)이나 슬라이스(역회전) 등의 회전을 주면 플레이가 더욱 풍성해진다. 볼의 궤도와 볼이 튀는 방향에 큰 변화를 주어 상대의 플레이를 어렵게 만들면서 자신에게는 유리한 상황으로 이끌 수 있기 때문이다. 프로그램 084~097에서는 톱스핀과 슬라이스에서 라켓과 볼의 관계 그리고 다양한 타법에 대해 설명한다.

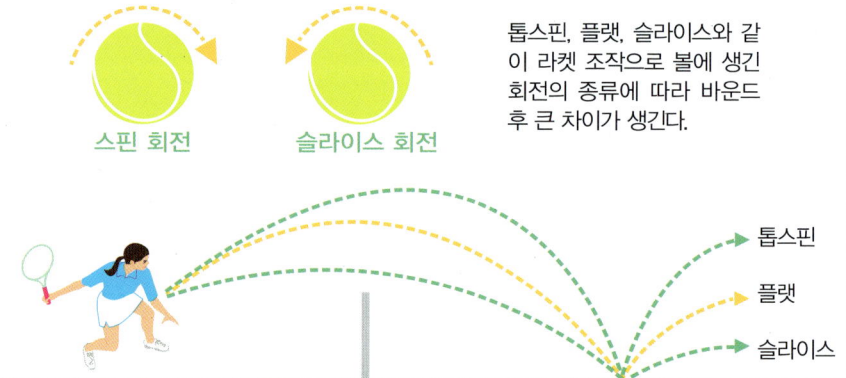

톱스핀과 슬라이스의 회전 방향과 볼이 튀는 높이

톱스핀, 플랫, 슬라이스와 같이 라켓 조작으로 볼에 생긴 회전의 종류에 따라 바운드 후 큰 차이가 생긴다.

POINT ①
톱스핀과 슬라이스는 회전하는 방향이 다르다.

공의 회전은 크게 나누어 톱스핀(순회전)과 슬라이스(역회전)가 있다. 기본적으로는 라켓으로 볼을 아래에서 위로 문지르면 톱스핀이 되고 바운드가 커진다. 위에서 아래로 문지르면 슬라이스가 되며, 바운드는 작아진다. 이처럼 스윙에 따라 볼의 회전 방향과 힘은 다양하게 변한다. 이 원리를 이해하지 못하면 상대의 볼을 받았을 때 제대로 대응할 수 없다.

POINT ②
회전의 장점을 파악해 상황에 따라 구분해 사용한다.

네트 가까이에 있는 상대의 머리 위로 지나가는 톱스핀 로브를 쳐서 상대를 뒤로 물러서게 하기, 슬라이스로 어프로치 샷을 치고 네트로 나가기, 슬라이스로 드롭 샷을 쳐서 상대의 허를 찌르기 등 톱스핀과 슬라이스를 응용한 다양한 샷이 존재한다. 볼의 회전을 이용했을 때 그만큼 샷의 장점이 커지는 것이다. 따라서 반드시 익혀 상황에 맞게 사용하도록 하자.

스트로크

프로그램 084

회전 연습

난이도 ★
시간 적당히
횟수 적당히

목표 짐볼을 사용해 라켓에 닿는 볼의 위치와 회전 방향을 확인하면 톱스핀과 슬라이스의 차이를 알 수 있다.

스핀

볼의 중심에 라켓을 댄다.

그 상태에서 라켓을 들어 올리면 볼은 순회전하게 된다.

슬라이스

볼의 중심보다 약간 아래쪽에 라켓을 댄다.

그 상태에서 라켓을 내리면 볼은 역회전한다.

방법

① 라켓과 볼이 접촉하는 부분을 보다 쉽게 보기 위해 짐볼 또는 발리볼을 준비한다.
② 볼에 라켓을 대서 톱스핀과 슬라이스를 할 때 라켓이 어떻게 테니스볼에 닿게 되는지 확인한다.

지도자 MEMO 우선 라켓을 어떤 방법으로 테니스볼에 대는 것이 좋은지 몸으로 느끼도록 한다. 그리고 스핀에서는 라켓을 아래에서 위로, 슬라이스에서는 위에서 아래로 움직인다는 사실도 이해하도록 한다. 이 원리를 알면 실전에서 볼을 칠 때 톱스핀과 슬라이스를 연상하기 쉬워진다.

One Point! 어드바이스 라켓을 볼에 대고 스핀 동작, 슬라이스 동작을 하며 볼의 회전 방향을 확인한다. 톱스핀이 순회전, 슬라이스가 역회전한다는 사실을 알 수 있다.

스트로크

프로그램 085 톱스핀 로브 & 앵글 샷

난이도 ★★★
시간 약 15분
횟수 3~10구×여러 번

목표 스핀 샷의 변형인 톱스핀 로브와 앵글 샷을 익힌다.

톱스핀 로브

라켓을 잡지 않은 왼쪽 어깨를 안쪽으로 향하게 해 테이크백한다.

무릎을 최대한 굽혀서 지면 반발력을 이용할 준비를 한다.

볼을 친다는 느낌이 아니라 문질러서 위로 쳐올린다는 느낌으로 스윙한다.

앵글 샷

라켓 면으로 각도(앵글)를 만들지 않도록 한다.

손목으로 조작하는 것이 아니라 어깨와 몸의 회전으로 라켓을 조작한다.

왼팔은 균형을 잡는 역할을 한다.

톱스핀 스트로크는 볼에 순회전을 걸기 때문에 코트로 떨어지려는 힘이 강하다. 그러므로 강하게 치더라도 스핀이 걸려서 아웃 미스의 위험이 줄어든다. 이러한 원리를 이용해 상대가 네트로 나왔을 때 톱스핀 로브를 치는 것은 효과적이다. 톱스핀이 걸린 볼은 바닥에 닿았을 때 높이 튀어 오른다. 상대가 베이스라인 부근에 있을 때 톱스핀 로브를 네트 깊은 곳으로 넣을 수 있다면, 바운드가 크기 때문에 되받아치기 어려운 상황을 만들 수 있다. 또한 사이드라인 가까이로 볼을 떨어뜨려서 상대를 코트의 바깥쪽으로 보내기 위해 급각도를 준 낮고 빠른 볼인 앵글 샷도 이 원리를 이용한 타법이다. 이처럼 스핀 계열의 기술은 다양한 상황에서 유용하게 사용할 수 있으니 반드시 익히기 바란다.

임팩트 후 라켓 면은 타구 방향을 향한다.

라켓을 끝까지 휘둘러 팔로스루한다.

회전 이미지

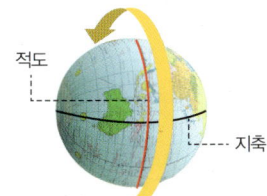

적도 / 지축

지도자 MEMO

지구본을 예로 들어서 톱스핀 로브를 칠 때의 모습을 설명하면, 지축(地軸)을 정중앙에 두고 적도의 아랫부분에 라켓을 대고 돌리는 느낌이다. 팔로스루에서는 라켓이 몸쪽으로 가지 않게 하면서 라켓 면을 돌리지 말고 그대로 위로 밀어올린다.

타점을 앞에 두고, 볼의 바깥쪽을 쳐올려서 각도를 준다.

중간에 멈추지 말고 끝까지 휘두른다.

지도자 MEMO

앵글 샷도 지구본을 예로 들어 설명하면 움직임을 연상하기 쉬울 것이다. 지축을 정중앙에 두고 적도에 맞춰 라켓을 대고 빠르게 회전시킨다. 타점을 톱스핀 로브보다 앞에 둔다. 또한 라켓 면을 볼을 치는 방향으로 대면 회전을 걸기 어려워지므로 주의하자.

스트로크

프로그램 086 슬라이스 어프로치 & 디펜스

난이도 ★★★
시간 약 15분
횟수 3~10구×여러 번

목표 네트로 나가거나 자신이 이용할 시간적 여유를 만드는 등 슬라이스의 이점을 이용한 두 가지 타법을 익힌다.

어프로치

타점으로 이동했다가 빠진다.

스탠스를 넓게 하고, 라켓을 어깨 위로 높이 들어서 테이크백한다.

어깨를 충분히 돌려야 몸이 벌어지지 않아 라켓으로 볼을 칠 수 있다.

디펜스

라켓 든 손의 어깨를 안쪽으로 하고 볼을 확인하면서 자세를 취한다.

비거리를 생각하며 스윙한다.

몸 전체를 사용해 볼을 라켓으로 문지르는 느낌으로 친다.

슬라이스샷의 특징은 볼에 역회전이 걸려서 바닥에 닿아도 크게 튀어 오르지 않는다는 점이다. 대신 미끄러지거나 제자리에서 멈출 것 같은 형태로 튄다. 따라서 다른 스핀의 볼이나 플랫으로 쳤을 때보다 볼에 변화를 주기 쉽다. 또 상대가 친 낮고 빠른 볼을 되받아칠 때와 같은 경우에는 스핀으로 되받아치는 것보다 슬라이스로 되받아치는 것이 더 쉬울 수 있다. 이러한 특징을 이용해 빠른 볼을 연속으로 되받아칠 때, 구속이 다른 슬라이스로 리턴하면 상대의 리듬을 깨뜨릴 수 있다. 베이스라인 근처로 슬라이스를 넣으면 시간을 벌어서 자세를 수정하거나 네트에 나가서 공격을 전개할 수 있다. 슬라이스는 속도가 느리긴 하지만 상대가 받아치기 쉽지 않은 볼이다. 이러한 특징을 이용하면 자신에게 유리한 흐름으로 플레이를 이끌 수 있다.

팔은 어깨보다 아래에 두고, 라켓은 몸의 옆으로 오도록 한다.

라켓을 몸 바깥쪽으로 휘두르며 팔로스루한다.

지도자 MEMO 슬라이스 어프로치 샷은 볼을 문질러서 옮기듯이 쳐야 한다. 여기서 포인트는 스텝이다. 한 손 타법의 경우, 몸이 벌어지면 라켓에 닿는 볼의 위치가 어긋나고 슬라이스를 걸기 어려워진다. 이를 막기 위해 55쪽에서 설명한 캐리오카 스텝을 실시해 볼을 치도록 한다. 타구 후에도 캐리오카 스텝을 밟으며 네트 쪽으로 다가가서 재빨리 자세를 정돈해 상대의 리턴에 대비하자.

라켓을 잡지 않은 왼팔로 몸이 벌어지는 것을 막는다.

끝까지 몸이 벌어지지 않게 하면서 팔로스루한다.

지도자 MEMO 슬라이스는 볼이 날아가는 데 비교적 시간이 걸리는 동시에 바운드가 낮아서 상대가 리턴하기 어렵다는 특징이 있다. 이 점을 이용하면 상대의 베이스라인 부근에 볼을 넣어 시간을 벌고, 자신의 자세를 수정할 수도 있다. 기본 타법은 위에서 설명한 어프로치 샷과 비슷하지만, 비거리가 길기 때문에 라켓을 끝까지 확실하게 휘둘러야 한다.

스트로크

드롭 샷

프로그램 087

난이도 ★★★

시간 약 15분

횟수 3~10구×여러 번

목표 볼을 치기 직전에 동작을 멈춰 상대의 허를 찌르는 타법을 익힌다.

앞으로 나가서 상대와 볼을 확인한다.

동작을 멈추고 타구 자세를 취한다.

테이크백을 재빠르게 한다.

네트 근처에서 친다고 생각한다.

볼을 라켓으로 가볍게 문질러 부드럽게 날린다.

곧바로 상대의 리턴에 대비할 준비를 한다.

 지도자 MEMO
상대의 허를 찔러서 네트 근처로 볼을 살짝 떨어뜨리는 것이 슬라이스가 걸린 드롭 샷의 목표이다. 이를 치기 위해서는 볼을 치기 직전에 전진하던 것을 멈추는 것이 포인트이다. 이렇게 하면 볼도 잘 보이고, 힘을 뺀 상태에서 가볍게 칠 수 있다.

 **One Point! 어드바이스**
전진하다가도 볼을 치기 직전에는 반드시 동작을 멈춘다. 단, 동작을 너무 빨리 멈추면 상대가 알아차리게 되고 너무 늦게 멈추면 타이밍이 늦어서 정확하게 칠 수 없다. 연습을 반복해 동작을 멈추는 적절한 타이밍을 익히도록 한다.

스트로크

프로그램 088 공간 인식

난이도 ★★

시간 5~15분

횟수 3~10구×여러 번

목표 볼이 벽을 맞히지 않게 치는 연습이다. 볼의 코스를 연상하는 능력과 공간 인지 능력을 기른다.

방법
① 센터마크에 서서 코치가 던진 볼을 벽 뒤에서 로브로 리턴한다.
② 익숙해지면 벽을 타자 가까이 세워 난이도를 높인다.

벽

볼의 코스와 공간을 파악하지 못하면, 볼은 벽을 넘을 수 없다.

 지도자 MEMO 눈앞에 있는 장애물(사진은 사람 벽)에 볼을 맞히지 않으면서 치는 방법을 의식하도록 한다. 이는 볼의 코스를 예측하게 만들어주며 공간을 인지하는 능력을 높여준다.

스트로크

프로그램 089 가까이 있는 타깃 맞히기

난이도 ★★★

시간 5~15분

횟수 3~10구×여러 번

목표 가까운 거리에 있는 콘을 볼로 강타해 라켓을 팔의 일부로 여기며 휘두르는 감각을 기른다.

방법
① 베이스라인에 서서 코치가 던진 볼을 받아 서비스라인 부근에 놓인 콘을 겨냥해 강하게 스윙해 맞히도록 한다.

손목의 힘으로만 라켓을 조작하지 말고, 동작을 의식하면서 온몸에서 전달된 힘으로 라켓을 휘두르도록 하자.

 지도자 MEMO 콘과 자신 사이의 공간 인식도 중요하지만, 이 연습의 주요 목적은 강하게 볼을 쳐서 생기는 자신의 운동 동작을 확인하는 것이다. 이는 빠른 볼을 겨냥해 치는 능력으로 이어진다.

스트로크

프로그램 090 강하게 스윙

목표 전신의 힘을 이용해 강하게 스윙하며 강타할 때의 힘을 몸으로 느낀다.

난이도 ★★

⏱ 시간 5~15분

👆 횟수 3~10구×여러 번

방법
① 코치가 던진 볼을 힘껏 받아친다.

지도자 MEMO 전신을 이용해 펜스를 넘어가는, 비거리가 있는 볼을 치는 것에 집중한다. 프로그램 089와 마찬가지로 전신 운동으로 볼을 날리는 것이 목표이다. 하지만 힘껏 치는 것만으로는 안 된다. 발에서 발생한 힘이 몸을 통해 팔과 라켓으로 전달되는 것을 느끼는 것이 중요하다.

허리를 낮추고 몸에 힘을 모은다.

팔, 허리, 무릎과 몸 전체의 힘을 이용해서 친다.

팔로스루를 하며 힘이 빠지는 것을 느끼자.

스트로크

프로그램 091 노바운드 스윙

목표 의도한 곳으로 볼을 보내는 연습이다. 전신 운동으로 볼을 강타할 때의 감각과 정확성을 몸에 익힌다.

난이도 ★★★★

⏱ 시간 5~15분

👆 횟수 3~10구×여러 번

방법
① 코치가 포물선을 그리도록 던져준 볼을 상대 코트 안으로 보낸다.

지도자 MEMO 프로그램 090에서 익힌 강타에 필요한 전신의 움직임과 의도한 곳으로 공을 보내기 위해 필요한 공간 인식 능력을 기르는 연습이다. 노바운드로 치기 때문에 몸의 균형을 유지하는 것이 더욱 중요하다. 뿐만 아니라 드라이브 발리에도 도움이 되는 연습이다.

볼의 궤도를 보면서 낙하점을 예측한다.

임팩트 타이밍에 집중한다.

전신 운동을 의식하면서 직접 리턴한다.

| 스트로크 | 난이도 ★★★ |

프로그램 092 짧은 볼 & 깊은 볼 처리

시간 5~15분
횟수 4~10구×여러 번

목표 두 가지 움직임과 타법의 변화를 반복해 유연하고 재빠른 플레이의 변환을 훈련한다.

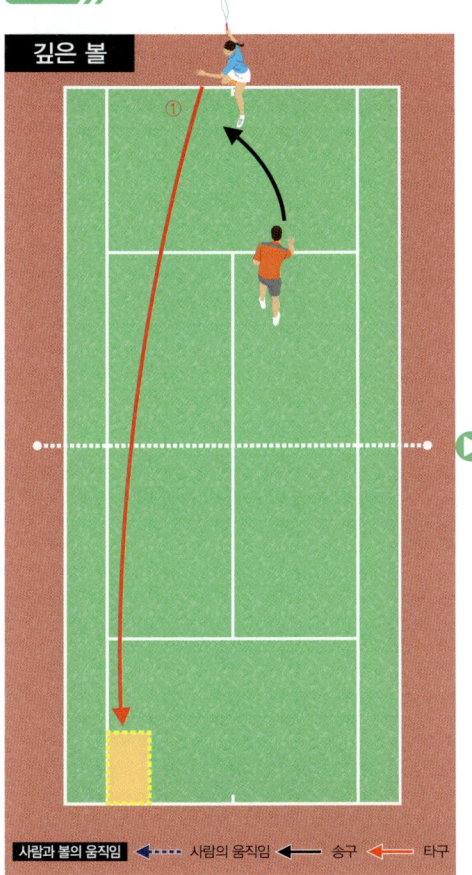

타깃까지의 거리, 방향, 높이, 타구의 코스를 생각하면서 높은 궤도로 친다.

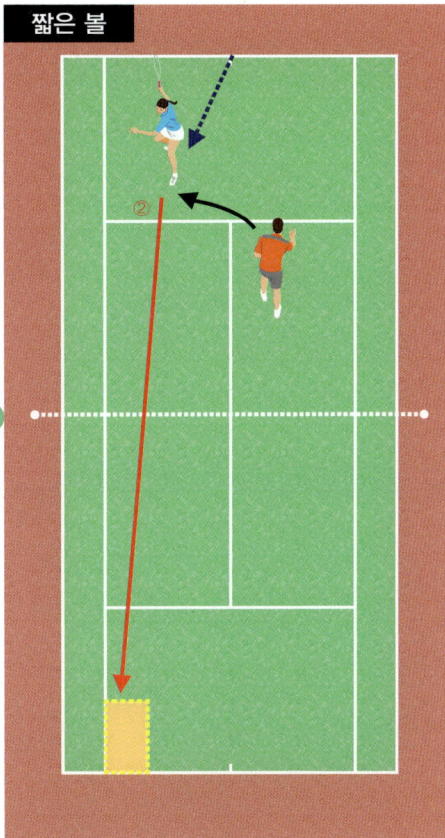

전신의 힘을 이용해 강하게 되받아치는 동시에 타깃을 겨냥해 스트레이트로 강하게 친다.

방법

① 베이스라인에서 자세를 취하고, 코치가 던져준 볼을 높은 궤도로 리턴한다.
② 그 후 베이스라인과 서비스라인의 중간으로 던져진 볼을 앞으로 나와서 스트레이트로 리턴한다. ①의 위치로 돌아온 다음, 베이스라인으로 던져진 볼을 뒤로 물러나면서 높은 궤도로 리턴한다. 이 연습을 반복한다.

 지도자 MEMO 깊은 볼은 뒤로 물러나면서 수비적인 샷으로, 짧게 들어온 볼은 앞으로 나가서 공격적인 샷으로 친다. 이에 대응하는 데 필요한 감각과 근육의 움직임을 반복적으로 연습해 습득하도록 한다.

스트로크

프로그램 093 서비스라인의 중앙에서 스트로크

목표 짧은 거리의 볼을 반복적으로 쳐서 정확한 스트로크 기술을 익힌다.

난이도 ★★

⏱ 시간 5~15분

✋ 횟수 3~10구×여러 번

방법

① 서비스라인의 중앙에 코치와 마주 서고, 코치가 던져 준 볼을 타깃을 겨냥해서 친다.
② 다시 같은 요령으로 코치가 던진 볼을 친다. 이 연습을 반복한다.

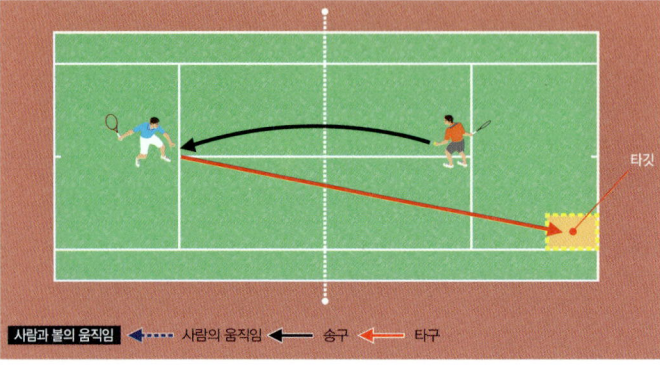

지도자 MEMO 짧은 거리의 볼을 타깃을 향해 치면서 스트로크 기술을 익히는 연습이다. 코치가 보내는 볼은 손으로 보내는 토스에서 라켓으로 보내는 것으로 바뀌었다.

사람과 볼의 움직임 ← 사람의 움직임 ← 송구 ← 타구

짧은 거리의 볼을 반복적으로 스트레이트로 치면서 스트로크의 정확도를 높인다.

스트로크

프로그램 094 서비스라인에서 옆으로 이동하며 스트로크

목표 옆으로 이동하면서 스윙해 몸의 방향 전환을 익히고 스트로크의 정확성을 높인다.

난이도 ★★

⏱ 시간 5~15분

✋ 횟수 여러 번

방법

① 서비스박스의 모서리에 색깔 있는 테이프로 타깃을 향한 가상선을 표시한다. 그 장소에서 가상선대로 라켓을 휘두른 다음, 옆으로 이동해서 코치가 던져 주는 볼을 친다.
② 다시 옆으로 이동해 볼을 친다.

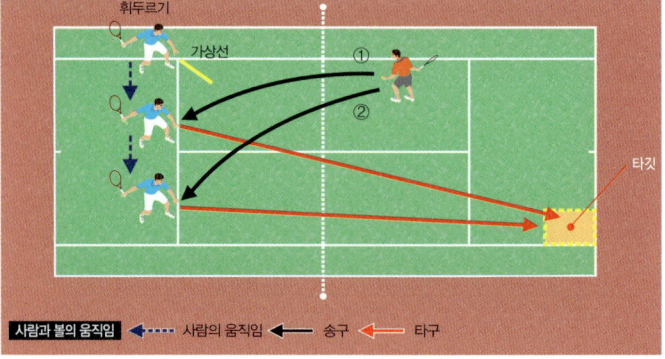

지도자 MEMO 프로그램 093에 이동을 더해 난이도를 높인 연습으로 이를 통해 스트로크의 정확성을 높인다.

사람과 볼의 움직임 ← 사람의 움직임 ← 송구 ← 타구

볼을 치기 위해 옆으로 이동하다가 자연스럽게 타구 자세를 잡는다.

스트로크

프로그램 095 베이스라인에서 옆으로 이동하며 스트로크

난이도 ★★★
시간 5~15분
횟수 여러 번

목표: 베이스라인에서 스트로크를 친다. 이처럼 훈련을 더욱 어렵게 만들어서 스트로크의 정확성을 높인다.

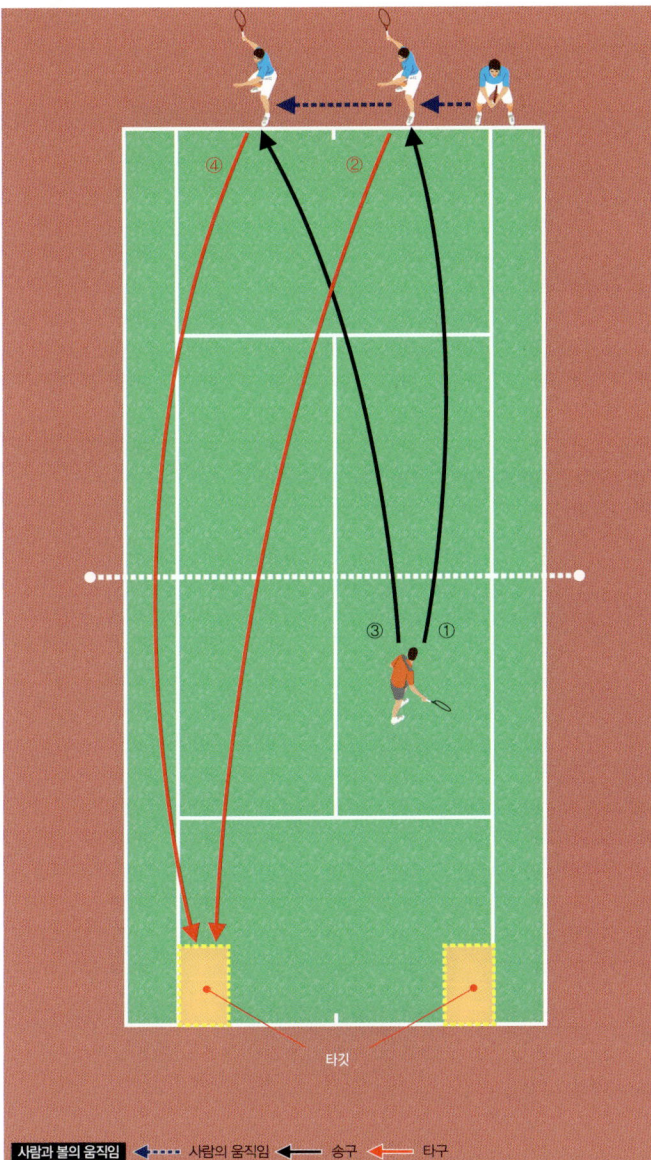

방법

① 코치가 네트 앞에서 볼을 보낸다.
② 선수는 베이스라인의 한쪽 코너에서 이동하며 타깃을 겨냥해 코너로 친다.
③ 코치가 반대 방향으로 리턴한다.
④ 선수는 재빨리 볼을 쫓아 타깃을 겨냥해 스트레이트로 친다.

지도자 MEMO

이 연습의 목표는 프로그램 093, 094와 같이 스트로크의 정확성을 높이는 것이다. 단, 베이스라인에서 볼을 치기 때문에 거리가 더욱 멀어져 플레이의 난이도가 높다. 타깃과 자신 사이의 공간을 인식해 그 정보에 따라 제대로 동작을 실행하지 못하면 스트로크의 정확성을 높일 수 없다는 것을 기억하자.

One Point! 어드바이스

볼의 속도, 코스, 방향 등을 빠르게 판단해 낙하점으로 이동한다. 이것이 가능하면, 몸을 회전해 타구 자세를 취할 때 여유가 생긴다.

프로그램 096 — 스트로크

베이스라인에서 시작해 깊은 볼 & 짧은 볼 치기

난이도 ★★★
시간 5~15분
횟수 4~10구×여러 번

목표 깊은 볼과 짧은 볼을 교대로 친다. 전략적인 요소도 더한 훈련으로 스트로크의 정확성을 높인다.

깊은 볼

상대편 진영의 베이스라인 부근을 겨냥해 상대가 앞으로 나오지 못하게 만드는 방어적인 타법을 구사한다.

짧은 볼

서비스라인 부근으로 오는 짧은 볼은 공격적으로 때려 넣는 느낌으로 타깃을 겨냥한다.

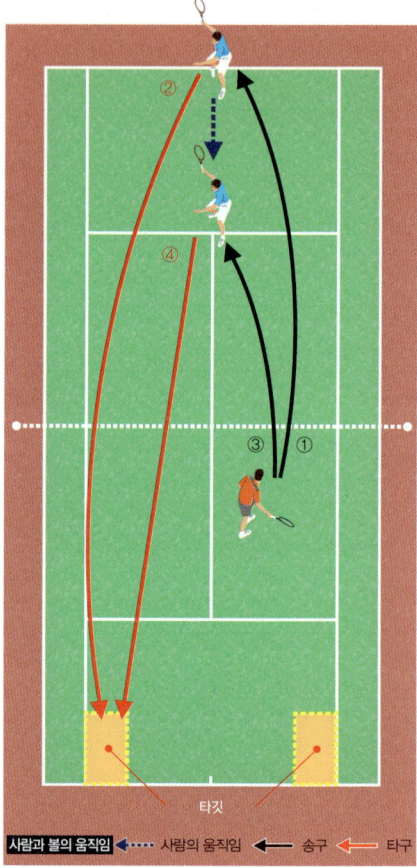

깊은 볼과 짧은 볼은 리턴할 때의 느낌이 다르다는 사실을 알아야 한다.

사람과 볼의 움직임 ···▶ 사람의 움직임 ◀━ 송구 ◀━ 타구 ◀━

방법
① 코치가 베이스라인 부근의 깊은 곳으로 볼을 보낸다.
② 선수는 수비적인 감각으로 타깃을 겨냥해 친다.
③ 코치가 서비스라인 부근으로 짧은 볼을 보낸다.
④ 선수는 타깃을 겨냥해 공격적으로 강하게 친다.

지도자 MEMO 이 연습은 전략적 요소가 포함되어 있다. 깊은 볼은 상대가 네트로 나올 수 없도록 베이스라인을 겨냥한 수비적인 감각으로 치고, 짧은 볼은 공격적으로 강하게 친다. 실전이라고 생각하면서 연습하자.

스트로크

프로그램 097 스트로크 종합 연습

난이도 ★★★★
시간 5~15분
횟수 4~12구×여러 번

목표 비스듬하게 후방으로의 이동과 전진이 반복되는 연습이다. 다양한 상황 변화에 대응할 수 있도록 연습한다.

1. 뒤로 물러나면서 수비하듯 스트레이트로 깊게 친다.

2. 타깃을 겨냥해 공격적으로 크로스로 강타한다.

비스듬하게 앞뒤로의 이동이 더해져 체력적으로도 힘든 실전 연습이다.

사람과 볼의 움직임 ←---- 사람의 움직임 ← 송구 ← 타구

3. 상대가 앞으로 나올 수 없도록 볼을 친다.

4. 상대편 진영에 크로스로 강타하는 느낌으로 타구한다.

방법

① 서비스라인 중앙에서 시작한다. 코치가 깊은 곳으로 송구한 볼을 타깃을 겨냥해 스트레이트로 친다.
② 그대로 전진해 볼을 크로스로 강타한다.
③ 사이드 스텝으로 왼쪽 대각선 뒤쪽으로 이동해서 타깃을 겨냥해 스트레이트로 리턴한다.
④ 그대로 전진해 볼을 크로스로 강타한다. ①부터 반복한다.

지도자 MEMO 프로그램 096에서 여러 방향으로 이동하는 요소를 더했다. 또한 포핸드와 백핸드를 모두 실시해 스트로크의 정확성을 높이는 훈련이다.

스트로크

프로그램 098 와이퍼 스트로크

난이도 ★★

시간 5~15분

횟수 4~8구×여러 번

목표 체력적으로 부담을 느끼는 상태에서 빠르게 타구 위치로 이동하고 방향을 전환하는 민첩성을 기른다.

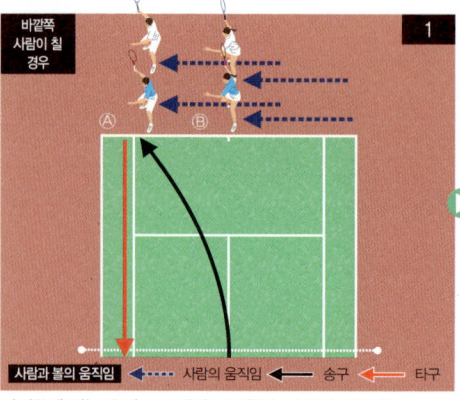

바깥쪽에 있는 Ⓐ가 스트레이트로 친다. 나머지 세 명은 그에 맞춰 라켓만 휘두른다.

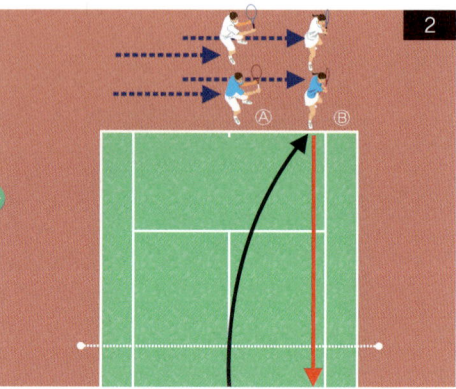

서로 간격을 유지하면서 반대쪽에서 날아오는 볼을 향해 이동하고, Ⓑ가 그 볼을 친다.

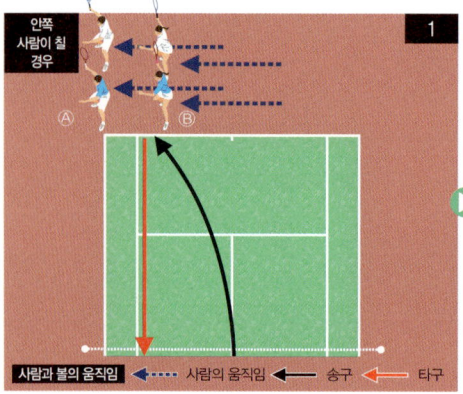

안쪽에 있는 Ⓑ가 스트레이트로 친다. 나머지 세 명은 그에 맞춰 라켓만 휘두른다.

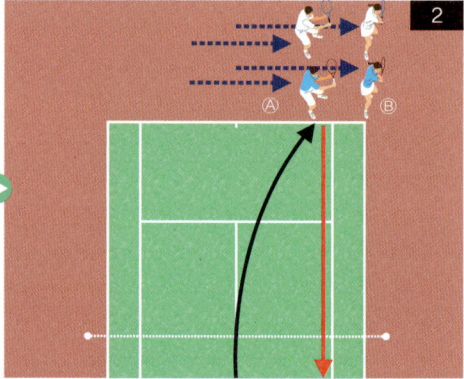

이동 거리가 길어서 체력적으로 힘들지만, 볼까지의 공간을 인식하며 타구 위치로 이동해 Ⓐ가 타구한다.

방법

위의 그림과 같이 3m 정도 간격을 두고 앞에 두 명, 뒤에 두 명이 나란히 선다. 코치는 앞 열의 두 명에게 볼을 던진다.

바깥쪽 사람이 칠 경우
① 사이드라인 부근으로 던져진 볼을 바깥쪽 Ⓐ가 이동해 친다. Ⓑ와 뒤의 두 명은 라켓만 휘두른다.
② 이번에는 반대 사이드로 보낸 볼을 Ⓑ가 받아친다. 나머지 세 명은 라켓만 휘두른다.

안쪽 사람이 칠 경우
① 사이드라인 부근으로 던져진 볼을 안쪽에 있는 Ⓑ가 이동해 친다. Ⓐ와 뒤의 두 명은 라켓만 휘두른다.
② 이번에는 반대 사이드로 송구된 볼을 Ⓐ가 받아친다. 나머지 세 명은 라켓만 휘두른다.
● 먼저 바깥쪽부터 치는 연습을 한다. 익숙해지면 이동거리가 길고 강도도 높은 '안쪽 사람이 칠 경우'의 연습을 반복해서 실시한다.

| 스트로크 | 난이도 ★★★ |

프로그램 099
포핸드와 백핸드로 좌우 풋워크

시간 5~10분
횟수 4~10구×여러 번

목표 원을 그리듯이 타구 위치로 이동해 재빠르게 몸의 방향을 전환해 치는 감각을 익힌다.

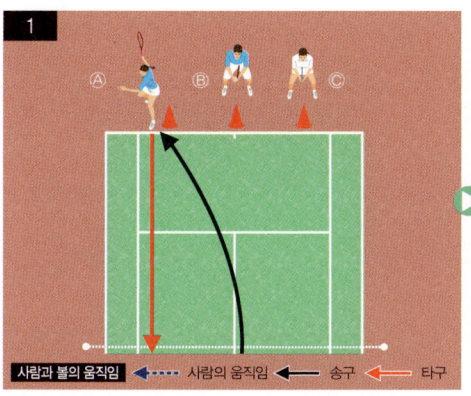

1

사람과 볼의 움직임 ◀----- 사람의 움직임 ◀----- 송구 ◀----- 타구

Ⓐ는 코치가 던진 볼을 받아치고 곧바로 방향을 전환해 이동한다.

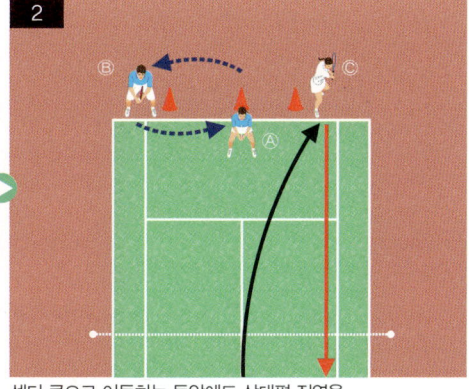

2

센터 콘으로 이동하는 동안에도 상대편 진영을 바라보며 상황을 확인한다.

3

Ⓑ는 볼의 코스, 방향, 거리를 확인하면서 타구 위치로 돌아서 들어간다.

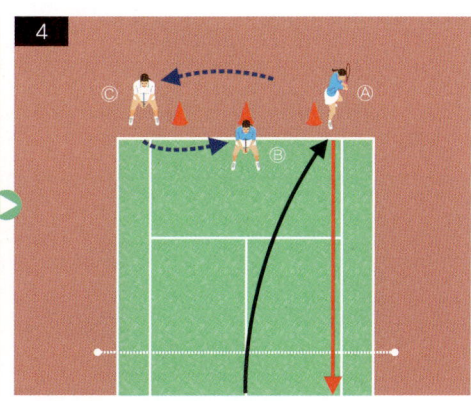

4

방향을 전환해 타구 자세를 취할 때에도 반드시 볼을 주시하자.

방법
① 세 명이 콘 쪽에 선 다음, Ⓐ가 스트레이트로 친다.
② 가운데 콘으로 Ⓐ가 이동한다(센터 커버). Ⓐ가 있던 위치로 Ⓑ가 향한다. Ⓒ가 스트레이트로 볼을 친다.
③ Ⓑ가 스트레이트로 리턴한다. Ⓐ와 Ⓒ는 옆에 있는 콘으로 이동한다.
④ Ⓐ가 스트레이트로 볼을 친다. Ⓑ와 Ⓒ는 옆에 있는 콘으로 이동한다. 이 훈련을 반복한다.

지도자 MEMO 볼이 앞에 있을 때의 움직임과 타구 후에 다음 타구 위치로 이동하는 속도가 중요하다. 지금까지의 직선적인 움직임에 원을 그리는 곡선의 움직임을 더해 실시함으로써 더욱 실전에 가까운 동작과 효과적인 타구를 연습할 수 있다.

스트로크

프로그램 100

방향 전환 스트로크

난이도 ★★★★
시간 5~10분
횟수 2구×여러 번

목표 비어 있는 자기 진영을 보호하는 코트 커버 능력을 기르는 동시에 플레이 시작 스피드를 높이는 연습이다.

크로스로 상대의 깊은 곳을 겨냥해서 친다.

센터로 돌아와 코트를 커버한다.

각도를 더 주면서 크로스로 타구한다.

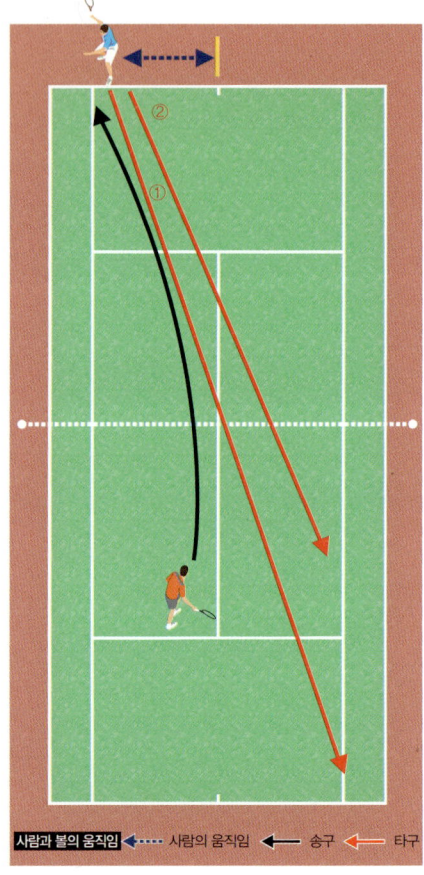

사람과 볼의 움직임 ◄---- 사람의 움직임 ◄── 송구 ◄── 타구

볼을 치면서 라켓 면의 방향은 볼이 오는 방향과 같다는 사실을 확인한다.

방법

① 베이스라인 중앙에서 시작한다. 코치가 사이드로 보낸 볼을 크로스로 리턴한다.
② 재빨리 중앙으로 돌아온 다음, 코치가 같은 사이드로 다시 보낸 볼을 받아친다. 각도를 준 크로스로 리턴한다. 똑같은 순서로 '첫 번째 볼은 크로스, 두 번째 볼은 스트레이트'로 치는 훈련도 실시한다.

지도자 MEMO 빠르게 몸의 방향을 전환해 볼을 치는 연습이다. 타구 위치가 그림과 같기 때문에 자신의 진영 반대쪽이 비게 된다. 따라서 이 훈련은 빈 곳을 보호하기 위해 센터까지 돌아오는 코트 커버 능력을 높이는 목적도 있다.

프로그램 101 — 스트로크

돌아서서 포핸드로 처리

난이도 ★★★★
시간 5~15분
횟수 4~10구×여러 번

목표 백핸드 쪽으로 날아온 볼을 돌아서서 포핸드로 강타하는 기술을 익힌다.

포핸드로 타깃을 겨냥한다.

백핸드 쪽으로 던져진 볼을 향해 돌아서 들어간다.

높은 타점에서 타구한다.

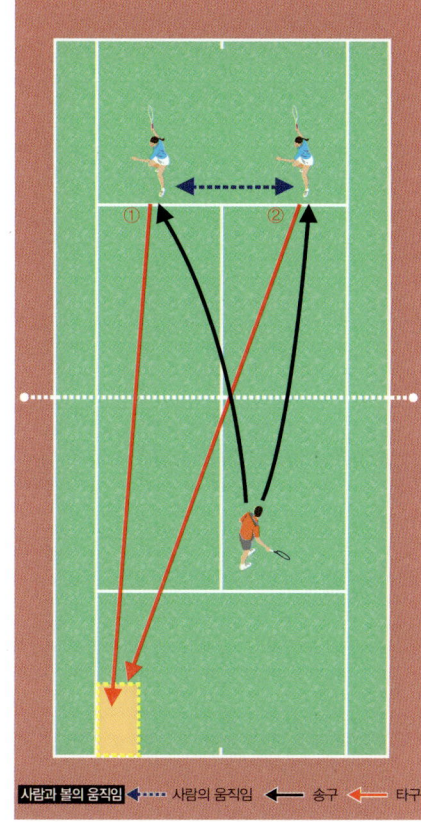

사람과 볼의 움직임 ◄---- 사람의 움직임 ◄── 송구 ◄── 타구

돌아서서 포핸드로 처리하는 데 필요한 볼에 대한 재빠른 판단, 민첩한 이동, 몸의 방향 전환을 훈련한다.

방법
① 서비스라인에 선 다음, 코치가 던진 볼을 타깃을 겨냥해 포핸드로 친다.
② 코치가 백핸드 쪽으로 던진 볼을 돌아서 간 다음 타깃을 겨냥해 포핸드로 친다.

지도자 MEMO 백핸드 쪽의 볼을 돌아서서 포핸드로 처리하는 연습이다. 재빨리 이동해 몸의 방향을 빠르게 전환해야 한다. 이와 같은 동작이 이루어지지 못하면 돌아서서 볼을 처리할 수 있는 시간적 여유가 생기지 않는다.

스트로크

프로그램 102 — 일정 코너로 스트로크

목표 상대의 볼을 예측해 정확하게 목표를 겨냥해서 받아치는 능력을 기른다.

난이도	★★★★
시간	5~10분
횟수	3구×여러 번

방법

① 상대 코트의 베이스라인 코너에 타깃을 설치한다.
② 코치가 속도와 회전이 다른 세 개의 볼을 이어서 던져 주면, 타깃을 겨냥해서 타구한다.
③ 한쪽 코너가 끝나면 이번에는 반대쪽 코너를 겨냥해서 연습한다.

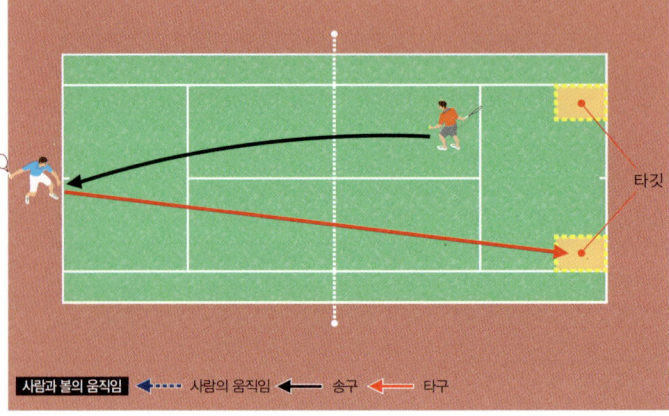

지도자 MEMO 코치가 던진 볼의 코스와 스피드를 파악해 예측한 위치로 이동하는 능력과 스트로크의 정확성을 기른다.

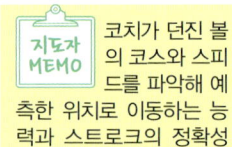
사람과 볼의 움직임 ◀---- 사람의 움직임 ◀— 송구 ◀— 타구

스트로크

프로그램 103 — 오픈 코너로 스트로크

목표 매번 다른 타깃을 겨냥한다. 볼을 컨트롤하며 빠르게 전개하는 방법을 익힌다.

난이도	★★★★
시간	5~10분
횟수	3구×여러 번

방법

① 상대 코트의 베이스라인 코너 양쪽에 타깃을 설치한다.
② 코치가 속도와 회전이 다른 세 개의 볼을 이어서 던져준다.
③ 1구는 어느 쪽을 겨냥해도 상관없다. 2구부터는 타깃을 바꿔가며 타구한다.

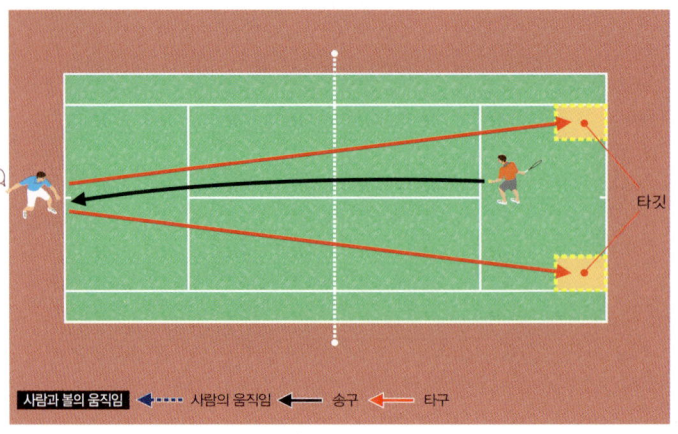

지도자 MEMO 볼의 코스를 예측하는 능력과 양쪽 타깃으로 볼을 컨트롤하는 기술을 기른다.

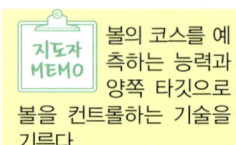
사람과 볼의 움직임 ◀---- 사람의 움직임 ◀— 송구 ◀— 타구

스트로크

프로그램 104 발리 & 스트로크 이어가기

목표 코치의 발리를 스트로크로 되받아친다. 같은 코스로 날아오는 볼을 반복해서 치면서 일관성 있는 움직임과 동작을 익힌다.

난이도	★★
시간	5~15분
횟수	10회×여러 번

방법

① 선수는 베이스라인에서 코치를 향해 볼을 리턴한다.
② 코치는 발리로 되받아치고, 선수는 원바운드로 되받아친다. 이를 반복한다.

지도자 MEMO 코치는 같은 코스에 발리로 되받아친다. 이를 반복하면 리듬과 안정된 동작을 익힐 수 있다. 몸을 계속 움직이면서 다음 볼에 대비하도록 하자.

선수는 코치를 겨냥해서 일정 장소로 볼을 리턴한다.

몸을 계속 움직이면서 다음 볼에 대비한다.

스트로크

프로그램 105 민첩하게 스윙

목표 연속으로 날아오는 볼에 대응하면서 안정된 자세로 볼을 받아치는 능력을 기른다.

난이도	★★★
시간	5~10분
횟수	3~8구×여러 번

방법

① 베이스라인 중앙에 선다.
② 코치가 연속적으로 같은 곳으로 볼을 보내면, 선수는 같은 동작으로 재빠르게 받아친다.

지도자 MEMO 같은 코스로 연속해서 날아오는 볼을 같은 동작으로 빠르게 되받아치는 이 훈련을 통해 시합 중 갑작스러운 상황에 직면했을 때에도 안정된 동작으로 재빠르게 대응할 수 있는 요령을 기른다.

빠르게 반응할 수 있는 민첩성을 길러서 갑작스러운 변화에 대처할 수 있도록 한다.

칼럼 ②

우승을 향한 간절한 마음이 만들어낸 징크스

믿음이 승리를 부른다

필자의 자동차 번호는 '7676'이다. 테니스의 3세트로 말하면, '7 : 6, 7 : 6'으로 접전 끝에 승리를 거둔 스코어로 볼 수 있다. 덧붙이자면 테니스 선수들은 '6060'을 자동차 번호로 선택하는 경우가 많은 듯하다. 필자는 코치이기 때문에 선수가 고생을 하더라도 이겨주었으면 하는 바람을 7676이라는 번호에 담았지만, 선수들은 아무래도 즐겁게 이기고 싶은 마음이 더 강한 것 같다.

또한 이 번호에는 다른 의미가 하나 더 담겨 있는데, 그것은 나무나무(南無南無, 나무는 귀의(歸依)를 의미하는 불교 용어로, 일본어로 7676을 발음할 때 첫 음절과 비슷해 비유한 말)이다. 역시 최후에는 승리하라는 기원을 담은 것이다. 코치라는 직업의 특성상 승리에 대한 간절한 바람이 이렇게까지 생각하게 만든 것인지도 모른다.

어느 고등학교 테니스부 감독과 이 번호에 대해 함께 이야기를 나눈 적이 있었다. 그런데 갑자기 그가 감탄하면서 악수를 청했다. 이유를 물으니 자신도 비슷한 생각을 하고 있다고 했다. 그는 단체전에서 1세트 6게임의 시합일 때에는 76엔을, 8게임 매치일 때에는 98엔을 기부한다고 했다. 필자의 번호에 대한 집착을 넘어서는 행동을 하는 사람이 또 있다는 것에 솔직히 놀랐다. 뛰는 사람 위에 나는 사람이 있는 꼴이었다.

이 이야기에는 뒷이야기가 있다. 이 고등학교가 인터하이(고교 대항전) 단체전에 출전했을 때 한 시합에서 타이브레이크(tie break, 테니스에서 게임 카운트가 6 대 6 또는 8 대 8일 때 7포인트를 먼저 득점한 쪽을 승자로 하는 규정)에 들어가서 어느 쪽으로 승리가 기울지 모르는 상황이 되었다. 그때 감독이 가까이 다가온 선수에게 괜찮으냐고 물었다.

그러자 그 선수가 "물론, 걱정 없습니다! 저도 기부를 잘 하고 왔거든요."라고 대답했다고 한다.

결과로 말할 것 같으면, 시합에서 그 학교 팀이 정말 승리를 거두었다.

이때 곰곰이 생각했던 것은 승패라는 것은 역시 마음먹기에 달렸다는 사실이었다. 물론 전적으로 소원과 기부 때문에 그 학교 팀이 우승한 것은 아니다. 그동안 실시했던 고된 연습으로 이 자리까지 왔으니 결코 질 리 없다고 자신을 믿는 마음이 경기를 승리로 이끌었다는 의미이다.

이처럼 시합에는 힘(기술)을 발산하는 경쟁 외에도 마음으로 경쟁하는 부분이 있는 것이 틀림없다.

시합에서는 정신력이 승패를 좌우하기도 한다.

제5장
네트 플레이
Net Play

네트 앞으로 나가서 발리나 스매시를 노리는 네트 플레이는
득점을 크게 올릴 수 있는 찬스이다. 특히 복식 경기에서는 꼭 필요한 기술이므로
제대로 실시할 수 있도록 연습하자.

네트 플레이의 기초 기술

포핸드 발리

POINT 1 볼과 자신과의 거리를 가늠한다.

POINT 2 테이크백은 간결하게 실시한다.

POINT 3 짐볼의 아래쪽을 치는 느낌(130쪽 참고)으로 스윙을 시작한다.

볼과의 거리 인식

날아오는 볼과 자신의 위치 사이의 거리를 인식한다.

라켓 면 준비

볼이 날아올 것으로 예상되는 곳으로 라켓 면을 든다.

하부의 힘 전달

스트로크를 할 때처럼 지면을 내디뎌 생긴 힘을 스윙에 전달한다. 손목의 힘으로만 치지 않도록 한다.

발리의 특징은 공을 최대한 앞에서 맞혀서 간결하게 스윙하는 것이다. 날아오는 볼은 주로 어깨 위, 몸 중앙, 무릎 앞으로 오는데, 라켓을 세워서 라켓 면을 슬라이스와 같이 한 다음 짧게 끊어서 볼을 맞히는 것이 좋다. 날아오는 볼에 대한 정보를 빠르게 파악해 라켓 면을 정확하게 타구 지점으로 갖다대는 것이 중요하다.

POINT 4 슬라이스 면으로 볼을 잡는다.

POINT 5 라켓을 타구 방향으로 밀어낸다.

POINT 6 균형감 있게 스윙을 마무리한다.

라켓 면 정확히 대기

위 또는 수평으로 날아오는 볼에 대해 슬라이스 면을 정확히 댄다.

타구 방향으로 팔로스루

임팩트한 후에는 타구 방향을 향해 라켓을 밀어내 팔로스루한다.

균형 잡기

균형감 있게 쳐낸다. 강하게 치려는 의욕이 앞서 상체가 앞으로 나가지 않도록 한다.

네트 플레이의 기초 기술

기술해설 백핸드 발리

POINT 1 볼과 자신과의 거리를 생각한다.

POINT 2 볼보다 높은 위치에 라켓을 준비한다.

POINT 3 지면을 내디뎌서 발생한 하체의 힘 역시 스윙에 전달한다.

볼 판단
볼과 자신의 거리를 인식하고 라켓을 세워 준비한다.

라켓 면 준비
볼과의 관계를 정확히 판단해 라켓 면이 볼을 향하게 한다.

체중 이동
스윙이 크지 않은 만큼 확실하게 발을 내딛으면서 체중을 실어서 친다.

백핸드 발리는 몸의 왼쪽으로 오는 볼을 노바운드로 받아치는 샷이다. 기술은 포핸드 발리와 거의 같으며, 위쪽 또는 수평으로 날아오는 볼에 대해 슬라이스 면으로 친다. 일반적으로 백핸드 발리는 한 손으로 치지만 포핸드 발리보다는 힘을 전달하기 어렵기 때문에 한 손 타법으로 잘 되지 않는다면 양손 타법으로 시도해보자. 백핸드 발리에 능숙해지면 볼이 낮게 미끄러지듯이 바운드되어 상대의 발밑을 파고드는 효과적인 공격을 할 수 있다.

 POINT 4 슬라이스 면으로 볼을 친다.

 POINT 5 볼을 밀어내는 느낌으로 스윙한다.

POINT 6 균형감 있게 스윙을 마무리한다.

라켓 면 정확하게 세우기

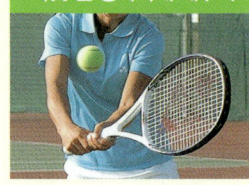

볼이 날아가는 모습을 예측하고, 라켓과 볼의 관계를 고려해 정확하게 라켓 면을 세운다.

타구 방향으로 팔로스루

포핸드 발리와 마찬가지로, 임팩트 후 타구 방향으로 라켓을 밀고 팔로스루한다.

상반신 균형 잡기

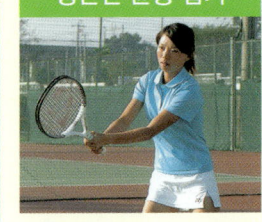

강하게 치려는 의욕이 앞서 상체가 앞으로 나가지 않도록 상반신의 균형을 잡는다.

네트 플레이의 기초 기술

 ## 스매시

POINT 1	위로 떠오르는 볼을 확인한다.
POINT 2	몸을 비틀어 볼을 효과적으로 칠 힘을 모은다.
POINT 3	발을 내디뎌 하체(지면)에서 힘을 만든다.

볼 인지

볼과 자신의 위치적 관계, 거리를 정확하게 인식해 낙하지점으로 이동한다.

상반신 회전

타구 동작에 맞춰 상체를 비틀어 스윙할 힘을 준비한다.

하체의 힘 전달

손목의 힘으로만 치는 것이 아니라 지면을 내디뎌서 생긴 하체의 힘을 전달하는 것이 중요하다.

스매시는 기본적으로 볼 던지기와 같은 동작으로 이루어지는 기술이다. 상대가 친 볼의 힘을 이용할 수 있으므로, 타이밍을 잘 맞춰서 임팩트하면 그만큼 힘을 넣지 않고 쳐도 충분히 강력한 샷이 된다. 위를 향하면서 볼과의 거리를 정확하게 예측할 필요가 있기 때문에 코디네이션의 자세(21쪽) 능력이 필요하다. 눈으로만 볼을 보는 것이 아니라 얼굴과 가슴이 볼을 향하게 한다. 아울러 상대 코트(타구 방향)를 머릿속에 그려본다.

POINT 4 하반신에서 상반신으로 힘을 전달한다.

POINT 5 타이밍을 잘 맞춰서 임팩트한다.

POINT 6 라켓을 확실하게 휘둘러 팔로스루한다.

운동 연결 동작

하반신에서부터 움직임을 시작해서 상반신으로 힘을 전달하는 운동 연결 동작을 실시한다.

정확하게 임팩트

볼과의 거리, 임팩트 타이밍을 확인하여 정확하게 볼을 친다.

확실하게 휘두르기

마지막까지 확실하게 휘두르되, 너무 크게 휘둘러서 균형을 잃는 일이 없도록 한다.

네트 플레이

프로그램 106 구기의 기본 동작 연습

난이도 ★
시간 5~15분
횟수 4~8구×여러 번

목표 구기의 기본 동작은 '뛰기, 던지기, 잡기, 치기'이다. 네트 플레이를 배우기 전에 다시 다음의 동작을 연습한다.

코치가 던진 볼을 한 손으로 캐치한다. 캐치한 볼을 바구니에 던져 넣는다.

방법

① 코치가 토스한 볼을 이동하면서 잡는다. 재빠르게 바구니에 넣고 원래 장소로 돌아온다.
② 코치가 토스한 볼을 코치가 있는 쪽을 향해 손으로 가볍게 되받아치는 연습도 한다.
③ 코치가 토스한 볼을 받은 직후 재빠르게 상대 코트로 되던지는 연습도 한다.

손으로 치는 동작과 되던지는 동작을 함께 연습해 구기의 능력을 높이자.

 지금부터는 다양한 기술을 활용하는 플레이를 시작할 것이다. 그전에 다시 한 번 구기의 기본이 되는 동작인 '뛰기, 던지기, 잡기, 치기'를 실제로 이동하면서 연습하도록 한다. 모든 구기 종목의 플레이는 이 동작들이 기초가 된다는 사실을 항상 염두에 둔다.

 토스와 캐치는 포구 타이밍이 어긋나면 제대로 실시할 수 없다. 순간적으로 볼을 잡으러 나가는 감각을 몸에 익히도록 하자. 이 감각이 나중에 타구할 때 타이밍을 맞추는 감각으로 이어진다.

프로그램 107 — 발리: 서비스라인에서 발리

난이도	★★
시간	5~15분
횟수	4~8구×여러 번

목표
발리의 기본이 되는 연습이다. 앞으로 나가면서 볼을 치는 감각을 익힌다.

서비스라인에서 연습을 시작한다.

코치가 한쪽 사이드로 던진 볼을 앞으로 나가면서 발리한다.

타구 후에는 시작 위치로 돌아간다.

반대쪽 사이드도 같은 방법으로 연습한다.

방법
① 선수는 서비스라인에 선다.
② 네트 쪽에 선 코치가 볼을 던져준다.
③ 선수는 앞으로 나가서 발리한다. 치고 난 뒤에는 원래의 서비스라인 자리로 돌아온다.

지도자 MEMO
발리의 기본을 익히는 연습이다. 뒤쪽에서 앞으로 나가서 발리 동작을 반복해서 실시한다. 강하게 치려고 라켓을 너무 많이 끌어당기거나, 받아친 후에 상체가 지나치게 앞으로 나가서 오버스윙이 되지 않도록 주의한다.

발리

프로그램 108 볼 캐치 & 발리

난이도 ★★

시간 5~10분

횟수 2구×여러 번

목표 '볼 캐치 → 바구니에 넣기 → 라켓으로 발리'로 이어지는 동작을 머릿속으로 생각하며 연습한다.

코치가 손으로 볼을 던진다.

첫 번째 볼은 손으로 캐치해 곧바로 바구니에 넣는다.

재빠르게 라켓을 반대쪽 손으로 바꿔 든다.

두 번째 볼은 발리로 되받아친다.

방법

① 코치가 언더스로로 볼을 송구한다.
② 선수는 첫 번째 볼은 오른손으로 캐치하며, 볼을 잡자마자 바구니에 넣는다.
③ 그다음 볼은 라켓을 반대쪽 손으로 바꿔 들고 발리한다. 라켓을 세게 잡으면 컨트롤하기 어려우므로, 가볍게 잡는다.

지도자 MEMO '볼 캐치→바구니에 넣기→라켓으로 발리'라는 일련의 순서를 머릿속으로 생각하면서 실시하는 것이 중요하다. 라켓을 바꿔 드는 동작을 통해 라켓을 잡은 손의 힘을 빼거나 그립을 바꾸는 감각도 익힐 수 있다.

발리

프로그램 109

코너에서 발리

난이도 ★★
시간 5~10분
횟수 여러 번

목표 앞쪽으로 뛰어나와 발리함으로써 실전과 같은 네트 플레이를 익힌다.

코치가 던져줄 볼에 대비한다.

재빠르게 타구 지점을 향해 이동한다.

비스듬하지만 앞쪽으로 확실하게 간다.

볼과의 거리를 적절하게 맞춘다.

공을 향해 뛰어드는 힘을 모아 강하게 타구한다.

지도자 MEMO 크로스로 볼을 향해 앞쪽으로 비스듬히 이동해 발리로 되받아친다. 볼이 날아오는 방향과 자신이 뛰어나가는 방향에는 차이가 있어 타구가 어렵다. 이로써 실전에 가까운 발리 연습이 된다.

One Point! 어드바이스 발리는 강하게 타구하려는 마음이 앞서 주의하지 않고 라켓만 크게 휘두르기 쉽다. 발리를 할 때에는 라켓을 휘두르는 힘뿐만 아니라 볼을 향해 뛰어갈 때 발생한 힘 역시 볼에 전달해야 한다.

발리

프로그램 110 발리의 회전 연습

난이도 ★
시간 약 5분
횟수 여러 번

목표 짐볼을 사용해 발리에서 슬라이스 거는 방법과 높이에 따른 라켓 조작 방법을 익힌다.

높은 위치

볼의 뒤쪽을 임팩트한다.

접점에 힘을 전하는 느낌으로 터치한다.

볼 아래쪽으로 라켓을 지나가게 한다.

낮은 위치

볼의 아래쪽을 임팩트한다.

접점에 힘을 전달하는 느낌으로 터치한다.

볼 아래쪽으로 라켓을 지나가게 한다.

지도자 MEMO 볼을 사람의 얼굴에 비유해 설명하면, 높은 위치에서는 라켓 면을 코 밑 부분에서 임팩트하고, 낮은 위치에서는 턱 근처에서 임팩트한다. 커다란 볼을 사용해서 연습하면 이해하기가 훨씬 쉬울 것이다.

One Point! 어드바이스 짐볼을 회전시킨다고 해서 라켓의 움직임을 크게 할 필요는 없다. 볼의 전체를 회전시키려 하지 말고, 라켓 면의 접점에 힘을 작용하면 전체가 회전한다는 것을 아는 것이 중요하다.

발리

프로그램 111 하이 발리

난이도 ★★★
시간 5~10분
횟수 여러 번

> **목표** 높은 위치의 볼을 처리하는 하이 발리 기술을 익힌다.

볼의 위치를 확인한다.

라켓을 세워서 높이 치켜든다.

볼과의 거리를 인식한다.

타구 타이밍을 가늠한다.

라켓 면을 볼에 정확하게 맞힌다.

체중을 이동해 힘을 전달한다.

지도자 MEMO 높게 날아오는 볼과의 거리, 위치 관계를 확인해 라켓 면을 준비한다. 단순히 강하게 때려 넣는 것이 아니라 타이밍을 잘 잡아 정확하게 의도한 곳으로 공을 보내는 것이 중요하다.

One Point! 어드바이스 서비스라인 뒤쪽의 포지션에서 되받아칠 때는 무리한 타법으로 치지 않아야 한다. 우선 정확하게 되받아치는 것을 목표로 하자. 특히 높은 볼을 처리할 때에는 몸의 균형이 무너지지 않도록 한다.

 발리

프로그램 112 로우 발리

난이도 ★★★
시간 5~10분
횟수 여러 번

목표 낮은 위치에서 볼을 처리하는 로우 발리의 기술을 익힌다.

볼의 위치를 확인해 타구 지점으로 이동한다. | 떨어지는 볼을 치기 위해 중심을 낮춘다. | 스탠스를 넓혀 자세를 안정시킨다.

눈앞에 큰 볼이 있다고 연상하며 스윙을 시작한다. | 볼 아래쪽으로 라켓 면이 지나가게 한다. | 다 칠 때까지 계속 낮은 자세를 유지한다.

지도자 MEMO 낮게 떨어지는 볼을 제자리에 멈춘 채 날아오는 것을 기다리기만 한다면 제대로 치지 못하고 그대로 네트 미스가 될 수 있다. 자신이 직접 적극적으로 볼을 쫓아가서 타점이 몸 앞으로 오게 해 볼 아래쪽으로 라켓을 미끄러지듯 넣어 치는 것이 중요하다.

One Point! 어드바이스 로우 발리는 공격적인 샷이 아니다. 목표 장소를 확실히 겨냥해 자신의 의사를 볼에 정확하게 전달하는 것이 중요한 샷이다.

네트 플레이

프로그램 113 하이 발리에서 스매시

난이도 ★★★

시간 5~10분

횟수 4구×여러 번

목표 맞힌다는 목표가 강한 하이 발리에서 강한 힘을 실어 스매시를 한다.

라켓 면이 볼 쪽을 향하도록 한다.

앞으로 나가면서 깊게 친다.

방법
① 서비스라인 부근에서 준비한다.
② 최대한 앞으로 나가서 하이 발리를 구사한다.
③ 이어서 볼을 하이 발리나 스매시로 친다. 서서히 공격적인 동작을 연습한다.

로브에 대해 스매시를 준비한다.

몸의 균형을 유지하며 임팩트한다.

라켓을 크게 휘두르지 않으면서 정확하게 때려 넣는다.

지도자 MEMO 스매시는 높은 곳에서 볼을 처리하는 샷이다. 단 한 번의 스매시로 결판을 내려 하는 마음이 강해지면 자칫 미스 샷으로 이어질 수 있다. 어디까지나 하이 발리의 연장이라고 생각하면서 의도한 곳으로 공을 강하게 치도록 하자.

One Point! 어드바이스 많은 여자 선수들 중에는 스매시를 어렵게 생각하는 경우가 있는데, 하이 발리에서 테이크백과 팔로스루를 크게 한 것을 스매시라고 생각하면 쉽게 동작을 할 수 있을 것이다.

스매시

스매시 기본 연습

난이도	★★
시간	5~10분
횟수	4~8구×여러 번

목표 지면에 내리쳐진 볼을 받아치면서 스매시의 기본 기술을 익힌다.

코치가 네트 앞에서 볼을 내리친다.

선수는 재빠르게 타점으로 이동한다.

공이 떨어지는 타이밍에 맞춰 라켓을 휘두른다.

상대 코트에 스매시로 되받아친다.

방법

① 코치가 네트 앞에서 볼을 지면에 강하게 내리친다.
② 선수는 높게 튀어 오른 볼의 움직임을 보고 정확하게 타점으로 이동한다.
③ 볼이 떨어지는 타이밍에 맞춰 라켓을 휘둘러 임팩트 한다.

지도자 MEMO 높이 올라간 볼을 정확하게 스매시하는 연습이다. 간단한 볼부터 연습을 시작해 익숙해지면 깊은 볼이나 높은 볼을 섞어 대응력을 높이도록 하자. 단지 치기만 하는 것이 아니라, 정확하게 의도한 곳으로 되받아치는 것이 중요하다.

스매시

프로그램 115 라켓 두 개로 연습

난이도	★★
시간	5~10분
횟수	4~8구×여러 번

목표 양손에 라켓을 들고 하는 스매시 연습이다. 볼과의 거리감을 익히고 팔을 바꾸는 동작을 연습한다.

방법
① 코치가 로브를 올린다.
② 선수는 양손에 라켓을 들고 스매시 준비를 한다.
③ 팔을 바꿔가며 스매시한다.

양손에 라켓을 들고 자세를 취한다.

왼손이 있던 위치에서 오른손을 휘두른다.

팔을 바꿔가며 스윙한다.

지도자 MEMO 양손에 라켓을 들고 동작을 크게 해서 상체의 회전에 맞춰 양팔을 어떻게 움직일지 이해하고 이를 익히기 위한 연습이다.

네트 플레이

프로그램 116 발리·스매시 전환 연습

난이도	★★★
시간	5~10분
횟수	2구×여러 번

목표 발리와 스매시를 연속해 치면서 네트 플레이의 종합적인 능력을 기른다.

방법
① 코치가 볼을 보내면, 선수가 크로스 로우 발리를 구사해 리턴한다.
② 곧바로 코치가 로브를 보낸다.
③ 선수는 스매시로 리턴한다. 스매시는 머리 바로 위가 아닌 오른팔의 위쪽에서 한다.

코치가 던진 볼을 선수가 발리로 리턴한다.

이어서 코치가 로브를 보내고, 선수는 스매시한다.

지도자 MEMO 리듬이 다른 샷을 번갈아 치면서 가속과 감속의 전환을 익히자.

스매시

프로그램 **117**

점핑 스매시

난이도	★★★★
시간	약 5분
횟수	3~5구×여러 번

목표
깊게 들어온 로브에 대응하는 균형감 있는 움직임을 익힌다.

방법

① 선수가 라켓으로 네트를 터치하면 코치가 로브를 올린다.
② 선수는 후퇴해서 점프하며 머리 위 볼을 스매시한다.
③ 치고 나면 재빨리 리턴에 대비해 다시 라켓으로 네트를 터치한다. 코치가 다시 로브를 올리고 선수는 스매시로 리턴한다. 이를 반복한다.

선수가 라켓으로 네트를 터치하는 순간을 시작으로 한다.

코치가 올려 준 로브에 준비 자세를 취한다.

볼과의 거리를 파악하면서 타이밍에 맞춰 라켓을 휘두른다.

점프하면서 임팩트한다.

균형을 유지하면서 라켓을 휘두른다. 타구 후에는 다시 네트를 터치한다.

지도자 MEMO
실제로 볼을 치는 것은 라켓을 잡은 손이지만, 허벅지, 엉덩이 근육, 복근과 배근의 힘을 사용하고, 운동 연결을 실시해 스윙하는 것이 중요하다. 또한, 타구 후 곧바로 다음 포지션으로 이동해야 한다는 사실도 잊지 말자.

One Point! 어드바이스
점핑 스매시를 할 때에는 뒷발로 땅을 힘차게 차 뛰어올랐다가 앞발로 착지해야 균형을 잃지 않고 볼을 칠 수 있다. 공중에서 발을 바꾸는 동작을 넣어서 균형 감각을 기르자.

발리

프로그램 118 하프 발리

난이도 ★★★
시간 5~10분
횟수 여러 번

목표 쇼트바운드로 볼을 처리하는 하프 발리 기술을 익힌다.

상대의 볼이 낮게 가라앉는다.

로우 발리로 처리할 수 없는 공이 날아온다.

일단 떨어뜨리고 하프 발리를 준비한다.

볼이 튀어 오를 때를 파악한다.

타구 방향으로 확실하게 스윙한다.

마지막까지 크게 휘두른다.

지도자 MEMO 발리라고는 하지만, 하프 발리는 쇼트 스트로크와 같은 동작으로 치도록 하자. 볼은 손으로만 치려 하지 말고, 몸 전체의 힘을 이용해 쳐야 한다. 몸의 말단에 있는 손은 너무 크게 움직이지 않으면서 볼을 친다.

One Point! 어드바이스 로우 발리(132쪽)는 라켓 면을 열어서 볼을 밑에서 위로 밀어올리지만, 하프 발리는 수직 면으로 임팩트하고 아래에서 위로 치켜든다. 이 두 가지를 확실히 구분하자.

발리

프로그램 119 드롭 발리

난이도 ★★★
시간 5~10분
횟수 여러 번

목표 볼의 힘을 흡수하는 드롭 발리의 기술을 익힌다.

스탠스를 좁게 한다.

일반적인 발리와 같은 준비 자세를 취한다.

라켓을 너무 느슨하게 잡지 않도록 한다.

라켓 면의 밑 부분에 볼이 닿는다.

볼에 회전을 걸어서 힘을 흡수한다.

네트 앞으로 짧게 떨어뜨린다.

지도자 MEMO 힘의 세기를 조절해 드롭하는 것이 아니라, 날아오는 볼의 힘을 흡수하고 슬라이스 회전을 걸어서 날아가는 것을 억제하는 방법이다. 힘의 세기에 따라 조절한다면 볼을 팅겨내 버려서 정확하게 컨트롤할 수 없다.

One Point! 어드바이스 반대쪽에서 날아오는 날달걀을 깨지지 않게 캐치하는(프로그램 015 달걀 캐치 참고) 느낌으로 발리한다. 라켓 면이 흔들리지 않도록 하고 힘을 흡수해 비거리를 짧게 한다.

발리

프로그램 120 로브 발리

난이도 ★★★
시간 5~10분
횟수 여러 번

목표 상대에게 리턴할 볼을 노바운드로 쳐내는 로브 발리 기술을 익힌다.

스플릿 스텝(54쪽)을 실시한다.

일반적인 발리와 같은 준비 자세를 취한다.

발을 내디뎌서 공과의 거리를 파악한다.

볼이 날아가는 각도를 생각하며 스윙한다.

볼의 아래를 쳐서 로브를 올린다.

균형감 있게 마무리한다.

지도자 MEMO 볼을 띄우는 높이는 오른쪽 사진과 같이 선수가 치켜든 라켓을 넘는 정도의 높이다. 스윙 시 비스듬하게 위를 향한 라켓 면과 바닥으로 떨어지는 볼의 궤도가 만드는 각도에 의해 볼이 올라가는 높이가 달라진다. 반복 연습하면서 볼에 닿는 라켓 면의 각도에 따라 볼의 궤도가 어떻게 달라지는지 익히도록 하자.

네트 플레이

난이도 ★★★★

프로그램 121 복식 경기 진영 익히기

시간 5~10분

횟수 3~15구×여러 번

 **목표** 파트너와 둘이서 코트를 커버하면서 복식 경기의 움직임을 익힌다.

로브

로브가 오면 스매시로 되받아친다. 페어(파트너)는 센터를 커버한다.

찬스 볼이 오면 선수가 나가서 발리한다. 페어(파트너)는 그 뒤쪽을 커버한다.

발밑으로 가라앉는 볼

발밑으로 볼이 오면 로우 발리를 깊게 치고 다시 다음 샷을 준비한다.

파트너가 뜬 볼을 처리한다.

방법

① 코치가 로브 또는 발밑으로 가라앉는 볼을 던진다.
② 선수는 ①의 볼을 스매시나 발리로 리턴한다. 이번에는 코치가 찬스 볼을 보낸다.
③ 파트너가 포치(Poach, 복식 경기에서 네트 가까이 있는 사람이 뒤쪽의 파트너가 다루어야 할 볼을 가로채서 발리로 리턴)로 나오거나 스매시를 넣는다.

 지도자 MEMO 복식 경기의 진영을 익히는 연습이다. '한 선수가 앞으로 나가면, 다른 선수는 뒤로 물러난다', '한 선수가 오른쪽으로 치우치면, 다른 선수도 오른쪽으로 약간 이동해 코트를 커버해준다' 등 시합에서의 움직임에 대해 이해하자.

네트 플레이

프로그램 122 어프로치 샷 후 움직이기

난이도 ★★★★
시간 5~10분
횟수 여러 번

목표 어프로치 샷을 한 후, 상대가 리턴할 것으로 예상되는 코스의 중간쯤에 포지셔닝하는 움직임을 익힌다.

코치가 조금 낮은 볼을 송구한다.

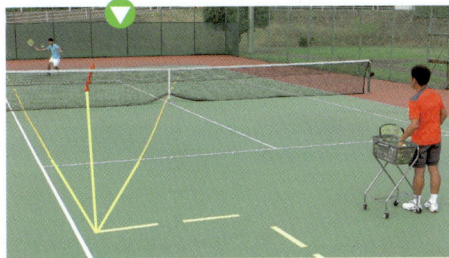

선수는 앞으로 움직이면서 어프로치 샷을 구사한다.

예상되는 리턴 코스의 한가운데에서 포지션을 취한다.

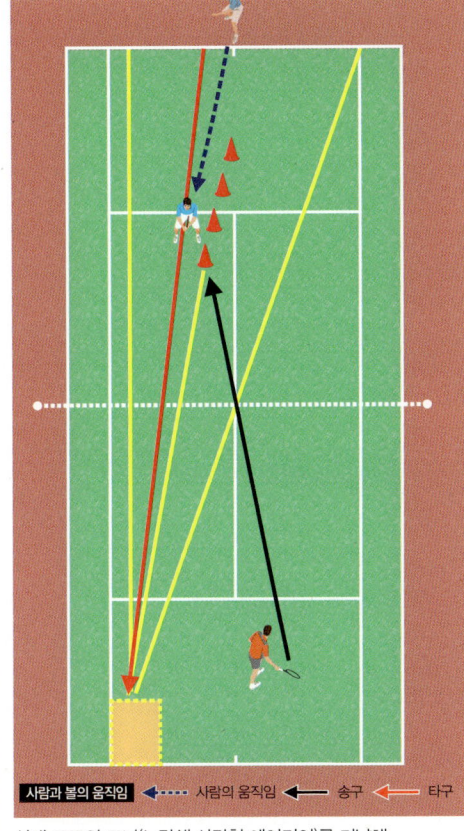

상대 코트의 코너(노란색 사각형 에어리어)를 겨냥해 어프로치 샷을 구사하고, 예상되는 리턴 코스(노란색 라인)의 한가운데에서 포지셔닝한다.

사람과 볼의 움직임 ◄---- 사람의 움직임 ◄━━ 송구 ◄━━ 타구

방법

① 그림과 같이 콘을 놓아두고, 라인을 긋는다(노란색 라인).
② 코치가 낮은 볼을 송구한다.
③ 선수는 앞으로 움직이면서 상대 코트의 코너(노란색 사각형 에어리어)를 겨냥해 어프로치 샷을 구사한다.
④ 어프로치 샷을 치고 나면, 예상되는 리턴 코스(노란색 라인)의 한가운데서 포지션을 취한다.

 지도자 MEMO 노란색 라인은 타깃을 겨냥해서 볼을 쳤을 때 상대가 리턴할 것으로 예상되는 코스를 나타낸다. 그 중간에서 포지셔닝을 하면 코트를 효율적으로 커버할 수 있다.

스트로크와 발리

프로그램 123 : 어프로치 샷 & 발리 반복 연습

난이도	★★★
시간	5~10분
횟수	4~12구×여러 번

목표 어프로치에서 발리로 연결하는 일련의 움직임을 정확하게 구사한다.

1. 어프로치 샷을 친다.

2. 앞으로 나서서 발리를 친다.

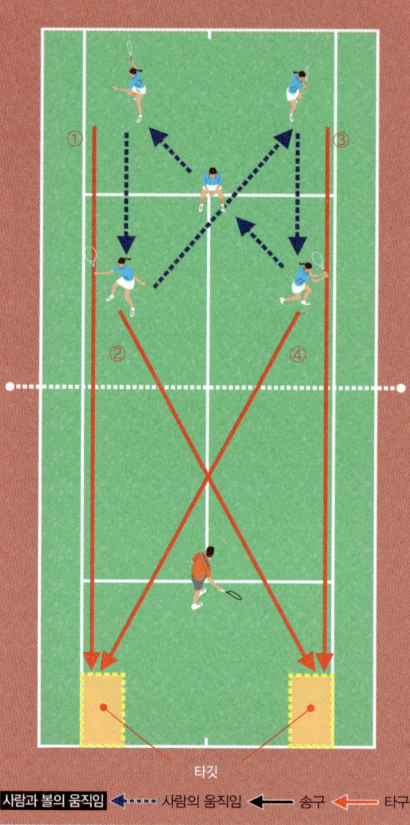

'어프로치 → 나가서 발리하기 → 물러나서 방향 바꿔 어프로치하기 → 나가서 발리하기'를 반복한다.

타깃
사람과 볼의 움직임 ◀┅┅ 사람의 움직임 ◀━━ 송구 ◀━━ 타구

3. 스트레이트로 어프로치 샷을 친다.

4. 앞으로 나서서 상대 코트의 빈 곳으로 발리를 구사한다.

방법

① 선수는 서비스라인 중앙에서 연습을 시작한다. 첫 번째 볼은 스트레이트로 어프로치 샷을 친다.
② 두 번째 볼은 앞으로 나서서 크로스로 발리를 친다.
③ 세 번째 볼은 백사이드로 이동해 스트레이트로 어프로치 샷을 친다.
④ 네 번째 볼은 앞으로 나서서 크로스로 발리를 친다. 이 연습을 반복한다.

지도자 MEMO 짧은 볼이 오면 강하게 치고 싶은 마음이 생기지만, 어프로치 샷을 강하게 하면 상대가 곧바로 리턴해 오기 때문에 발리로 연결할 수 없다. 어프로치 샷과 발리 모두 강타가 아니라 의도한 곳으로 볼을 보내는 연습을 하자.

스트로크와 발리

프로그램 124 스트로커 따라 움직이기

난이도 ★★★★
시간 5~10분
횟수 3~8구×여러 번

목표 스트로커의 움직임에 맞춰 함께 움직이고, 발리어가 패싱 샷을 막는다.

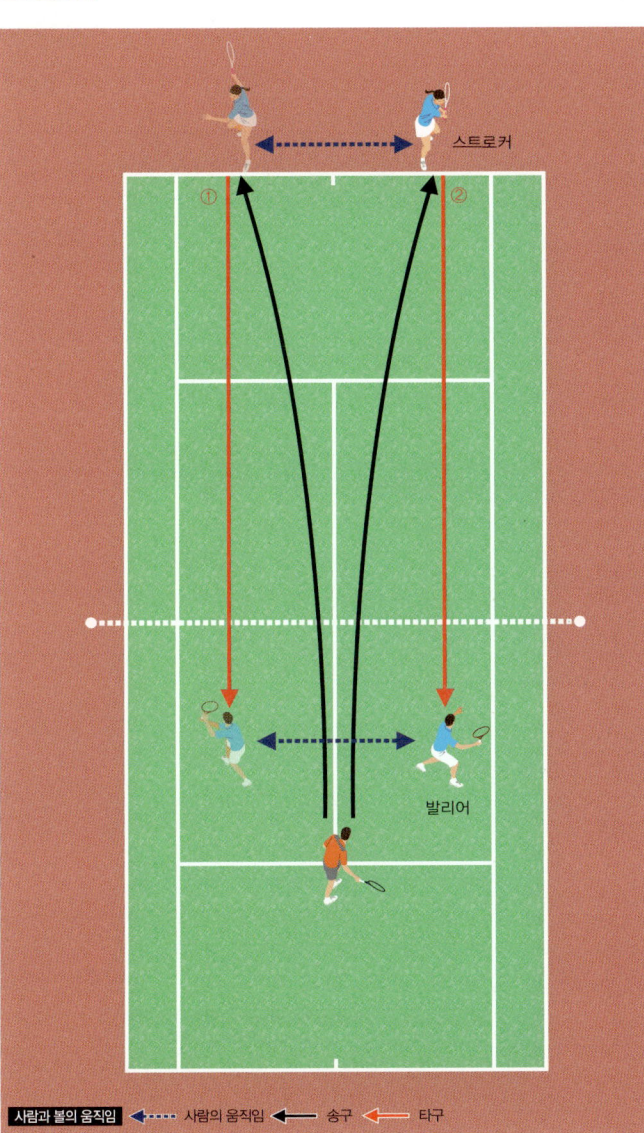

방법

① 코치가 스트로커에게 볼을 보내고 스트로커는 옆으로 이동하여 패싱 샷을 실시한다.
② 스트로커의 움직임에 맞춰 발리어도 이동해 패싱 샷을 막는다.
③ 코치가 반대쪽 사이드로 볼을 보낸다. 스트로커는 이동하여 패싱 샷을 구사한다.
④ 스트로커의 움직임에 맞춰 발리어도 이동해 패싱 샷을 막는다.

지도자 MEMO 스트로커가 친 패싱 샷을 막기 위해 발리어는 빠르게 움직인다. 발리어는 스트로커의 정면으로 이동해 상대의 공격에 대비하는 감각을 익히자.

One Point! 어드바이스 코트의 라인을 따라 움직이는 것이 아니라, 상대의 샷에 대비하는 것이 중요하다. 발리어는 최고 속도로 날아오는 스트레이트 패싱 샷을 막도록 한다.

스트로커가 좌우로 뛰는 움직임에 맞춰 발리어도 함께 이동해 스트레이트로 들어오는 패싱 샷을 막는다.

스트로크와 발리

크로스 코트 플레이
(어프로치 샷에서 발리)

난이도 ★★★★

시간 5~10분

횟수 여러 번

목표 어프로치 샷에서 발리로 연결하는 실전과 같은 움직임을 익힌다.

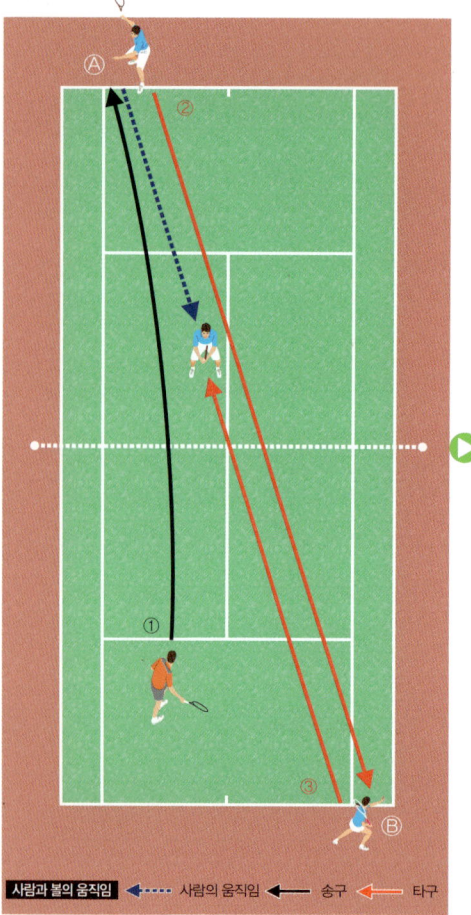
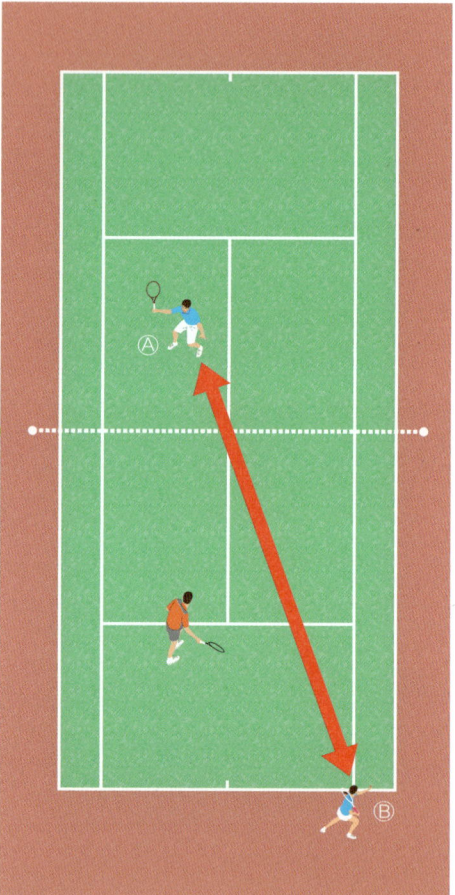

사람과 볼의 움직임 ◀┄┄ 사람의 움직임 ◀── 송구 ◀══ 타구

방법

① 코치가 Ⓐ에게 볼을 보낸다.
② Ⓐ는 크로스로 어프로치 샷을 구사하고 네트 앞으로 이동한다.
③ Ⓑ는 네트 앞으로 나온 Ⓐ에게 크로스로 리턴한다.
④ Ⓐ는 발리를 구사해 크로스로 리턴한다.
⑤ Ⓑ는 스트로크를 구사하여 Ⓐ에게 리턴한다.
  '발리 vs 스트로크'로 랠리를 이어간다.

 지도자 MEMO 스트로커는 볼이 뜨지 않게 발리어의 발 밑으로 볼을 컨트롤한다. 발리어는 볼을 깊게 되받아쳐서 다음에 공을 받을 때 공을 쉽게 받을 수 있도록 유도한다. 재빨리 대응하기 위해서도 상대의 몸을 향해 플레이해야 한다.

스트로크와 발리

컨트롤 전개 연습

난이도 ★★★★
시간 5~10분
횟수 각 여러 번

목표 실전에서의 소리를 이용해 리듬을 연상한 전개 연습으로 샷에 필요한 리듬을 익힌다.

스트로크

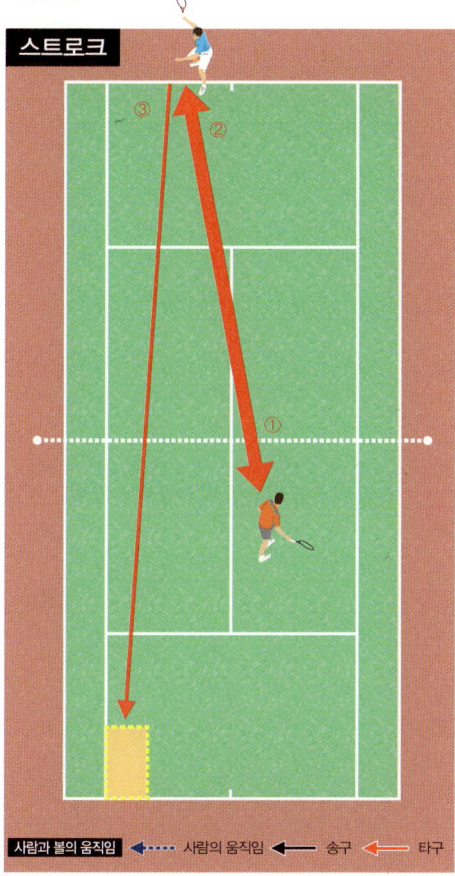

발리

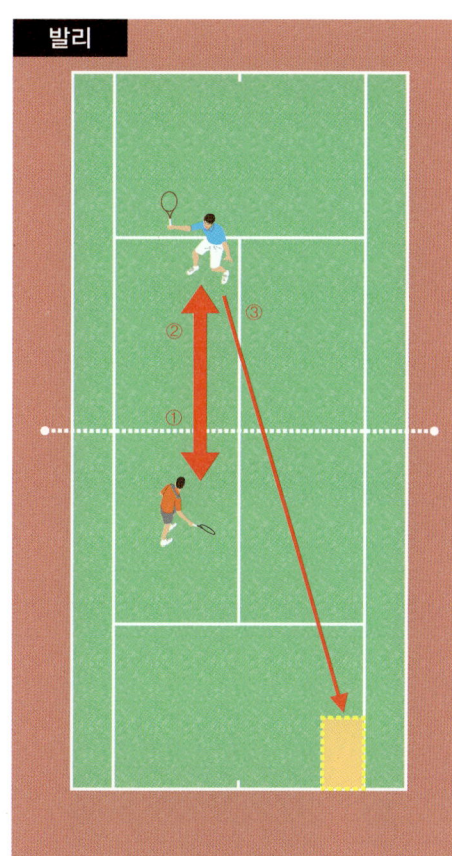

사람과 볼의 움직임 ◀┄┄ 사람의 움직임 ◀━ 송구 ◀━ 타구

코치가 보낸 볼을 크로스로 리턴한다. 코치에게서 볼이 돌아오면 스트레이트로 때려 넣는다.

코치가 보낸 볼을 스트레이트로 리턴한다. 다시 코치에게서 볼이 돌아오면 크로스로 때려 넣는다.

방법

① 코치가 볼을 보낸다.
② 선수는 코치에게 리턴한다.
③ 코치에게서 볼이 돌아오면 각도를 바꿔서 상대의 오픈 코트로 친다. '연결'과 '때려 넣기'의 강약을 염두에 두면서 리듬의 차이를 확인한다.

지도자 MEMO 상대가 치는 임팩트 소리(탕), 볼의 바운드 소리(타), 자신의 임팩트 소리(타앙) 등 실전에서 발생하는 소리를 연상하기 위한 연습이다. 이 연습을 통해 선수는 샷에 필요한 리듬을 파악하기 쉬워진다.

스트로크와 발리

프로그램 127 샷 반복 연습

난이도 ★★★★
시간 5~15분
횟수 6구×여러 번

목표: 지금까지 연습해 온 패턴을 복합적으로 실시해 코트에서 칠 수 있는 모든 샷을 이해한다.

사람과 볼의 움직임 ← 사람의 움직임 ← 송구 ← 타구

방법

① 코치가 한쪽 사이드로 볼을 보내면, 선수는 포핸드 발리를 실시해 크로스로 타겟쪽으로 보낸다.
② 이번에는 코치가 반대쪽 사이드로 볼을 보낸다. 선수는 이동해 백핸드 발리를 구사해 크로스로 타겟쪽으로 친다.
③ 같은 사이드로 짧은 볼이 오면 스트레이트로 어프로치 샷을 한다.
④ 코치가 보낸 볼을 크로스로 발리한다.
⑤ 리턴 코스의 중간으로 포지셔닝한 다음, 크로스로 발리를 구사한다.
⑥ 뜬 볼을 스매시한다.

지도자 MEMO: 베이스라인에서 네트 플레이로 전환하는 종합적인 연습이다. 네트 플레이를 할 때는 타구 후의 포지셔닝에도 신경 써야 한다. 또한 리턴 코스의 중간으로 재빠르게 이동하는 감각을 갖도록 하자(141쪽 참고).

제6장
종합 연습
Comprehensive Training

제6장에서는 스트로크와 네트 플레이를 혼합한 종합 연습을 실시한다.
랠리 형식의 연습도 함께하기 때문에 상대와 관계를 맺는 일이 중요하다.

랠리의 기본 개념

랠리의 중요성

완벽한 타법과 자세는 부수적인 문제이다. 랠리는 상대와의 '대화'이자 '캐치볼'이라는 사실을 염두에 두자.

POINT ①

타법과 자세보다는 상대와 어떻게 관계 맺는지가 중요하다.

랠리에서는 상대와의 관계가 매우 중요하다. 자신이 볼을 어떻게 치느냐 역시 중요하지만, 상대에게 어떤 영향을 미칠지 생각하면서 랠리 연습을 하자. 테니스는 타법과 자세가 얼마나 잘 잡혀 있는지 겨루는 운동이 아니라 상대와 관계 맺으면서 포인트를 획득하는 게임이다. 이 점을 염두에 두고 기본 기술을 익혀 랠리 연습을 하도록 한다.

연습에서도 '상대와 관계 맺기'를 의식하자.

랠리의 형태는 스트로크 vs 스트로크, 스트로크 vs 발리, 발리 vs 발리 등으로 다양하다. 또한 단순히 랠리를 이어나가는 것만이 아니라 볼을 어디로, 어떤 스피드로, 어떤 구질로 컨트롤할지도 랠리를 하는 데 중요하다. 실제로 서로 볼을 주고받을 때에는 연습할 때처럼 일정하게 볼이 오는 것이 아니라 다양한 유형의 볼이 날아오기 때문에 대응력을 갖추고 있어야 한다. 랠리 능력을 확실하게 기르는 것은 게임을 유리하게 전개하는 데 매우 중요하다.

POINT ②
단순히 이어나가는 것뿐만 아니라 샷을 의도해 친다.

상대를 앞으로 유인하는 볼을 사용하거나 뒤로 몰아붙이는 볼을 사용해 상대가 꺼리는 플레이를 하는 것이 테니스의 본질적인 기술이다. 연습에서는 랠리를 이어나가는 것도 중요하지만, 단순히 이어나가는 것뿐만 아니라 확실하게 적절한 샷을 의도해 치면서 랠리를 하자.

상황에 따라 상대를 앞으로 유인하는 볼도 섞어서 친다.

POINT ③
결과나 타법이 아닌 볼에 집중한다.

랠리를 할 때는 볼에 집중하는 것이 매우 중요하다. 실수로 인해 벌어질 결과나 정확한 자세를 취하는 데에 지나치게 신경 써서는 안 된다.
볼에 집중하면 몸은 자연스럽게 움직이기 시작한다. 따라서 다른 상황에 신경 쓰지 말고, 볼에 확실히 집중하자.

결과에 신경 쓰기보다는 순간에 집중하자.

POINT ④
실전에 적용할 수 없는 연습은 불필요하다. 시합을 가정한 랠리를 한다.

초보자끼리 랠리 연습을 할 때에는 이동 없이 베이스라인에서 서로 볼을 강타하며 주고받는 경우가 많다. 그러나 그러한 연습은 여러 변수가 생기는 실제 시합에서는 거의 도움이 되지 않는다.
시합을 가정해 구역을 한정한 랠리 연습 등도 해 보자. 시합에 적용할 수 없는 연습은 자기만족에 지나지 않는다.

구역을 지정해 연습하면 도움이 된다.

종합 연습

프로그램 128 1/4 코트 플레이

난이도 ★★

시간 1~10분

횟수 5포인트 선취×3회

목표 상대를 어떻게 움직이게 할지 계획해 상대와 겨루는 감각을 기른다.

방법

① 코트의 반쪽 면, 즉 1/4의 에어리어(라인을 그어놓으면 알기 쉽다)에서 두 사람이 마주 선 다음, 토스하듯 번갈아가며 볼을 쳐올린다. 원바운드로 받지 못한 사람이 지는 것이다.
② 낮은 볼이나 먼 볼, 자신이나 상대의 등 뒤로 보내는 볼 등도 이용해 상대와 겨루는 감각을 기른다.

번갈아가며 볼을 바운드시키고 상대가 볼을 받는다.

낮은 볼이나 먼 볼 등 상대가 잡기 어려운 볼을 보낸다.

지도자 MEMO 자신과 상대, 볼과의 위치 관계를 인식해 어디로 토스업하는 것이 최선인지 판단하자. 이로써 상황을 다각적으로 보는 감각을 기른다.

변칙 랠리 게임

프로그램 129 변칙 랠리 게임

난이도 ★★★

시간 약 5분

횟수 3포인트 선취×3회

목표 게임적인 요소가 강한 랠리로 상대와 겨루면서 입체적으로 코트를 관리하는 능력(200~203쪽)을 기른다.

방법

① 1 대 1로 볼을 주고받는다. 자신의 코트에서 볼을 바운드시켜 상대 코트로 넘긴다.
② 상대도 자기 진영에서 원바운드시켜서 되받아친다. 이러한 방법으로 랠리를 반복한다.

탁구의 서브처럼 자신의 코트에서 볼이 튀게 한다.

네트를 넘기는 바운드 볼을 친다.

지도자 MEMO 상대가 리턴하기 어려운 곳을 겨냥해 원바운드시킨다. 이는 코트에서 일어나는 일을 입체적으로 인식하는 감각을 기르는 훈련이다. 상대의 볼을 직접 되받아치는 방법도 연습한다.

종합 연습

프로그램 130

네트에 볼 올려두고 게임 시작

난이도 ★★

시간 5~10분

횟수 5포인트 선취×3회

목표
게임 시작 방법을 정해두고 실시하는 랠리 게임이다. 재빠르게 반응해 상대와 흥정하는 감각을 기른다.

방법
① 네트 위에 볼을 올려놓는다. 어느 쪽 코트로 떨어질지 알 수 없도록 균형을 잘 잡는다.
② 볼에서 손을 떼고, 볼이 떨어진 쪽에 있는 선수가 볼을 잡은 곳에서 게임을 시작한다. 서비스라인의 안쪽에서 원바운드로 2 대 2 프리플레이를 실시한다.
③ 익숙해지면 발리도 섞어서 연습한다.

네트 위에 볼을 올려놓는다.

볼에서 손을 떼고, 볼이 떨어진 코트에서 게임을 시작한다.

 지도자 MEMO 상대가 처리하기 어려운 볼을 보내 겨루는 감각을 기르자.

종합 연습

프로그램 131

배구 게임

난이도 ★★

시간 5~10분

횟수 5포인트 선취×3회

목표
배구처럼 볼을 같은 편끼리 서로 패스해 파트너 혹은 상대와 관계 맺는 법을 배운다.

방법
① 2 대 2로 볼을 주고받는다. 네트를 사이에 두고 랠리한다(강타는 금지).
② 배구처럼 같은 편끼리 패스를 이어간다.
③ 3회 이내에 상대 코트로 리턴한다.

 지도자 MEMO 파트너의 위치를 확실히 파악하고, 다음 볼에 대비하는 능력을 길러 이후 복식 경기를 할 때 활용하자.

배구처럼 같은 편끼리 패스를 이어가다가 3회 이내에 리턴한다.

종합 연습

프로그램 132

셔틀콕 플레이

난이도 ★★

⏱ 시간 5~10분

✋ 횟수 5포인트 선취×3회

목표 셔틀콕을 번갈아 치면서 대상을 식별하는 능력을 기르고, 볼을 쳐야 하는 위치를 파악한다.

방법

① 서비스라인보다 약간 안쪽에서 플레이한다.
② 셔틀콕의 방향을 파악하면서 번갈아가며 친다. 난이도에 따라 볼을 치는 스피드를 높인다.

지도자 MEMO 셔틀콕은 처음에는 속도가 빠르지만 나중에는 느려지는 특징이 있어서 대상을 식별하는 능력을 기르는 데 도움이 된다. 그와 동시에 테니스볼도 셔틀콕과 마찬가지로 쳐야 하는 위치가 있다는 점을 인식한다. 셔틀콕을 사용하는 방법은 스매시 연습에도 유효하다.

셔틀콕의 방향을 파악하는 것이 중요하다.

종합 연습

프로그램 133

미니 코트 컨트롤 샷 게임

난이도 ★★

⏱ 시간 5~10분

✋ 횟수 5포인트 선취×3회

목표 스피드가 나지 않는 볼을 사용해 랠리를 이어가면서 컨트롤 능력을 높인다.

방법

① 1 대 1로 볼을 주고받는다. 코트는 서비스라인의 안쪽을 사용한다.
② 스피드가 잘 나지 않고 바운드도 잘 되지 않는 스펀지볼을 사용해 랠리를 이어간다.

지도자 MEMO 랠리를 잘 하기 위한 연습이다. 실수 없이 길게 이어가는 연습도 효과적이다. 리듬을 의식하면서 플레이해 확실한 컨트롤 능력을 기르자.

스펀지볼을 사용해 랠리를 최대한 길게 이어간다.

종합 연습

프로그램 134 랠리 연습

난이도 ★★★
시간 3~5분
횟수 3회×여러 세트

목표 라켓을 사용하지 않은 '던지기 & 받기'로 볼을 다루는 방법과 상대와 관계 맺는 방법을 배운다.

스트로크 vs 캐치

선수는 맨손으로 볼을 캐치한다.

라켓 대신 손으로 볼을 던져서 플레이한다.

스트로크 vs 스트로크

던지기 & 받기의 감각으로 스트로크를 구사한다.

단지 되받아치는 것이 아니라 확실히 겨냥해서 친다.

방법

① '스트로크 vs 캐치'를 할 때 코치는 라켓으로, 선수는 맨손으로 플레이한다. 코치가 친 스트로크를 맨손으로 캐치하고, 코스를 겨냥해서 다시 던진다.
② '스트로크 vs 스트로크'를 할 때에는 두 사람 모두 라켓을 들고 랠리를 실시한다. 던지기 & 받기의 감각으로 볼을 컨트롤한다.

지도자 MEMO '스트로크 vs 캐치'에서 볼을 받을 때는 궤도, 속도, 높이 등 볼의 상태를 입체적으로 보는 능력을 기른다. 이는 볼을 치기 위한 준비로 이어지고, '스트로크 vs 스트로크'의 랠리에서도 확실하게 리턴하는 능력으로 이어진다.

종합 연습

프로그램 **135**

스트레이트 vs 크로스 랠리

난이도 ★★★
시간 5~15분
횟수 각 코스 1회

목표 코트의 반쪽 면만 사용하는 랠리로, 크로스와 스트레이트의 리듬 차이를 확인한다.

스트레이트   크로스

사람과 볼의 움직임 ◀┈┈ 사람의 움직임 ◀━ 송구 ◀━ 타구

코트를 세로로 반쪽 면만 사용해 랠리한다.
스트레이트로 치기 위해 공격적으로 플레이한다.

코트를 대각선으로 반쪽 면만 사용하면서 랠리한다.
대각선으로 연결한다는 느낌으로 높은 코스로 플레이한다.

방법

① 스트레이트를 연습할 때에는 코트를 세로로 반쪽 면만 사용해 랠리한다.
② 크로스를 연습할 때에는 코트를 대각선으로 반쪽 면만 사용해 랠리한다. 반대쪽 크로스로도 연습한다.
③ 스트레이트로 칠 때와 크로스로 칠 때의 리듬 차이를 확인한다.

 지도자 MEMO 실전에서 스트레이트는 공격, 크로스는 연결이라는 점을 기억하며 연습한다. 난이도에 따라, 예를 들면 스트레이트를 연습할 때에는 베이스라인에서 뒤로 물러나지 않고 바운드가 올라갈 때 치는 등의 다양한 타법을 조합해보자.

종합 연습

프로그램 136
반쪽 면 vs 한 면 스트로크

난이도 ★★★
시간 약 10분
횟수 교대로 3회

목표 코트의 면적을 바꿔서 플레이해 송구 방법과 게임을 유리하게 전개하는 방법을 익힌다.

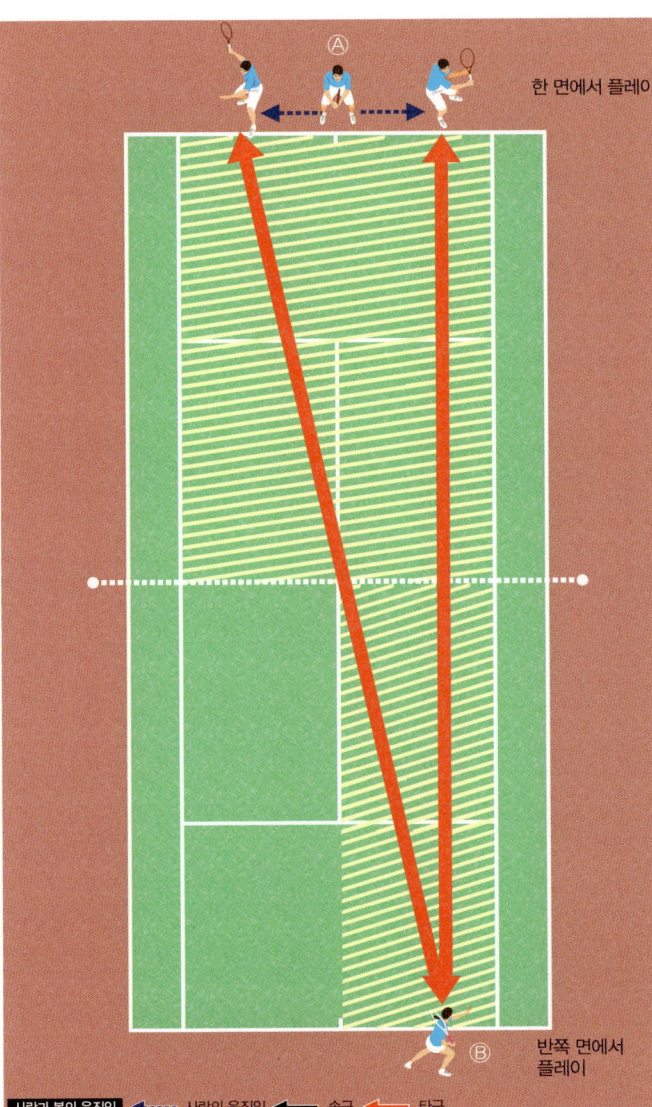

한 면에서 플레이

반쪽 면에서 플레이

사람과 볼의 움직임 ← 사람의 움직임 ← 송구 ← 타구

한 명이 한 면에서 플레이하고, 다른 한 명이 반쪽 면에서 플레이한다. 공간이 한정된 스트로크를 실시한다.

방법

① 한 면 선수 ④는 싱글 코트의 한 면을 사용해 플레이한다.
② 다른 쪽 선수 ⑧는 싱글 코트에서 세로로 반쪽 면만 사용해 플레이한다.
③ 충분히 연습하고 나서 영역을 바꿔 같은 요령으로 플레이한다.

지도자 MEMO 반쪽 면을 사용하는 선수는 플레이할 때 훨씬 유리하므로, 플레이스먼트(상대가 리턴하기 어려운 곳으로 볼을 넣는 것)를 할 수 있도록 한다. 한 면을 사용하는 선수는 불리한 입장이므로, 볼을 앞뒤로 보내거나 강타하는 등 경기가 자신에게 유리하게 운영되도록 한다.

One Point! 어드바이스
난이도를 높이려면 볼을 보내는 공간을 더욱 좁게 해 연습하자. 세로 반쪽 면을 서비스라인과 베이스라인 사이의 구역으로 공간을 축소하는 등의 랠리 연습도 해보자.

종합 연습

프로그램 137 — 크로스에서 스트레이트

난이도 ★★★
시간 5~15분
횟수 10회

목표
크로스로 치다가 찬스가 생기면 스트레이트로 치는 연습이다. 크로스에서 스트레이트로 코스를 변경할 때의 타구 타이밍을 익힌다.

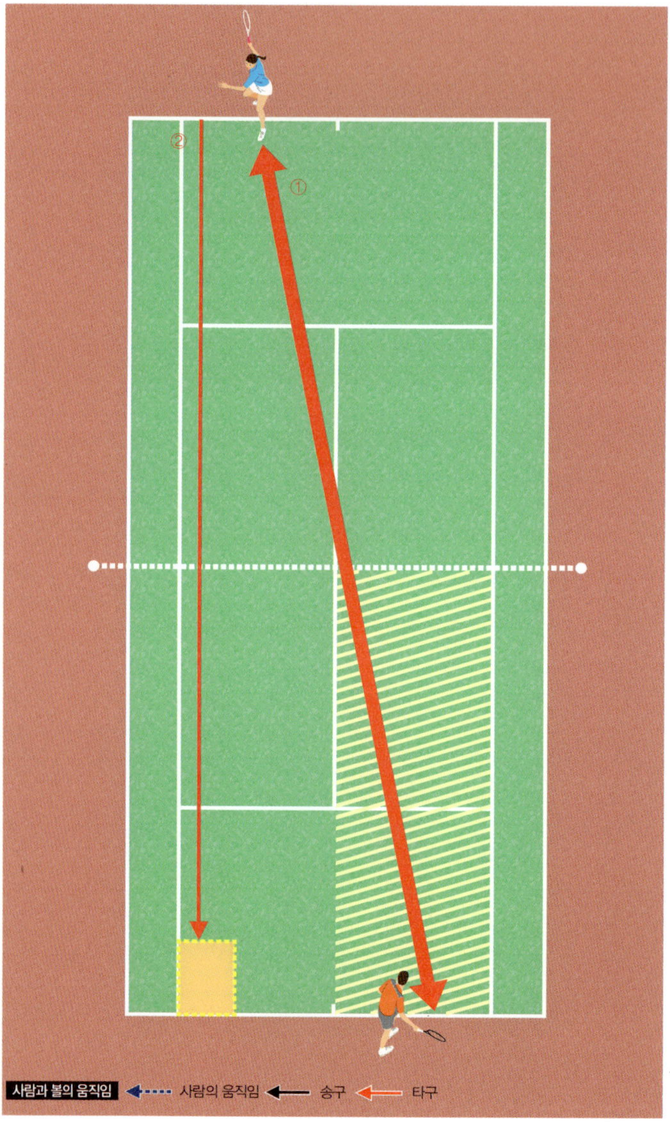

방법
① 코치와 선수가 번갈아가며 크로스로 볼을 친다.
② 공격할 타이밍이 오면 선수는 스트레이트로 볼을 컨트롤한다.
③ 크로스로 칠 때와 스트레이트로 칠 때의 타구 타이밍이 다르다는 사실을 이해한다.

지도자 MEMO
난이도가 높아지면 횟수를 한정해 연습하도록 하자. 예를 들어 다섯 번째 볼을 스트레이트로 치겠다고 정했다면, 네 번째 볼을 와이드로 치거나 높게 튀어 오르는 볼을 보내서 자신이 치는 볼을 스트레이트가 되도록 유도할 필요가 있다.

One Point! 어드바이스
스트레이트로 칠 때에는 볼을 제대로 쳐낼 준비를 완벽하게 한 다음, 공격할 타이밍을 확실히 정해 플레이하자. 처음에는 타깃을 넓게 해도 된다.

사람과 볼의 움직임 ◀┈┈ 사람의 움직임 ◀━ 송구 ◀━ 타구

코치와 크로스로 스트로크를 치다가 찬스가 생기면 스트레이트로 코스를 바꿔서 친다.

| 종합 연습 | 난이도 ★★★ |

프로그램 138 버터플라이 스트로크

시간 약 5분
횟수 교대로 3회

목표 한쪽은 스트레이트로, 다른 한쪽은 크로스로 치는 조건부 랠리를 한다.

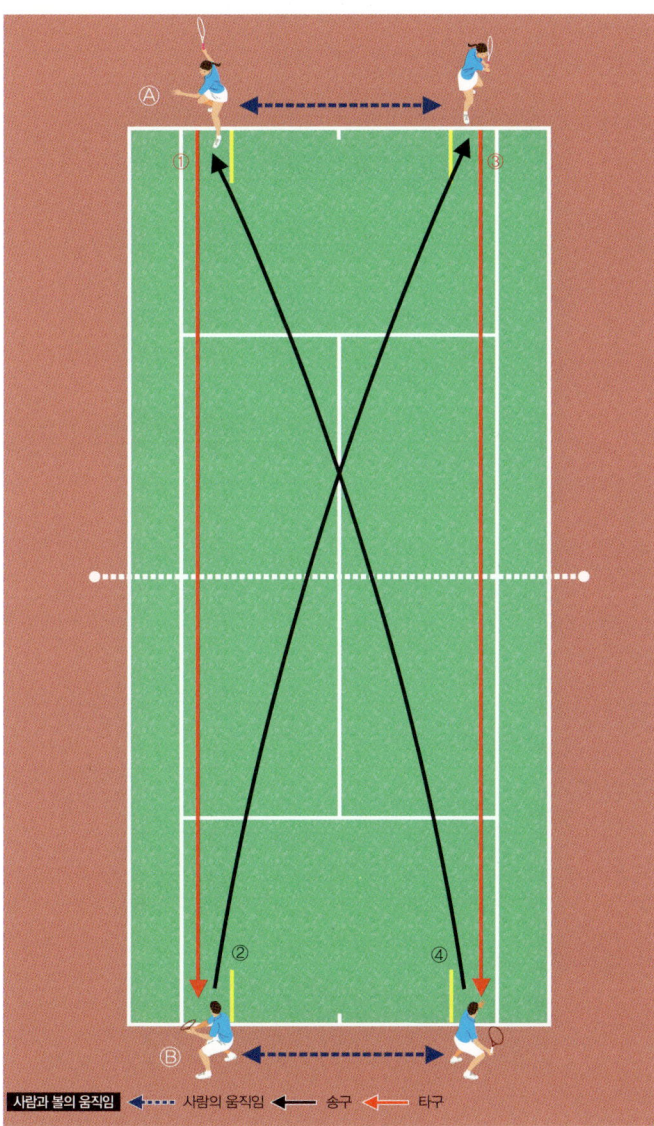

방법

① 싱글 코트 사이드라인의 1~2m 정도 안쪽에 테이프로 구간을 설정한다. 먼저 Ⓐ가 스트레이트로 친다.
② Ⓑ는 크로스로 친다.
③ 반대쪽으로 이동한 Ⓐ가 스트레이트로 리턴한다.
④ Ⓑ도 반대쪽 사이드로 이동하고, 크로스로 리턴한다. 이 연습을 반복한다. 코트를 위에서 내려다보면 날개를 펼친 나비(8자)처럼 보여서 버터플라이 스트로크라고 부른다.

지도자 MEMO
코트 매니지먼트(200~203쪽)의 기초를 익히는 연습이다. 프로그램 135~138까지는 일련의 흐름으로 되어 있으며, 그 모든 요소를 포함한 연습이 버터플라이 스트로크이다.

One Point! 어드바이스
앞에서도 말했듯이 실전에서는 일반적으로 스트레이트는 공격, 크로스는 연결이다. 이 연습에서도 스트레이트는 낮은 궤도를, 크로스는 높은 궤도를 그리도록 랠리하자.

Ⓐ는 스트레이트만, Ⓑ는 크로스만 친다. 스트레이트는 공격, 크로스는 연결이라는 사실을 염두에 두면서 친다.

종합 연습

프로그램 139 | 2 대 1 스트로크

난이도 ★★★★
시간 3~5분
횟수 로테이션

목표 한 명이 두 명을 상대로 랠리하면서 볼의 변화에 대응하는 방법을 익힌다.

한 면 vs 한 면

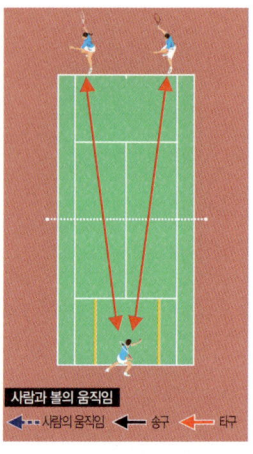

두 사람은 마커 안쪽으로 볼을 컨트롤한다.

사람과 볼의 움직임
← 사람의 움직임 ← 송구 ← 타구

반쪽 면 vs 한 면

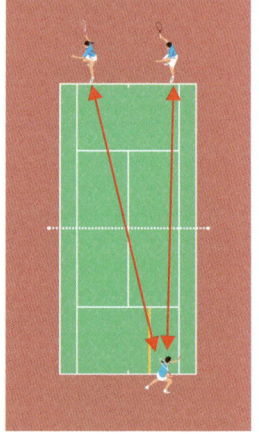

두 사람은 마커 바깥쪽으로 볼을 컨트롤한다.

방법

① 2 대 1로 볼을 주고받는 스트로크 연습을 한다.
② 한 명이 있는 코트에는 싱글 코트의 사이드라인에서 2m 정도 안쪽 지점에 마커로 구역을 설정한다. 코트 반대쪽에 있는 두 명은 이 에어리어를 확실하게 겨냥해 치도록 한다.
③ 한 면 vs 한 면, 반쪽 면 vs 한 면 등 다양하게 변형해 연습한다.

 지도자 MEMO 두 사람에게서 다양한 리듬·속도·회전의 볼이 날아온다. 이 연습을 통해 맞은편의 한 사람은 다양한 볼 변화에 대응할 수 있는 수준 높은 스트로크 능력을 기를 수 있다.

| 종합 연습 | 난이도 ★★★ |

프로그램 140 발리 vs 발리

| 시간 | 약 5분 |
| 횟수 | 3회 |

목표: 1 대 1로 번갈아가며 발리하면서 기초적인 리듬과 대응력을 익힌다.

방법
① 서비스라인 안쪽에서 포지션을 취한다.
② 1 대 1로 번갈아가며 발리를 구사한다.
③ 코치가 라켓을 들고 있는 쪽으로 정확하게 받아친다.
④ 익숙해지면 서서히 속도를 올려서 빠른 볼에도 대응할 수 있도록 하자.

서비스라인 안쪽에서 번갈아가며 발리를 구사한다.

익숙해지면 점점 속도를 올린다.

지도자 MEMO: 최대한 간결한 동작으로 플레이하면서 라켓면을 정확히 대는 연습을 한다.

| 종합 연습 | 난이도 ★★★ |

프로그램 141 발리 vs 발리 (2 대 1)

| 시간 | 약 5분 |
| 횟수 | 3회 |

목표: 2 대 1로 '발리 vs 발리'를 실시해 볼의 변화에 대응하는 감각을 익힌다.

방법
① 서비스라인 안쪽에서 포지션을 취한다.
② 2 대 1로 번갈아가며 발리를 구사한다.
③ 익숙해지면 서서히 속도를 올려서 빠른 볼에도 대응할 수 있도록 연습한다.

2 대 1로 번갈아가며 발리를 실시한다.

익숙해지면 서서히 속도를 올린다.

지도자 MEMO: 리듬이 다른 두 사람의 볼을 받음으로써 변화에 대응하는 힘을 기를 수 있다. 맞은편의 한 사람은 일정한 코스로 리턴하다가 익숙해지면 무작위로 볼을 보내도록 한다.

종합 연습

프로그램 142 | 반쪽 면 vs 한 면 발리

난이도 ★★★
시간 약 3분
횟수 10구×3회

목표 구역을 한정해 발리의 컨트롤 능력을 높인다.

코치는 반쪽 면에서 플레이한다.

선수는 한 면에서 플레이한다.

코치는 좌우로 볼을 컨트롤한다.

선수는 코치 쪽으로 리턴한다.

방법

① 서비스라인 안쪽에서 포지션을 취한 다음, 1 대 1로 번갈아가며 발리를 구사한다.
② 코치는 코트의 반쪽 면에서 플레이하며 좌우 번갈아가면서 발리한다.
③ 선수는 한 면에서 플레이하며 코치 쪽으로 발리로 리턴한다.

 지도자 MEMO 한 면에서 플레이하는 선수는 좌우로 이동하면서 코치가 있는 곳으로 볼을 컨트롤한다. 크로스와 스트레이트를 번갈아가며 연속해서 치게 되므로, 타구 타이밍을 파악해 볼을 넣어야 할 위치로 정확하게 보내야 한다.

종합 연습

프로그램 143 변칙 발리 vs 발리

난이도 ★★★
시간 약 3분
횟수 3회

목표 발리로도 속도와 리듬의 변화에 대응할 수 있도록 한다.

1 대 2로 발리 연습을 한다. 우선 앞사람을 향해 볼을 얕게 친다.

이번에는 뒷사람을 겨냥해 볼을 깊게 친다.

뒷사람에게는 포핸드 발리와 백핸드 발리를 번갈아가며 보낸다.

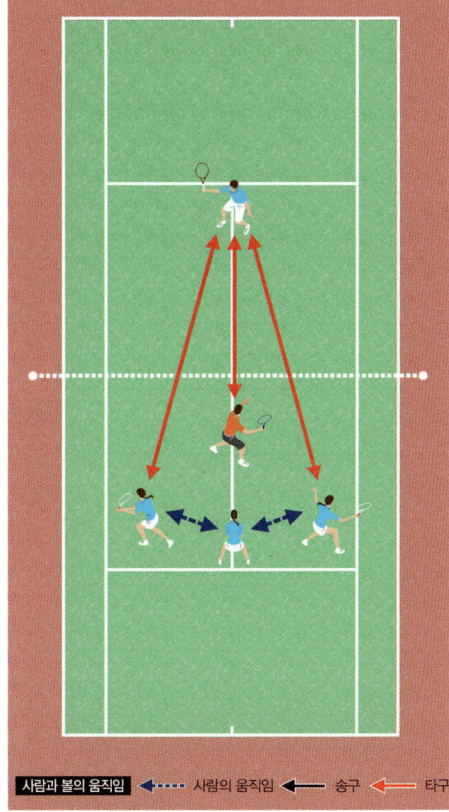

사람과 볼의 움직임　◀┈┈ 사람의 움직임　◀━ 송구　◀━ 타구

혼자 코트에 있는 사람은 상대 코트의 앞사람과 뒷사람에게 번갈아가며 발리로 송구한다. 뒷사람에게는 좌우 양쪽으로 보내서 포핸드 발리와 백핸드 발리를 번갈아가며 치게 한다.

방법
① 1 대 2로 번갈아가며 발리 연습을 한다.
② 두 사람이 있는 쪽은 앞뒤로 포지션을 취한다.
③ 한 사람은 앞사람과 뒷사람에게 번갈아가며 볼을 보낸다. 이때, 뒷사람에게는 좌우 양쪽으로 볼을 보내서 포핸드 발리와 백핸드 발리를 번갈아가며 치게 한다.

지도자 MEMO 힘의 세기뿐만 아니라 볼의 회전량을 조절해 비거리를 컨트롤할 수 있도록 한다. 장소에 따라 다양한 발리 연습을 할 수 있다. 세 명의 역할을 바꿔가며 연습해 코트의 모든 장소에서 플레이할 수 있도록 하자.

종합 연습

프로그램 144 발리·스트로크 종합 연습

난이도 ★★

시간 5~15분

횟수 10구×3회

목표 스트로커는 빠르게 되돌아오는 볼에 대응한다.
발리어는 모든 볼을 컨트롤한다.

Ⓐ가 발리, Ⓑ가 스트로크를 구사한다.

Ⓑ는 Ⓐ가 들고 있는 라켓 면을 겨냥해 볼을 친다. 랠리를 최대한 오래 이어간다.

방법
① 발리어 Ⓐ는 서비스라인 안쪽 부근에서 포지션을 취한다.
② 스트로커 Ⓑ는 베이스라인 부근에서 포지션을 취한다.
③ 발리 vs 스트로크의 랠리 연습을 한다.
④ 충분히 연습한 후 역할을 바꾼다.

지도자 MEMO 라켓으로 벽을 치는 연습의 실전판이라고 볼 수 있다. 서로 실력을 겨루는 것이 아니기 때문에 리듬을 의식하며 정확하게 받아치는 것이 중요하다.

종합 연습

프로그램 145 원 온 원(One on One)

난이도 ★★★

시간 약 10분

횟수 3회

목표 어프로치 샷과 발리를 교대로 구사하면서 네트 플레이에 대응하는 능력을 기른다.

Ⓑ는 어프로치 샷과 발리를 교대로 구사한다.

Ⓐ는 발리만 구사한다.

방법
① Ⓑ는 어프로치 샷을 친 후 앞으로 나가고 발리를 친 후에는 뒤로 물러난다.
② Ⓐ는 긴 볼과 짧은 볼을 교대로 친다.
③ 머리로 생각하지 말고, 몸이 자연스럽게 반응해 움직이도록 연습한다.

지도자 MEMO 발리에서 어프로치 샷으로 바뀌는 동작을 반복 연습해 네트 플레이의 감각을 익히자.

종합 연습

어프로치 샷 vs 드롭 샷

난이도	★★★
시간	약 10분
횟수	교대로 3회

목표 드롭 샷으로 네트 앞에 볼을 떨어뜨리는 감각을, 어프로치 샷으로 앞으로 나가는 감각을 기른다.

방법

① Ⓐ가 베이스라인에서 볼을 보낸다.
② Ⓑ는 앞으로 나가면서 어프로치 샷을 한다. 베이스라인에서 1m 안쪽 부근에 그어 놓은 표시보다 깊은 위치를 겨냥한다. 치고 나면 곧바로 뒤로 물러난다.
③ Ⓐ가 Ⓑ의 발밑으로 드롭 샷을 한다. Ⓑ는 다시 어프로치 샷을 한다.
④ 충분히 연습하면 역할을 바꿔서 한다.

Ⓐ가 볼을 보내면 Ⓑ는 어프로치 샷을 친다. 볼을 친 후 뒤로 물러난다.

Ⓐ는 네트 앞에 볼을 떨어뜨리는 감각으로 Ⓑ의 발밑으로 가라앉는 드롭 샷으로 친다.

Ⓑ는 다시 어프로치 샷으로 리턴한다. 볼을 치고 나면 곧바로 뒤로 물러난다.

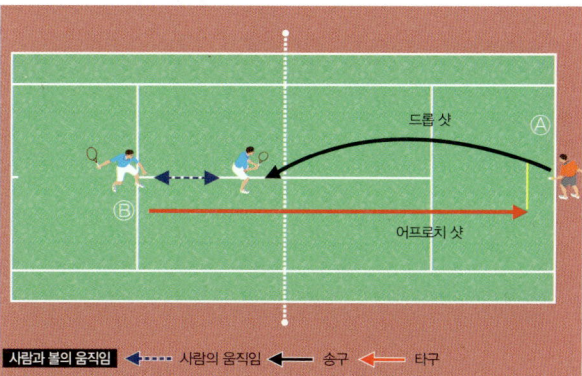

Ⓐ가 네트 앞으로 컨트롤된 드롭 샷을 치면, Ⓑ는 어프로치 샷을 친 뒤 곧바로 뒤로 물러나는 동작을 반복한다.

지도자 MEMO 앞으로 나가는 어프로치 샷이나 네트 앞으로 떨어지는 드롭 샷을 할 때에는 상대와 자신의 위치 관계를 확실하게 인식하는 것이 중요하니 늘 그 점을 염두에 두고 연습한다. 또한 두 사람 모두 슬라이스로 리턴한다.

One Point! 어드바이스 어프로치 샷을 하는 선수는 재빠르게 앞뒤로 움직여 상황에 맞게 플레이할 수 있도록 하자. 드롭 샷을 하는 선수는 볼의 힘을 흡수해 상대의 네트 앞에 볼을 떨어뜨릴 수 있도록 하자.

종합 연습

프로그램 147
반쪽 면 vs 한 면(발리 vs 스트로크)

난이도 ★★★

 시간 약 15분

횟수 3회

목표 발리 vs 스트로크의 실전적인 볼 교환을 몸에 익힌다.

스트로커 Ⓐ는 코트 한 면에서 플레이한다.

발리어 Ⓑ는 코트 반쪽 면만 사용해 수비한다.

방법

① 스트로커 Ⓐ는 코트 한 면에서 플레이하며 상대 코트의 반쪽 면으로 볼을 보낸다.
② 발리어 Ⓑ는 상대 코트의 양 사이드로 번갈아가며 볼을 보낸다.
③ 스트로커는 발리어를 향해 정확하게 볼을 컨트롤하도록 한다.

지도자 MEMO 반대로 스트로커가 반쪽 면, 발리어가 한 면에서 플레이할 수도 있다.

종합 연습

프로그램 148
발리어와 스트로커의 랠리

난이도 ★★★

 시간 3~5분

횟수 교대로 3회

목표 발리어와 스트로커 모두 실전에서 발생할 수 있는 다양한 상황에 대응한다.

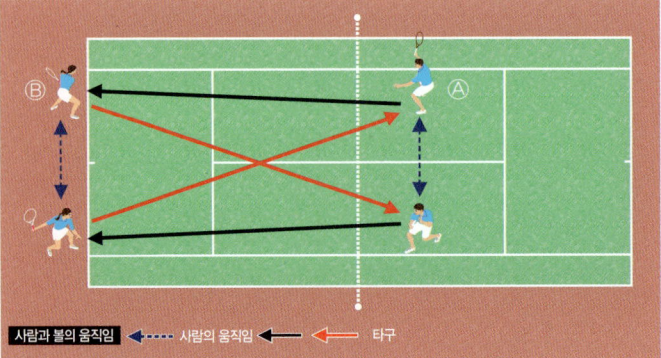

사람과 볼의 움직임 ◀── 사람의 움직임 ◀── 타구

스트로커 Ⓑ는 반드시 크로스로 볼을 컨트롤한다. 발리어 Ⓐ는 반드시 스트레이트로 볼을 컨트롤한다.

방법

① 발리어 Ⓐ가 스트레이트로 볼을 컨트롤한다.
② 스트로커 Ⓑ가 크로스로 볼을 컨트롤한다.
③ 코트를 위에서 내려다봤을 때 날개를 펼친 나비처럼 보이도록 리턴한다. 프로그램 138의 버터플라이 스트로크에서 한쪽을 발리로 바꾼 연습이다.

지도자 MEMO 발리어가 크로스, 스트로커가 스트레이트로 볼을 보내는 연습도 하자.

종합 연습

높은 볼 랠리

프로그램 149

난이도 ★★★
시간 약 3분
횟수 3회

목표 로브를 섞은 랠리전으로, 입체적인 운동 동작을 빠르게 실시할 수 있도록 한다.

발리 Ⓐ vs 스트로크 Ⓑ를 실시한다.

발리어 Ⓐ는 스트로커 Ⓑ에게 정확하게 리턴한다.

스트로커 Ⓑ는 종종 로브를 섞어 친다.

발리어 Ⓐ는 하이 발리나 스매시로 대응한다.

방법

① 발리 Ⓐ vs 스트로크 Ⓑ를 실시한다.
② 스트로커는 랠리 중에 종종 로브를 섞어서 친다.
③ 발리어는 하이 발리나 스매시로 응수한다.

지도자 MEMO 볼을 쳐올리는 연습은 머리 위로 날아오는 볼에 대응하는 능력을 높이는 연습이다. 이 훈련은 여러 볼에 대비해 선수들이 재빨리 움직일 수 있도록 만든다. 이 훈련에 더해서 발리 vs 발리(159쪽)에 로브 발리를 섞어서 '볼을 쳐올리는 발리 vs 발리'도 시도해 보자.

종합 연습

프로그램 150 | 2 대 2 플레이

난이도 ★★★

시간 5~15분

횟수 회당 3~15
포인트 로테이션

목표 2 대 2 발리전을 실시해 네트 플레이의 종합 능력을 기른다.

코치가 볼을 보내면 2 대 2 발리전을 시작한다. | 낮은 볼이나 먼 볼에도 대응한다.

스트레이트와 크로스를 무작위로 섞어서 친다. | 리턴된 볼이 떠서 오면 앞으로 나가서 처리한다.

방법

① 코치가 볼을 보낸다.
② 2 대 2 발리전을 실시한다. 스트레이트와 크로스를 섞어서 무작위로 번갈아가며 친다.
③ 리턴된 볼이 떠서 오면 스매시나 하이 발리로 처리한다.

 지도자 MEMO 어디로 치든 상관없는 실전과 같은 발리 연습이다. 처음에는 큰 변화를 주지 않으면서 최대한 랠리를 이어가는 것을 목적으로 하자. 그런 다음에 로브를 섞거나 발밑으로 가라앉는 볼을 치는 등 볼을 다양하게 섞도록 한다.

제7장
서브 · 서브 리턴
Serve and Serve Return

플레이의 시작이 되는 서브와 그것을 되받아치는 서브 리턴,
이 두 가지를 제대로 하지 못한다면 시합에서 주도권을 잡기 어렵다.
시합의 전개를 결정할 수도 있는 기술이므로 확실하게 연습해두자.

서브의 기본 개념

서브 포인트

서브는 자신의 의사대로 칠 수 있는 샷이다. 따라서 서브의 질이 이후의 전개를 결정짓게 된다.

POINT ①

원바운드 후 볼의 변화를 기억한다.

서브를 넣을 때, 대부분의 사람은 타점에서 낙하점까지를 의식한다. 그러나 실제로 리시버에게 주된 영향을 미치는 것은 바운드 후 볼의 스피드나 구질이다.

서브는 슬라이스를 걸어서 치면 옆으로 미끄러지고 스핀을 걸어서 치면 세로로 튀어 바운드 후 변화가 크다. 이 점을 염두에 두고 서브를 넣으면 상대를 효과적으로 컨트롤 할 수 있다.

슬라이스 서브   탑스핀 서브

- 슬라이스 서브 : 볼에 가로로 회전이 걸리는 서브이다. 볼의 궤도가 낮고, 서버가 봤을 때 왼쪽 방향으로 휘어서 날아간다(오른손잡이인 경우).
- 탑스핀 서브 : 볼에 대각선으로 회전을 거는 서브이다. 스피드는 나지 않지만, 바운드 후 볼이 크게 튀어 오른다.

서브는 스피드와 코스, 구질을 자신이 생각한 대로 정할 수 있다. 서브 한 번의 성공이 그 후의 전개를 결정짓는다고 해도 과언이 아니다. 그러나 초보자 중에는 서브를 넣는 것조차 마음대로 되지 않는 사람도 있다. 더블폴트(double fault, 서비스코트에 정확하게 서브하지 못해 서브 기회 두 번을 모두 실패하는 일)를 범하거나, 느린 볼로 서브를 넣었다가 상대의 공격적인 샷을 받게 되는 등 서브가 실전에서 약점으로 작용할 수도 있다. 확실한 기술을 익혀서 서브를 자신의 무기로 사용할 수 있도록 하자.

POINT ②
기본적으로 퍼스트 서브는 공격적으로 한다.

상황이나 포인트에 따라 다르지만, 기본적으로 퍼스트 서브는 공격적으로 넣는다. 볼의 회전을 억제한 빠른 일타로 상대인 리시버를 몰아붙이는 것을 목표로 한다. 퍼스트 서브의 성공이 게임의 흐름과 승패에 큰 영향을 미친다는 것은 데이터로도 밝혀졌다.

하지만 아무리 서브가 빨라도, 서비스코트에 들어가지 않는 퍼스트 서브를 한다면 아무 의미가 없다. 스피드를 다소 떨어뜨리더라도 확실히 서비스코트로 볼이 들어가도록 서브하는 것이 우선이다. 상황과 포인트를 따져 보고 어떤 서브를 넣을지 판단하자.

POINT ③
세컨드 서브는 무엇보다 정확성을 중시한다.

세컨드 서브는 무엇보다도 정확성을 중시해야 한다. 이 서브에 실패하면 상대에게 1포인트를 거저 내주게 된다.

더욱이 자신의 실수로 실점하게 되는 더블폴트는 심리적으로도 좋지 않은 영향을 끼치므로 스핀 서브로 회전을 걸거나, 스피드를 약간 늦춰서 정확하게 서비스코트에 넣을 수 있도록 볼을 컨트롤하는 것이 중요하다.

POINT ④
확실히 송구하려는 의식을 갖는 것이 중요하다.

서비스 에어리어에 서브를 넣는 것만으로 모든 힘이 소진된다는 사람이 꽤 있다. 그런 방법으로는 간신히 서비스 에어리어에 넣을 만큼의 서브밖에 하지 못하며, 시합을 유리하게 이끌어가지도 못한다. 확실하게 겨냥하지 못하더라도 센터 ①, 와이드 ③, 상대 리시버의 정면 ②와 같은 장소로 보낸다는 것을 염두에 두면서 서브하는 것이 중요하다. 이렇게 하면 상대 리시버와의 심리전도 가능하게 된다.

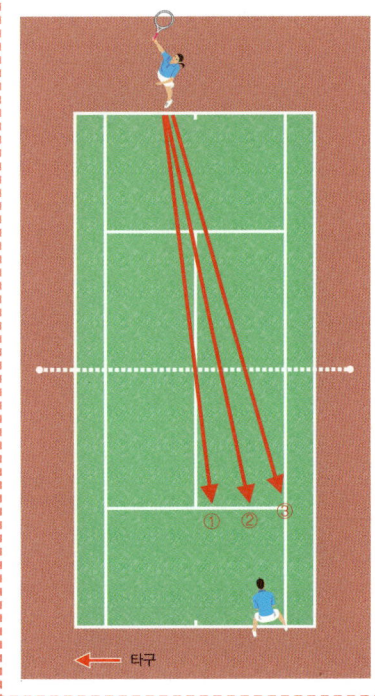

타구

서브의 기초 기술

서브

POINT 1 왼발은 베이스라인 바로 뒤에 비스듬히 위치하고 오른발은 왼발의 반족장이나 한족장 뒤에 둔다.

POINT 2 몸보다 약간 앞쪽으로 토스를 올린다.

POINT 3 지면을 발로 차면서 힘을 얻는다.

시선은 토스할 위치

토스하려는 위치를 파악하는 것이 중요하다. 시선은 확실하게 토스할 위치를 향한다.

토스는 몸보다 약간 앞

토스를 높게 칠 필요는 없다. 오른팔의 힘이 가장 세지는 위치로 볼을 올리도록 한다.

무게 중심은 왼발

서브를 넣을 때 가장 중요한 점은 몸의 중심과 체중이 왼발에 실려 있어야 한다는 것이다.

서브는 전신 운동으로 몸의 큰 근육들을 사용해 볼을 치는 것이 중요하다. 예를 들면, 맞은편의 펜스나 벽 등을 겨냥해서 멀리 치는 연습을 적용하면 하반신에서 상반신 쪽으로 몸이 하나로 연결되어 움직이는 스윙을 익힐 수 있다. 손으로만 치는 것이 아니라 발, 엉덩이, 배, 가슴의 움직임으로도 연쇄되어 팔과 라켓을 휘두르는 감각을 익히도록 한다. 세세한 자세에 너무 얽매이지 말고, 작은 스윙에서 큰 스윙으로 천천히 연습하도록 하자.

 POINT 4 몸의 회전을 의식한다.

 POINT 5 순차 가속 운동으로 팔을 휘두를 수 있게 된다.

 POINT 6 임팩트 시 정확하게 라켓 면을 갖다 댄다.

 POINT 7 자연스럽게 마무리한다.

몸 회전

회전했던 몸이 원래대로 돌아오면서 그 힘이 스윙에 전달된다.

팔이 뻗어나간다

순차 가속 운동으로 팔이 목표를 향해 뻗어나간다.

체중이 왼쪽에 있다

서브 시 중심이 앞쪽으로 쏠리게 되며, 중심과 체중이 왼쪽에 있어야 한다.

서브의 기초 기술

기술해설 슬라이스 서브

POINT 1 볼의 옆면을 치기 쉽도록 토스는 몸에서 약간 옆으로 올린다.

POINT 2 토스업과 하반신이 아래로 가라앉는 것에 집중한다.

POINT 3 상체를 회전해 스윙할 힘을 모은다.

토스는 몸보다 약간 옆

슬라이스를 제대로 걸려면 토스를 머리 바로 위가 아니라 몸의 약간 옆으로 올려서 볼의 오른쪽을 친다.

상체 회전이 중요

상체, 즉 어깨를 확실하게 비틀어 스윙할 때 더욱 큰 힘이 라켓에 실릴 수 있도록 한다.

볼에 가로로 회전을 걸어 치는 서브이다. 볼의 옆면을 깎아내듯 스윙해 회전 효과로 옆으로 돌면서 날아가고, 바운드 후에도 계속 꺾여 나간다. 안전성 역시 높아 세컨드 서브로 이용하기에도 알맞다. 185쪽에 나와 있는 것처럼 볼을 지구본에 비유하면, 수직의 지축에 대해 적도를 비스듬히 돌리는 느낌으로 스윙하는 것이 슬라이스 서브이다. 근력적인 부담도 적어서 회전을 거는 요령만 터득하면 여성들도 비교적 쉽게 칠 수 있다.

POINT 4 볼의 옆면을 깎아내듯 임팩트한다.

POINT 5 라켓을 끝까지 휘둘러서 확실하게 회전시킨다.

가로로 깎아내듯

볼의 바로 뒤쪽을 치는 것이 아니라 볼의 옆면을 깎아내듯 스윙하면 슬라이스를 간단하게 걸 수 있다.

라켓을 끝까지 휘두른다

스윙 도중에 동작을 멈추면 스윙의 스피드가 떨어져 회전이 걸리지 않으므로, 라켓을 끝까지 확실하게 휘두른다.

서브의 기초 기술

기술해설 | 탑스핀 서브

POINT 1 볼을 아래에서 위로 치기 쉽도록 머리 바로 위쪽으로 토스한다.

POINT 2 토스업과 하반신이 깊이 가라앉는 것에 집중한다.

POINT 3 상체를 비틀어 볼을 제대로 칠 힘을 만든다.

토스는 머리 바로 위

스핀을 제대로 걸려면 토스를 머리 바로 위쪽으로 올리는 것이 좋다. 볼을 아래쪽에서 위쪽으로 문지르기 쉬워지기 때문이다.

상체 회전이 중요

슬라이스 서브와 마찬가지로 탑스핀 서브 역시 상체를 비틀어 스윙 시의 힘을 만드는 것이 중요하다.

탑스핀 서브는 볼에 대각선으로 회전을 걸어서 치는 서브이다. 회전 효과로 인해 볼은 높은 궤도로 날아가다가 급격히 떨어져 바운드된다. 안정성이 높으며, 상대가 치기 어려운 높은 타점에서 볼을 보내 공격적이기도 하다. 탑스핀 서브는 아래에서 위로 쓸어 치는 것이 중요하다. 바운드가 크도록 볼을 많이 감아 올려야 한다. 첫 번째 서브에서 플랫 서브를 많이 한다면, 세컨드 서브에서는 탑스핀 서브가 많이 이용된다. 복근과 배근을 사용해 볼을 치기 때문에 기본적으로 근력이 강해야 하지만, 숙달되면 강력한 무기가 된다.

POINT 4 볼을 왼쪽 아래에서 오른쪽 위로 문질러 올리면서 세로 회전을 건다.

POINT 5 팔로스루에서도 왼발에 체중이 실려 있도록 한다.

아래에서 위로 문질러 올린다

볼을 왼쪽 아래에서 오른쪽 위로 세게 문질러 올리며 스핀을 건다. 임팩트 후에는 위로 더욱 휘두르는 느낌으로 스윙한다.

라켓을 끝까지 휘두른다

슬라이스와 마찬가지로 스윙을 도중에 멈추면 스윙 속도가 떨어져 스핀이 걸리지 않는다. 라켓을 끝까지 확실하게 휘두르자.

| 서브 | 난이도 ★ |

프로그램 151 무거운 볼 던지기

시간 5~15분
횟수 20~30회

목표 무거운 볼을 사용함으로써 근육이 비틀어지는 느낌과 올바른 서브 동작을 확인할 수 있다.

방법

① 두 명이 3m 정도 떨어져서 마주 보고 선다.
② 소프트 메디신볼(아래 사진 참조)과 같은 무거운 볼을 던진다.
③ 무거운 볼을 사용하면 팔이 라켓과 함께 내려가는 움직임을 확인할 수 있다.

무거운 볼을 사용해 라켓이 내려갈 때의 감각을 이해한다.
몸속에서 발생시킨 힘이 던지는 힘이 된다.
팔을 휘두르는 방향은 볼을 보내려는 방향과 같게 한다.

지도자 MEMO 가벼운 볼을 사용할 때보다 던질 때의 동작을 더 잘 느낄 수 있어 훈련에 이용하면 효과를 볼 수 있다.

| 서브 | 난이도 ★ |

프로그램 152 토스 연습

시간 약 5분
횟수 20~30회

목표 볼을 던지는 것이 아니라 반동을 이용해 손에서 멀어지게 하는 감각을 익힌다.

방법

① 코치가 선수의 앞쪽에서 머리 위로 바구니를 치켜 들고 선다.
② 선수는 바구니에 볼이 들어가도록 토스한다.
③ 반복해서 연습해 토스의 정확도를 높인다.

코치가 머리 위로 바구니를 치켜든다.
선수는 그 바구니에 볼이 들어가도록 토스한다.

지도자 MEMO 토스할 때에는 손으로 던지지 말고, 머리 위의 선반에 물건을 올려놓는 느낌으로 한다. 이때의 감각을 익혀서 서브에 활용하자.

서브	난이도 ★★

프로그램 153 : 라켓 이용해 토스 위치 파악

⏱ 시간 2~3분
🔁 횟수 10회

목표 ▶ 볼의 낙하점을 확인해 이상적인 토스 위치를 파악한다.

방법
① 정면을 향한 자세에서 오른팔 아래 지면에 라켓을 내려놓고 토스의 낙하점을 정한다.
② 오른발을 왼발 뒤로 해 옆으로 선 자세가 되게 하고, 서브 자세를 취한다.
③ 볼이 라켓 면 위로 떨어지도록 토스한다.

지도자 MEMO 토스를 높게 올리기보다 오른팔의 앞쪽으로 올리는 것이 좋다. 지면에 놓아둔 라켓의 면 위로 토스를 올리자.

서브 자세를 취하고 토스를 올린다.

지면에 놓아둔 라켓의 면 위로 볼이 떨어지게 한다.

서브	난이도 ★★

프로그램 154 : 라켓 이용해 토스 높이 파악

⏱ 시간 2~3분
🔁 횟수 10회

목표 ▶ 왼손에 든 라켓을 이용해 토스의 높이를 확인한다.

방법
① 양손에 각각 라켓을 들고, 머리 위로 치켜 든다.
② 왼손에 든 라켓 면을 타점의 높이에 준비하고, 눈으로 높이를 확인한다.
③ 오른손에 든 라켓을 천천히 스윙해 왼손의 라켓에 겹친다.

지도자 MEMO 도구를 사용하면 공과의 거리와 공의 위치를 파악하기 쉬워진다.

이상적인 타점에 왼손의 라켓을 준비한다.

지면을 차는 힘을 이용해 신체 움직임을 크게 한다.

오른손의 라켓을 왼손의 라켓에 맞힌다.

| 서브 | 난이도 ★★ |

프로그램 155 · 펜스 이용해 토스 높이 파악

목표 펜스를 이용해 이상적인 타점의 높이를 파악한다.

시간 2~3분
횟수 10회

방법
① 펜스나 벽 앞에 서서 토스를 올린다.
② 라켓을 스윙해 볼이 라켓과 펜스 사이에 오게 한다.
③ 라켓과 펜스 사이의 볼 높이를 눈으로 확인하면서 타점을 감각적으로 익힌다.

> **지도자 MEMO** 손바닥과 라켓 면은 같은 개념으로 손바닥이 곧 라켓 면이라 생각하며 친다.

펜스 앞에 서서 토스를 올린다.

스윙해서 볼이 라켓과 펜스 사이에 오게 한다.

타점의 높이를 눈으로 확인한다.

| 서브 | 난이도 ★★ |

프로그램 156 · 팔꿈치 회내 운동

목표 서브할 때 필요한 팔꿈치 회전 운동(7쪽)을 익힌다.

시간 약 1분
횟수 10회

방법
① 라켓을 들고 팔꿈치를 어깨 높이로 치켜든다. 라켓 옆면의 프레임이 정면을 향한 상태에서 라켓을 휘두를 준비를 한다.
② 라켓을 뒤에서 앞으로 스윙하면서 라켓을 돌려 라켓 면이 바닥을 향한다.
③ 라켓 면을 내리칠 때 팔꿈치 아래쪽이 안쪽으로 비틀어지는 것을 확인한다.

> **지도자 MEMO** 회내 운동의 더 큰 효과를 보려면 회전 시 라켓 면을 바닥이 아닌 오른쪽을 향하게 하면 된다.

팔꿈치를 어깨 높이로 들어 라켓을 준비한다.

치켜든 라켓을 뒤에서 앞으로 스윙한다.

팔꿈치 아래쪽이 안쪽으로 비틀어지는 동작을 확인한다.

서브

프로그램 157

서브 동작 단계적으로 익히기

난이도 ★★
시간 약 5분
횟수 10회

목표 팔 동작과 상체의 회전을 연습하면서 던지기 자세와 비슷한 서브 동작에 대한 이해를 갖는다.

손으로만 스윙
정면을 향해 서서 손으로만 라켓을 휘두른다.

상체 비틀기
상체를 비틀어 스윙한다.

옆으로 서서 스윙
옆으로 서서 스윙한다.

전신으로 스윙
두 발을 앞뒤로 벌린다.

뒤에서 앞으로 체중을 이동한다.

투구 동작과 비슷한 느낌으로 스윙한다.

발을 내디딘다.

방법

① 정면을 향해 선 다음, 먼저 손으로만 라켓을 스윙한다.
② 상체의 회전을 더해서 서서히 스윙을 크게 한다.
③ 옆으로 서서 발을 내딛고, 전신을 사용한 투구 동작과 비슷한 느낌으로 스윙한다.

지도자 MEMO '손→상체→전신'과 같이 서서히 동작 범위를 넓혀 가자. 서브 동작을 익히려면 이와 같이 조금씩 동작 범위를 넓혀가는 방식이 좋다.

| 서브 | 난이도 ★★★ |

프로그램 158

토스한 볼에 볼 맞히기

시간 2~3분
횟수 10회

목표 떠 있는 물체에 공을 맞히는 감각을 익힌다.

방법

① 양손에 볼을 잡고, 한쪽 볼을 토스한다.
② 토스한 볼에 다른 쪽 손으로 볼을 던져서 맞힌다.

지도자 MEMO 공간에 떠 있는 볼에 볼을 맞히는 동작을 반복함으로써 몸의 움직임이 유연해지고, 토스로 목표를 겨냥하는 감각도 익힐 수 있다.

한 손으로 볼을 토스한다. | 토스한 볼을 향해 볼을 던질 준비를 한다. | 집중해서 볼을 던져 토스한 볼을 맞힌다.

| 서브 | 난이도 ★★★ |

프로그램 159

펜스나 벽에 타깃 만들기

시간 2~3분
횟수 10회

목표 서브하는 공간에 목표를 만들어 타깃을 겨냥하는 감각을 익힌다.

방법

① 펜스나 벽에 훌라후프와 같은 타깃을 매단다.
② 훌라후프를 과녁 삼아 서브를 넣는다.
③ 처음에는 가까운 거리에서 시작하고, 점점 멀리 떨어져서 서브한다.

지도자 MEMO 날아가는 볼의 궤도를 의식하면서 서브한다. 이것이 볼 컨트롤 능력의 향상으로 이어진다.

펜스나 벽에 훌라후프를 매달아 놓고 과녁을 겨냥해 서브한다.

서브

프로그램 160

지면의 타깃 치기

난이도 ★★★
시간 2~3분
횟수 10회

목표 타깃(목표물)을 확실히 겨냥하는 감각을 기른다.

방법
① 코트에 타깃이 될 콘을 놓는다.
② 간단한 서브 동작으로 과녁을 겨냥해 볼을 친다.
③ 자세보다는 타깃에 집중해 실시한다.

지도자 MEMO 우선은 서브 동작을 간단하게 실시하자. 투구 동작과 비슷한 느낌으로 팔을 휘두른다.

코트에 놓아둔 콘을 타깃으로 삼는다.

타깃에 집중하면서 서브해 명중시킨다.

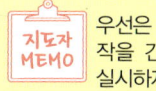

서브

프로그램 161

지면에 내리치기

난이도 ★★★
시간 2~3분
횟수 10회

목표 볼을 지면에 힘껏 내리치면서 강력한 동작과 타이밍을 익힌다.

방법
① 실제 서브하는 느낌으로 준비 자세를 취한다.
② 낮게 토스하면서 볼을 라켓으로 내리친다.
③ 확실하게 임팩트해 볼을 강하게 내리치는 감각을 익힌다.
④ 강하게 쳐서 볼이 바운드된 후 상대 코트 뒤쪽 펜스에 닿게 한다.

지도자 MEMO 이 연습은 강하게 치는 것이 목적이므로, 타점은 일반 서브보다 낮아도 상관없다.

서브 자세를 취한다.

낮게 토스하면서 라켓을 내리친다.

볼을 강하게 내리쳐서 최대한 높이 튀어 오르게 한다.

서브

프로그램 162	서브 연습 종합해 서비스박스 겨냥	난이도 ★★★
		시간 5~15분
		횟수 30회

목표 서비스박스를 겨냥해 볼을 치면서 서브를 정확하게 넣는 기술을 익힌다.

토스한다.

하반신에서 상체로 힘이 전달된다.

볼을 향해 라켓을 휘두른다.

타이밍을 잘 맞춰서 임팩트한다.

체중의 이동에 맞춰 발을 내딛는다.

끝까지 확실하게 라켓을 휘두른다.

방법

① 듀스 사이드(네트를 향해 섰을 때 센터라인 오른쪽에 있는 코트)에서 서비스박스를 겨냥해 서브한다.
② 겨냥한 대로 볼이 컨트롤되었는지 확인한다.
③ 어드밴티지 사이드(네트를 향해 섰을 때 센터라인 왼쪽에 있는 코트)에서도 같은 요령으로 실시한다.

지도자 MEMO 지금까지 배운 투구 동작이나 팔의 회내 동작(7쪽), 발을 내딛을 때의 체중 이동 등의 포인트를 적용하면서 서브하자. 우선 포물선을 그리는 볼도 좋으니 서비스박스를 겨냥해 볼을 컨트롤하도록 한다.

서브

프로그램 163

1·2·3과 1·2의 리듬으로 서브

난이도 ★★
시간 5~15분
횟수 각 20회

목표 ▶ 다양한 리듬으로 서브 넣는 방법을 익힌다.

1·2·3 서브

서브 자세를 취한다. | 1 토스업 | 2 트로피 포즈 | 3 스윙

1·2 서브

서브 자세를 취한다. | 1 토스업 | 2 스윙

방법
① 1·2·3의 리듬으로 스윙을 한다.
② 1·2의 리듬으로 스윙을 한다.
③ ①, ②를 반복해 1·2, 3의 리듬과 1·2의 리듬 차이를 확인한다.

 지도자 MEMO 예전에는 1·2·3의 리듬으로 치라고 지도했으나, 현재는 1·2의 리듬으로 치는 사람이 많아졌다. 강풍이 불 때에는 1·2·3으로 칠 수 없다. 따라서 두 가지 방법을 모두 시도해 보고, 어느 쪽이 자신에게 적합한지 파악하자.

 **One Point! 어드바이스** 스윙하고 나서 몸이 흔들리지 않도록 균형을 유지한다. 이 연습에서는 형식에 너무 얽매이지 않으면서 균형, 리듬, 타이밍을 의식해 스윙하는 것이 중요하다.

프로그램 164	서브

캐처에게 서브

난이도	★★★
시간	5~15분
횟수	30회

목표 목표를 향해 정확하게 서브하는 능력을 기른다.

방법
① 서비스박스에 캐처가 앉도록 한다.
② 캐처를 향해 서브를 넣는다.
③ 캐처는 글러브로 볼을 캐치한다.

지도자 MEMO 캐처에게 볼을 보냄으로써 집중력이 높아지고, 서브와 투구 동작이 거의 같은 동작으로 이루어진다는 것을 알게 된다.

캐처가 잡을 수 있도록 스트라이크 볼을 보낸다.

서비스박스에 캐처가 앉는다.

프로그램 165	서브

공간 의식하기

난이도	★★★
시간	5~10분
횟수	20회

목표 공중에서의 볼의 궤도를 파악하고, 서브 컨트롤 능력을 향상시킨다.

방법
① 서비스라인 부근에서 머리 위로 들고 있는 훌라후프를 겨냥해 서브한다.
② 두 사람이 넓은 시트를 펼쳐서 들고 있으면 그 위를 넘어가도록 서브한다.
③ 서브 컨트롤 방법에 따라 궤도가 어떻게 달라지는지 이해한다.

지도자 MEMO 목표물을 다양하게 겨냥하거나 넘김으로써 공중에서의 다양한 궤도를 파악하고 볼을 목표에 도달하게 하는 감각을 기른다.

볼이 파란색 시트를 넘도록 서브를 넣는다.

훌라후프를 향해 서브를 넣는다.

프로그램	서브	난이도 ★★★
166	지구본을 이용한 회전 이해	시간 약 5분
		횟수 각 10회

목표 지구본을 사용해 눈으로 회전의 원리를 이해한다.

슬라이스

지축을 세로로 한 지구본에 라켓 면을 댄다. 적도를 가로로 돌리는 느낌으로 스윙한다. 슬라이스 회전이 발생하는 것을 확인한다.

방법
① 지구본을 준비해 라켓 면을 댄다.
② 지축을 세로로 해 적도를 가로로 돌려서 슬라이스 회전이 걸리는 것을 확인한다.

톱스핀

지축을 가로로 한 지구본에 라켓 면을 댄다. 적도를 대각선으로 돌리는 느낌으로 스윙한다. 톱스핀 회전이 발생하는 것을 확인한다.

방법
① 지구본을 준비해 라켓 면을 댄다.
② 지축을 가로로 해 적도를 대각선으로 돌려서 톱스핀 회전이 걸리는 것을 확인한다.

지도자 MEMO 지구본을 돌리는 것만 의식하면서 회전이 발생하는 원리를 이해하자. 손으로 돌리는 것과 같이 라켓으로 적도를 문지르면서 슬라이스와 톱스핀 회전을 건다.

One Point! 어드바이스 테니스볼을 칠 때 볼에 어떻게 회전이 걸리는지 실제로 알기는 어렵다. 따라서 지구본을 이용한 연습을 통해 볼의 회전을 익히도록 하자.

프로그램 167 · 서브를 통한 종합 연습

서브부터 시작하는 반쪽 면 랠리 게임

난이도	★★★
시간	약 20분
횟수	각 5포인트 선취

목표 서브부터 시작하는 반쪽 면 랠리 게임을 통해 게임의 전개를 이해한다.

스트레이트

세로로 반쪽 면에서 서브를 넣으면서 게임을 시작한다.

짧은 볼을 섞어 전진과 후진을 이어가며 게임을 전개해 포인트를 따낸다.

크로스

대각선으로 반쪽 면에서 서브를 넣으면서 게임을 시작한다.

볼에 각도를 주어 좌우로 게임을 전개해 포인트를 따낸다.

방법

① 서브를 넣으면서 게임을 시작한다. 세로로 반쪽 면만 사용해 랠리한다(스트레이트).
② 서브를 넣으면서 게임을 시작한다. 대각선으로 반쪽 면만 사용해 랠리한다(크로스).
③ 각각 짧은 볼이나 각도를 준 볼을 번갈아가며 사용해 포인트를 따낸다.

 지도자 MEMO 서브를 넣으면서 시작하는 반쪽 면 랠리 게임을 통해 더욱 실전적인 게임 전개를 배울 수 있다. 구역을 한정하면 앞뒤 좌우로 상대를 뒤흔드는 볼을 사용해 포인트를 따내는 송구 방법을 익힐 수 있다.

서브를 통한 종합 연습

프로그램 168 탁구 랠리

난이도 ★★★

시간 약 10분

횟수 5포인트 선취

목표 서브부터 시작하는 랠리로, 한 팀의 두 선수가 번갈아가며 볼을 쳐서 공격적인 샷의 수를 늘린다.

방법
① 서브부터 시작해 2 대 2로 번갈아가며 볼을 친다. 먼저 한 선수가 플레이한다.
② 상대에게서 볼이 되돌아오면, 다음에는 반드시 다른 선수로 교대해 친다.
③ 교대로 치면 코트 커버에 대한 부담이 줄기 때문에 공격적인 샷이 늘어난다.

한 번 치고 교대한다

지도자 MEMO 2 대 1(2가 탁구 형식)로 치는 변형 랠리도 실시해 훈련하자.

한 번 치고 나면 교대한다. 한 선수 Ⓐ가 치고 나면, 다음에는 반드시 다른 선수 Ⓑ가 교대해 친다.

서브를 통한 종합 연습

프로그램 169 3포인트 랠리 게임

난이도 ★★★

시간 약 15분

횟수 3포인트 선취

목표 시합의 승패를 결정짓는 '3포인트 연속 실점'을 피하는 방법을 배운다.

방법
① 서브에서부터 시작하는 단식 게임을 실시한다.
② 단, 3포인트를 연속으로 따내지 못하면 1포인트로 인정하지 않는 변칙 룰을 적용한다.

지도자 MEMO 테니스 시합은 3포인트를 연속으로 따내거나 실점하게 되면, 시합의 흐름이 변하기 쉬우므로 확실히 연습하도록 한다.

3포인트를 연속으로 따내면 1포인트가 되는 프리 게임을 한다.

리턴의 기본 개념

서브 리턴 포인트

서브 리턴은 스트로크와는 다르다. 서브 리턴은 감각적으로 발리 샷에 가깝다.

POINT ①

즉흥적으로 대응하기보다는 상대의 서브를 예측해 움직인다.

서브 리턴에서는 상대의 서브 코스와 구질을 예측해 대응하는 것이 중요하다. 예측하지 않으면 날아오는 서브에 그저 대응만 하는 즉흥적인 샷이 되어 버리고, 결국 상대에게 찬스 볼을 내주게 된다.
상대의 서브를 예측하려면 상대의 서브 습관을 파악하거나, 상대가 능숙하게 다루는 코스나 서투른 코스를 간파해야 한다.

상대의 서브에 집중해 코스를 예측하는 것이 중요하다.

상대의 서브를 되받아치는 샷을 서브 리턴 또는 리시브라고 한다. 겉보기에는 스트로크와 비슷하나, 알고 보면 스트로크와는 다르다. 서브 리턴은 스트로크처럼 크게 스윙할 여유가 없으며, 감각적으로 발리에 가깝다.

또한 랠리와 달리 리듬이 생기지 않은 상태에서 첫 번째 볼을 되받아치기 때문에 타이밍을 잡기 어렵다. 리턴 타이밍에 대해 고민하는 사람도 적지 않은 만큼 확실하게 익히자.

POINT ②
능숙한 코스와 구질 등 상대의 서브를 분석한다.

상대 서버가 주로 어떤 코스로 볼을 보내는지, 어떤 구질의 서브가 특기인지 분석해 리턴을 예측하자. 일류 선수들은 '판단력이 좋다'는 말을 자주 듣는데, 그것은 이와 같은 분석 능력이 좋기 때문이다. 분석이 정확해야 시속 200km로 날아오는 상대의 서브도 제대로 받아쳐 서브 리턴을 성공할 수 있는 것이다.

POINT ③
서버와의 심리전도 중요한 기술이다.

경기에 수동적인 자세로 임한다면 상대가 자유롭게 서브를 할 수 있게 도와주는 상황을 만들고 만다. 이렇게 되면 자신의 득점 찬스가 생기지 않는다. 상대 서버에게 압박을 가해 심리적으로 불안정하게 만들어 리턴 게임을 자신에게 유리하게 진행하도록 하자.
리턴에 필요한 기술은 타법만이 아니다. 서버와의 심리전도 리시버에게는 중요한 테크닉이라고 할 수 있다.

POINT ④
상대 서버에게 압박을 가한다.

상대 서버에게 압박을 가해서 리턴 게임을 유리하게 진행하는 방법 중에는 포지션을 바꾸는 방법 역시 들 수 있다. 앞뒤로 포지션을 바꾸기만 해도 상대 서버가 대처 방법을 고민하게 돼 심리적으로 동요할 수 있다.
공격적으로 앞으로 나가면 상대 서버가 도발할 수도 있고, 뒤로 빠지면 상대가 전력을 다 하는 자세로 임할 수도 있다.
여러 방법을 시도하면서 상대에게 압박을 가하자.

서브 리턴하는 포지션을 앞뒤로 바꾸기만 해도 상대에게 압박을 가할 수 있다.

←---- 사람의 움직임

리턴의 기초 기술

기술 해설: 서브 리턴

POINT 1 상대를 주시한다. 상대와 관계를 맺는 것이 중요하다.

POINT 2 상대의 리듬에 맞춰 스플릿 스텝을 밟는다.

POINT 3 착지하는 동시에 볼이 날아오는 쪽으로 빠르게 반응한다.

상대 주시

상체를 앞으로 숙이고, 서브 하는 상대를 주시한다.

스플릿 스텝

상대의 리듬에 맞춰 스플릿 스텝을 밟는다.

상체 비틀기

팔로 라켓을 끌어당기지 않으면서, 상체를 비튼다.

서브 리턴은 상대의 서브를 받아치는 샷이다. 플레이 동작이 스트로크와 비슷해 보이지만, 감각적으로는 발리에 가까운 능력이 필요하다. 볼에 재빠르게 반응할 수 있도록 상체를 앞으로 숙이자. 준비 자세를 취할 때는 스플릿 스텝을 밟으면서 상대의 서브에 대처한다. 다른 어떤 샷보다도 특히 집중력이 필요한 샷이니 플레이를 시작하기 전부터 집중력을 높여두자.

POINT 4 테이크백은 팔로 끌어당기기보다는 상체를 비틀어서 실시한다.

POINT 5 볼 쪽으로 정확하게 라켓 면을 갖다 댄다.

POINT 6 라켓을 확실히 휘둘러서 마무리한다.

라켓 준비

볼의 궤도를 머릿속에 그리면서 타구 지점으로 라켓을 가져간다.

임팩트되는 면 의식

임팩트 순간이 가장 중요하다. 라켓 면의 각도에 정신을 집중해 타이밍을 잘 맞추어 타구한다.

강하게 스텝인

라켓을 크게 휘두르지 않는 만큼 발을 강하게 내딛는 스텝인(step in, 볼을 치기 위해 앞발을 내디디는 동작)의 힘으로 볼에 힘을 실어준다.

서브 리턴

프로그램 170 서브 리턴 준비 자세

난이도 ★
시간 적당히
횟수 적당히

목표 리턴의 올바른 준비 자세를 익혀서 빠른 서브에도 대응할 수 있도록 한다.

정면

발을 넓게 벌리고 무릎을 적당히 구부린다.

지도자 MEMO 빠른 서브에도 즉시 반응할 수 있도록 자세를 취하는 것이 중요하다. 상체를 약간 앞으로 숙여서 언제라도 움직일 수 있는 균형 잡힌 자세를 잡도록 하자. 시선은 상대가 서브 할 볼에 둔다. 자세를 취할 때부터 볼에 집중한다.

측면

상체를 약간 앞으로 숙여 동물이 사냥감을 노리는 듯한 자세를 취한다.

NG 상체가 꼿꼿하게 서 있으면 볼에 반응해 움직이기 시작할 때 반응이 빠르지 못하다. 리턴 준비 자세는 일상적인 자세와는 다르다는 사실을 이해하자. 동물이 사냥감에 달려들 때처럼 상체를 앞으로 숙인 자세가 균형 잡힌 자세이다.

서브 리턴	난이도 ★★

프로그램 171 — 서브 리턴하듯 볼 잡기

시간 5~10분
횟수 각 10회

목표 볼과의 거리를 파악해 몸이 볼 쪽으로 나가는 방법을 터득한다.

맨손으로 캐치

날아오는 서브를 맨손으로 캐치한다.

글러브로 캐치

코치가 볼의 코스를 분산해서 던져주면, 선수는 글러브로 볼을 캐치한다.

모자로 캐치

같은 방법으로 글러브 대신 모자로 캐치한다.

방법

① 코치가 서비스라인 부근에서 서브를 넣는다.
② 선수는 서브 리턴하듯 맨손으로 원바운드 포구한다.
③ 글러브나 모자 등의 도구를 활용해 볼을 잡는 감각을 익힌다.

지도자 MEMO 리턴은 볼의 궤도를 예측해 몸이 볼 쪽으로 재빠르게 향하는 것이 중요하다. 긴장을 푼 상태에서 볼에 대응해 순식간에 캐치하는 감각은 이후에 라켓으로 정확하게 임팩트하는 감각으로 이어진다.

| 서브 리턴 |

프로그램 172

스플릿 스텝

목표 서브하는 상대와의 관계 속에서 서브 리턴 포인트를 파악한다.

난이도	★★
시간	2~3분
횟수	10회

방법
① 코치가 상대 코트 쪽에서 서브를 넣는 시늉을 한다.
② 선수는 서버의 움직임에 맞춰 스텝을 밟는다.
③ 상대가 임팩트하는 순간에 집중하며 착지한다.

지도자 MEMO 상대의 서브에 재빠르게 대응하기 위해 필요한 동작이므로 확실하게 이해해야 한다.

상체를 앞으로 숙여서 서브 리턴 준비를 한다.

상대의 서브 동작에 맞춰 전진한다.

임팩트하는 순간에 착지한다.

| 서브 리턴 |

프로그램 173

어깨 회전

목표 서브 리턴에 필요한 일련의 동작을 빠르게 수행하는 요령을 익힌다.

난이도	★★
시간	2~3분
횟수	10회

방법
① 코치가 상대 코트 쪽에서 서브를 넣는 시늉을 한다.
② 선수는 서버의 움직임에 맞춰 스텝을 밟는다.
③ 스텝을 밟다가 착지하는 순간 상체를 회전한다.

지도자 MEMO 서브 리턴은 시간적 여유가 없는 샷이다. 라켓을 끌어당기기보다는 먼저 상체를 회전하는 점을 염두에 두자.

상대 서버의 움직임에 맞춰 스텝을 밟는다.

볼의 궤도를 예측해 상체를 회전한다.

어깨를 돌려서 타구 준비를 한다.

| 서브 리턴 | 난이도 ★★★ |

프로그램 174 서브 리턴 시 임팩트

시간 약 5분
횟수 10회

목표 임팩트를 간결하게 하는 것을 염두에 둔다.

방법
① 코치가 상대 코트 쪽에서 서브를 넣는다.
② 선수는 스플릿 스텝을 실시하고 상체를 비튼다.
③ 임팩트까지는 간결하게 스윙하고, 팔로스루는 타구 방향을 향해 최대한 크게 한다.

상반신을 앞으로 약간 구부려 리턴 준비를 한다.

어깨를 회전해 라켓 면을 준비한다.

발을 내디뎌서 하반신에서부터 힘을 전달한다.

간결한 스윙으로 임팩트한다.

타구 후에는 앞으로 발을 내딛으면서 라켓을 끝까지 휘두른다.

지도자 MEMO 서브 리턴은 친다기보다는 '잡는다'는 느낌으로 실시하는 것이 중요하므로 테이크백할 때 팔을 뒤쪽으로 빼지 않도록 한다. 팔을 뒤쪽으로 너무 많이 당기면 헛스윙을 하거나 잘못 치게 될 수도 있다.

One Point! 어드바이스 임팩트할 때 팔로 라켓을 당길 필요는 없다. 볼이 날아온 쪽으로 상체를 회전해 스윙할 힘을 만드는 데에만 신경을 쓰도록 하자.

Column About the Tennis
칼럼 ③

게으른 선수를 위한 최적의 트레이닝

선수에게 연습의 동기를 높이는 것 역시 코치의 중요한 역할이다. 필자가 A 선수의 코치를 맡았을 때의 일이다. A 선수는 극단적으로 연습을 싫어하는 선수였다. 한번은 A 선수가 지방에서 실시하는 대회에 출전하게 되어 필자도 동행하였다. 시합 전에는 당연히 컨디션을 조절하는 의미에서도 트레이닝을 해야 하지만, 연습을 싫어하는 A 선수는 그날도 역시 훈련에 들어가지 않았다. 따라서 필자는 연습 대신 공원에 산책하러 가자고 말하며 A 선수를 해안에 있는 공원으로 데리고 갔다. 그 공원은 계단이 매우 많아서 올라가기 무척 힘들었다. 물론 필자는 그곳에 계단이 많다는 사실을 이미 알고 있어 일부러 트레이닝시킬 겸 A 선수를 데려온 것이었다. 어차피 온 거니 뛰어 가자고 말했더니, 처음에는 "네?" 하며 놀라던 A 선수도 마지못해 좋다고 했다.

처음 말을 꺼낸 사람이 이런 말을 하는 것도 한심하지만, 계단의 중간 지점까지 오르자 다리가 부들부들 떨려 더 이상 올라가는 것은 무리였다. 뒤돌아보니, A 선수는 확실히 잘 따라오고 있었다. '꽤 잘 따라오는군. 나도 조금만 더 힘내 볼까?' 하고 생각했지만, 몸은 말을 듣지 않았다.

필자가 이만 내려가겠다고 말하자 A 선수는 계단이 아직 더 남지 않았느냐며 의욕이 넘치는 목소리로 말했다. 모처럼 왔으니 끝까지 올라가 보겠다고 A 선수가 말하기에, 필자는 밑에서 기다리고 있기로 했다.

얼마 후에 A 선수가 내려왔다. 올라가 보니 어땠느냐고 묻자, A 선수는 위쪽이 더 멋지고 기분도 좋았다며 경쾌하게 대답했다. 이제 돌아가자고 말하면서 속으로는 트레이닝도 되었을 테니 잘 됐다는 생각을 했다.

그러던 다음 날의 일이다. A 선수가 "또 산책하러 안 가요?"라고 묻는 것이 아닌가? 솔직히 좀 놀라긴 했지만, 다시 함께 공원에 갔다. 몸은 힘들었지만 A 선수의 의지가 기특해 동행하였다. 혹시 A 선수는 남들과 같은 트레이닝을 하면서도 다른 방식으로 연습의 동기가 유발되는 선수였을지도 모를 일이다.

선수마다 훈련의 동기를 유발하는 방법은 다르다. 코치들은 그 점을 파악하면서 지도해야 한다. 이는 그러한 사실을 다시 확인하게 해 준 에피소드이다.

선수의 의욕을 고취시키는 것도 코치의 중요한 역할이다.

제8장
게임 전술
Game Strategy

지금까지 배운 기술을 토대로 실전에 대비한 전술 연습이다.
어디로 치고 어디에서 포지션을 취하면 상대보다 우위에 설 수 있는지
확실하게 이해하는 것이 중요하다.

게임 전술의 기본 개념

확률의 스포츠, 테니스

테니스는 확률의 스포츠이다. 볼을 되받아치면서 자신 있는 플레이를 펼치고, 상대의 약점을 철저하게 파악해 포인트를 얻는 확률을 높여야 한다.

POINT ①

'실수하지 않겠다'는 각오로 플레이한다.

우승 확률을 높이려면 상대보다 볼을 하나라도 더 많이 받아치겠다는 생각으로 임해야 한다. 이러한 마음가짐으로 시합에 임하면 승리할 가능성이 더 높아진다.
그러기 위해서는 우선 실수를 범하지 않아야 한다. 이 점을 지켜나가면 시합에서 이길 확률이 높아진다.

무리하지 않으면서 확실하게 리턴하면 승리에 가까워진다.

테니스는 확률의 스포츠이다. 이기기 위해 혼자 모든 포인트를 따낼 필요는 없으며, 또한 이는 현실적으로 불가능한 일이다. 포인트를 얻거나 실점할 수도 있고, 서브가 들어가거나 들어가지 않을 수도 있는 확률에 따라 승패가 갈리는 스포츠라는 사실을 이해하자.

예를 들어 프로의 시합에서는 퍼스트 서브가 들어간 확률이나 서브 게임 승률 등 다양한 데이터가 확률로 표시된다. 이러한 확률을 높여서 상대보다 나은 플레이를 하게 된다면 자연히 승리할 수 있다.

POINT ②
실수하지 않도록 무리하게 행동하지 않는다.

실수하지 않으려면 무리한 행동을 하지 않아야 한다. 스피드를 무리하게 내려 하거나 지나치게 아슬아슬한 코스를 노리는 것은 우승 확률을 오히려 낮추는 행동이다.
에이스(ace, 서버의 서브가 매우 빠르고 강하게 들어가서 상대가 그것을 받아넘기지 못하는 것)를 얻는 것은 물론 기분 좋은 일이지만, 에이스만 노리면서 실수를 거듭한다면 승리와 절대 가까워질 수 없다.
무리하지 말고, 성공 확률이 높은 플레이를 펼치자.

에이스로 승부가 날 확률은 매우 낮다.

POINT ③
날아오는 코스에도 확률의 차이가 있다.

볼이 날아오는 코스는 다양하다. 하지만 확률적으로 볼이 자주 날아오는 코스와 그렇지 않은 코스가 있다.
이 확률에 대해 알아두지 않으면 테니스 코트의 전면을 커버해야 할 수 있기 때문에 방어하는 데 굉장한 부담을 느끼게 된다.

상대가 자주 사용하는 코스를 알아두면 게임 전개가 편해진다.

POINT ④
확률이 높은 코스를 방어하고, 확률이 낮은 코스는 버린다.

복식 경기를 예로 들어 설명해보자. 볼은 높은 확률로 센터에서 크로스 사이를 왕래한다. 반면에 스트레이트나 쇼트 크로스는 확률이 낮다. 이 코스들을 모두 커버하려 한다면 플레이가 매우 어려워진다.
따라서 상대가 자주 사용하는 코스와 당시 상황 등을 판단해 상대에게 공격당할 위험이 높은 코스는 열심히 방어하고, 그렇지 않은 코스는 허술하게 방어하거나 차라리 버릴 각오를 임하는 것이 낫다. 이러한 생각으로 경기를 진행하면 더욱 효율적으로 플레이할 수 있게 된다.

코트 매니지먼트

에어리어 매니지먼트

POINT ①

코트를 3분할해 생각하면 공격과 수비의 전개를 이해하기 쉬워진다.

테니스 시합에서는 자기 진영의 에어리어와 상대 진영의 에어리어를 얼마나 제대로 관리하는지가 중요하다. 관리라는 측면에서 볼 때, 그림과 같이 코트를 3분할(어택 에어리어, 어프로치 에어리어, 디펜스 에어리어)할 수 있다. 이로써 공수의 전개를 정리하기 쉬워지는데, 아래의 설명과 같이 각 에어리어에서 행하는 동작을 이해하면 시합을 더욱 전략적으로 이끌 수 있다.

■ **어택 에어리어**
상대 코트와 가까운 에어리어이므로 공격적으로 플레이한다. 네트 근처에 있을 때 이 에어리어로 볼이 오면, 망설임 없이 발리나 스매시로 처리한다.

■ **어프로치 에어리어**
공격적인 샷이 가능한 에어리어로 어프로치 샷을 해서 네트 플레이로 나오거나, 상대의 크로스를 스트레이트로 치는 등 공격적으로 나설 수 있다.

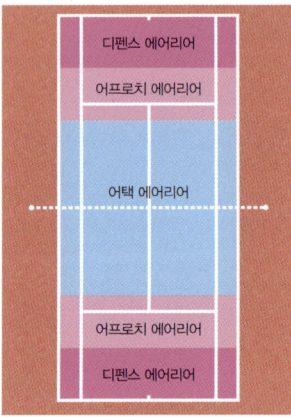

■ **디펜스 에어리어**
랠리전을 의식하는 에어리어이다. 상대의 미스 샷 등 찬스를 기다리며 상대가 볼에 각도를 주기 어려운 센터나 크로스로 되받아치는 것이 기본이다.

POINT ②

상대의 리턴 코스 중간에 포지셔닝하는 것이 기본이다.

항상 상대가 칠 수 있는 코스의 중심에서 포지셔닝하는 것이 에어리어 매니지먼트의 기본이다. 자신이 친 볼의 코스에서 상대가 어떤 포지션을 취할지 재빨리 판단해 상대의 리턴이 예상되는 코스의 중간으로 최단거리를 찾아 이동한다.

그림과 같이 상대가 사이드라인 가까이(그림 ①, ③)에서 치는 경우와 센터에서 치는 경우(그림 ②)에는 서로 포지셔닝이 다르다는 점에 주의한다.

기본적으로는 상대의 리턴 범위 중심(그림 안에 표시된 점선)에 위치한다.

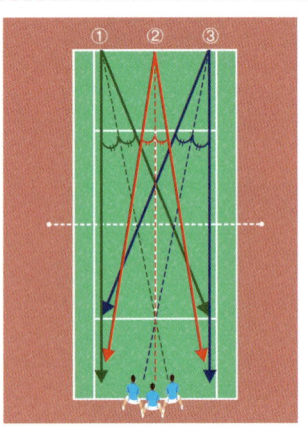

테니스는 코트를 효율적으로 활용하는 능력을 필요로 한다. 이를 코트 매니지먼트라고 한다. 200~203쪽에서는 이 매니지먼트 능력을 높이기 위해 이해해야 할 '에어리어', '공간' 및 '시간' 개념을 설명한다.

먼저 에어리어 매니지먼트에서는 코트의 공간을 유용하게 사용하는 기술을 익힌다. 자기 진영에 쓸모없는 공간을 만들지 않고 반대로 상대 진영의 빈 곳을 노릴 수 있다면 시합에서 우위에 설 수 있다.

POINT ③

크로스로 시간을 벌 수 있다.

랠리가 이어질 때에는 크로스로 거리가 먼 볼을 치는 것이 기본이다. 크로스는 스트레이트보다 상대에게 도달하기까지 시간이 좀 더 걸리기 때문에 그동안 자신은 다음 샷을 준비하는 여유가 생긴다. 동시에 크로스로 볼을 깊이 보내게 되면 상대는 공격적인 샷을 하기가 어려워진다.
또 크로스로 보낸 볼은 네트의 중앙 부근을 통과하는데, 이곳은 네트의 양 끝보다 높이가 낮다. 그러므로 볼이 네트에 걸릴 위험도 줄어든다.

POINT ④

상대의 스트레이트를 경계한다.

스트레이트로 짧은 볼 ①을 보내서 상대가 앞으로 나왔을 때의 포지셔닝은 'POINT ②'에서 설명한 위치와 조금 다르다. 상대가 스트레이트로 리턴할 경우에 대비해 코스의 중간보다 스트레이트 쪽으로 약간 치우친 위치에 선다. 상대와의 거리가 짧은 상황에서 스트레이트를 맞게 될 경우 코스의 중간에서는 볼을 따라잡지 못할 위험이 있기 때문이다. 'POINT ②'는 가장 기본적인 방법이지만, 상황에 따라 위치를 조금씩 조절할 수 있도록 한다.

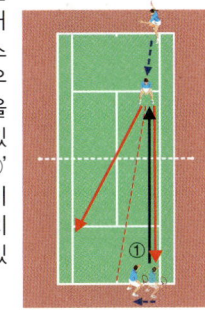

POINT ⑤

오픈 스페이스를 둘러싼 공격이 시합의 흐름을 결정한다.

자기 진영의 오픈 스페이스를 방어하고, 상대의 오픈 스페이스를 공격하는 것도 에어리어 매니지먼트이다. 오픈 스페이스를 지키는 것은 'POINT ②'에서 설명한 '상대의 리턴 코스 중간에 포지셔닝'하는 것을 기본으로 한다.
오픈 스페이스를 공격하려면 상대편 진영에 오픈 스페이스를 만드는 전략이 중요하다. 다음의 그림은 그 일례로, 상대의 크로스 ①을 스트레이트로 리턴 ②하고, 리턴 ③을 오픈 스페이스로 때려 넣는다(④). 이처럼 시합에서는 항상 오픈 스페이스를 의식하며 플레이해야 한다.

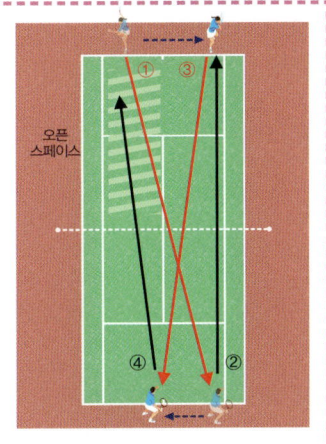

사람과 볼의 움직임 ◄---- 사람의 움직임 ◄── 타구

코트 매니지먼트

기본 개념

공간 매니지먼트

테니스 코트는 평면이 아니라 입체이다. 따라서 넓이뿐만 아니라 높이와 깊이 역시 염두에 두고 플레이하는 것이 중요하다. 기본적으로는 높이에 차이를 두어 샷을 하는 것이 공간을 관리하는 기술이다. 같은 코스로 치는 것이라도 높게 치는 것과 낮게 치는 것은 그 목적도 다르고 상대에게 끼치는 영향도 다르다. 또 코트 앞으로 떨어뜨릴지, 안쪽으로 넣을지 하는 깊이 역시 고려해야 한다. 따라서 평면이 아니라 입체에서 플레이하는 것을 의식하자.

지금까지 배운 공간을 인식하기 위한 연습(오른쪽 사진, 프로그램 050)이 실제의 샷에서 '공간 매니지먼트'로 살아난다.

POINT ①

높이가 있는 샷을 공수에 활용한다.

공간을 제대로 이용함으로써 효과적인 공격과 수비를 할 수 있게 된다. 이때에 필요한 샷이 로브(위쪽 사진)이다. 단식 경기에서는 상대에게 몰리게 되었을 때, 로브를 베이스라인 근처에서 실시해 시간을 벌고 자세를 수정할 수 있다. 또 복식 경기에서는 상대 전위의 등 뒤쪽으로 깊이 송구해 적진을 교란하는 효과가 생긴다. 이처럼 공간을 제대로 관리하는 것은 공수에 걸쳐 매우 중요한 능력이 된다.

POINT ②

샷의 길이를 컨트롤한다.

공간을 잘 이용하면 샷 컨트롤 능력도 좋아진다. 예를 들어 샷 궤도의 정점을 네트보다 앞쪽으로 하면, 상대의 발밑으로 가라앉는, 짧게 컨트롤된 볼을 칠 수 있다. 반면에 샷 궤도의 정점을 상대 코트의 뒤쪽으로 접근시킬수록 깊은 볼로 컨트롤하기 쉽다.
테니스에서는 좌우보다는 길고 짧은 길이를 컨트롤하는 기술이 일반적으로 더 습득하기 어렵다. 따라서 궤도의 정점을 컨트롤하는 공간 매니지먼트를 활용하면 이 기술들을 익힐 수 있게 된다.

코트 매니지먼트

시간 매니지먼트

테니스는 상대와의 시간 쟁탈전이다. '네트로 나오면 유리하다'라는 말은 상대와 거리를 좁힘으로써 상대의 시간을 빼앗을 수 있다는 의미다. 일반적으로 스피드 볼이 공격에 효과가 있다고 여겨지는 것도 이와 같은 이유에서이다. 테니스를 할 때에는 상대의 시간을 빼앗아서 자신의 여유를 만들면 주도권을 잡기 쉽기 때문이다. 반대로, 스피드가 느린 볼을 사용해 시간을 만들어내는 능력도 시간 매니지먼트에 포함된다. 이렇게 시간을 잘 활용하면 자신에게 유리한 전개로 플레이를 이끌어갈 수 있게 된다.

볼의 스피드에 강약을 주거나 구질을 구분해 치는 등 다양한 시간 사용법을 활용해 상대를 불리한 상황으로 몰아넣을 수 있다.

POINT ①

상대의 리듬과 타이밍을 흐트러뜨린다.

테니스에서는 리듬과 타이밍 등 시간적 요소가 매우 중요하다. 다시 말하면, 상대의 리듬이나 타이밍을 흐트러뜨리는 샷을 하면 자신에게 유리한 전개로 이끌어갈 수 있다.
그 예로는 체인지 오브 페이스(change of pace)가 있다. 스핀 계열 랠리 중 슬라이스 계열의 샷을 섞으면, 상대의 페이스를 혼란스럽게 해 볼을 잘못 치게 만들 수 있다.

POINT ②

볼의 강약으로 상대를 컨트롤한다.

상대의 시간을 빼앗는 것이 시간 관리의 전부는 아니다. 상대가 시간이 짧다고 느끼게 만드는 것도 효과를 볼 수 있는 방법이다.
예를 들어, 느린 볼을 친 직후에 빠른 볼을 치면 상대는 속도의 차이로 실제보다 볼이 훨씬 빠르다고 느끼게 된다. 이처럼 강약을 조절하는 것도 중요한 시간 매니지먼트이다.

게임 전술

난이도 ★★

프로그램 175 V 공격

시간 5~15분
횟수 각 20회

목표 스트레이트에서 크로스로 코스를 바꾸는 전술을 익힌다.

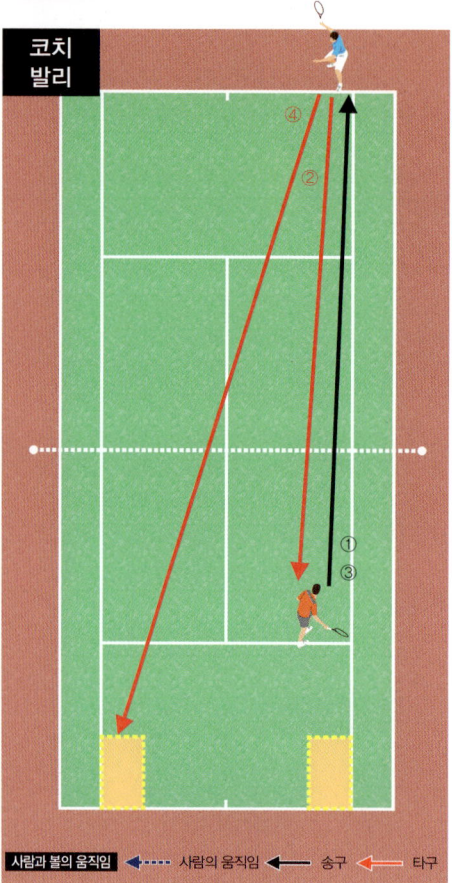

코치가 발리로 보낸 볼을 우선 정면에 스트레이트로 리턴한다. 다음 볼은 크로스로 깊게 친다.

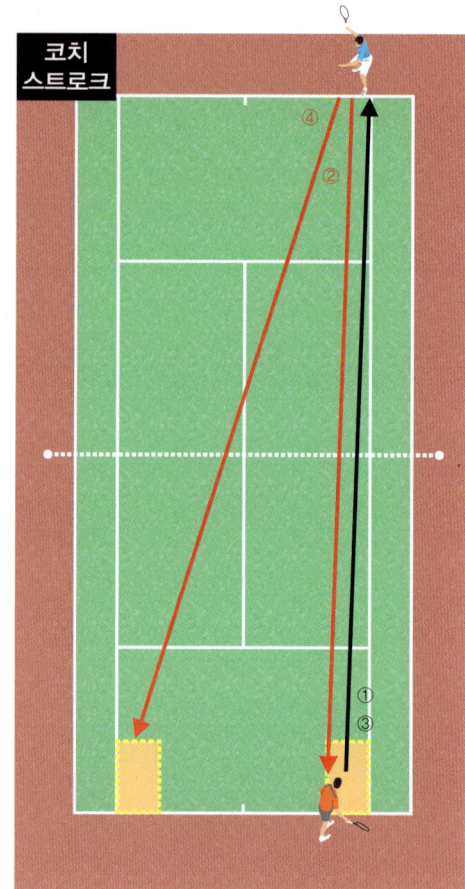

코치가 베이스라인까지 물러나 스트로크로 볼을 친다. 선수는 '코치 발리'와 같은 요령으로 연습에 임한다.

방법

① 코치가 선수에게 볼을 보낸다.
② 선수는 정면의 코치에게 첫 번째 볼을 리턴한다.
③ 다시 코치가 보낸 볼은 크로스로 컨트롤한다. 코치가 발리를 구사하는 경우와 스트로크를 구사하는 경우의 두 가지 패턴을 연습한다.

 지도자 MEMO 선수가 친 볼의 코스를 위에서 보면 V자 모양이라서 V 공격이라고 한다. 코치를 향해 스트레이트로 되받아치고 나서, 의도적으로 오픈 스페이스를 겨냥해 크로스를 넣는 전술적인 감각을 익히도록 한다.

게임 전술

난이도 ★★★

시간 5~15분

횟수 각 20회

프로그램 176 N 공격

목표 상대의 타구에 대응할 수 있는 위치로 이동하면서 효과적인 샷 감각을 익힌다.

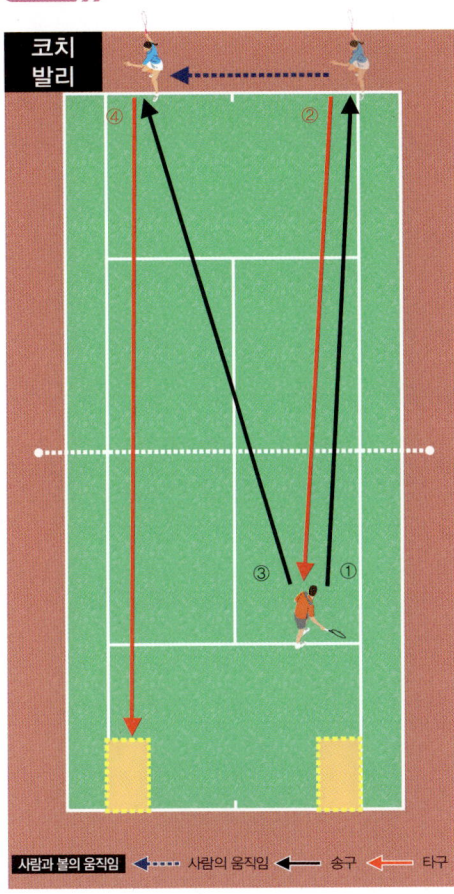

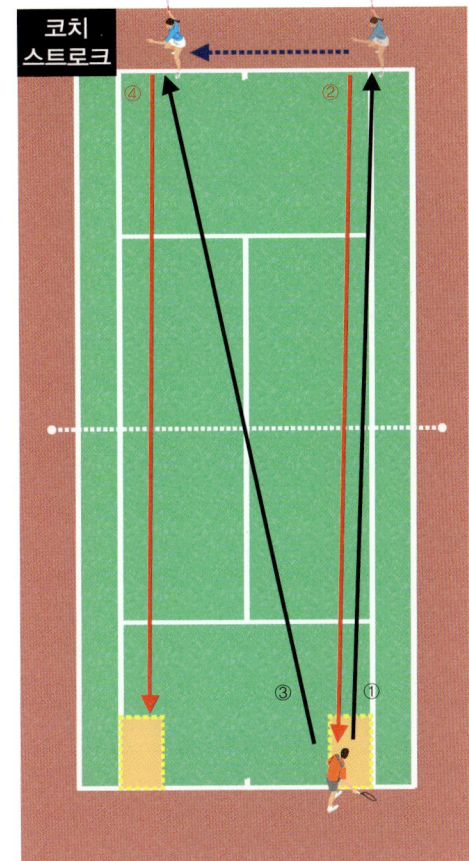

코치가 발리로 보낸 볼을 스트레이트로 리턴한다. 오픈 스페이스로 리턴된 볼을 쫓아가서 스트레이트로 친다.

코치가 베이스라인까지 물러나 스트로크로 볼을 친다. 선수는 '코치 발리'와 같은 요령으로 연습에 임한다.

방법

① 코치가 선수에게 볼을 보낸다.
② 선수는 스트레이트로 첫 번째 볼을 리턴한다.
③ 다음 볼이 오픈 코트로 되돌아오므로, 선수는 그 볼을 쫓아가서 스트레이트로 깊게 친다.

지도자 MEMO 볼의 궤도가 N자 모양이 되어서 N 공격이라고 한다. 스트레이트로 되받아친 후, 코치의 타구가 가능한 범위를 판단해 대응할 수 있는 위치까지 이동하는 감각을 기른다. 리턴은 코치가 칠 수 없는 오픈 스페이스로 스트레이트한다.

게임 전술

프로그램 177 X 공격

난이도 ★★★★
시간 5~15분
횟수 각 20회

목표 상대의 타구 가능 범위를 인지해 그곳에서부터 오픈 스페이스를 노리는 감각을 익힌다.

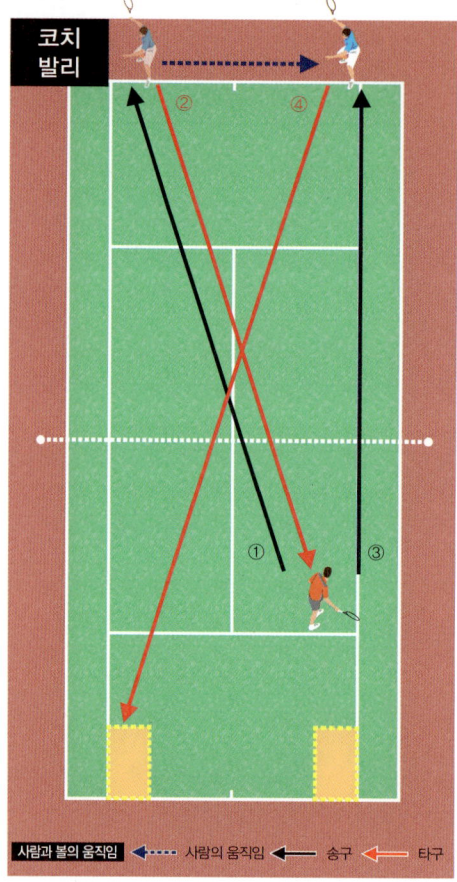

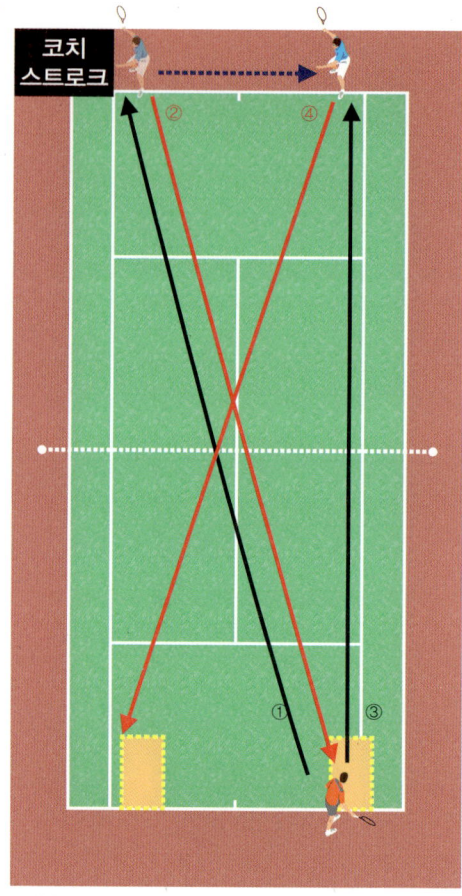

코치가 보낸 볼을 크로스로 리턴한다. 볼이 스트레이트로 되돌아오므로, 그 볼을 크로스로 깊게 친다.

코치가 베이스라인까지 물러나 스트로크로 볼을 친다. 선수는 '코치 발리'와 같은 요령으로 연습에 임한다.

방법

① 코치가 선수에게 볼을 보낸다.
② 선수는 코치가 있는 곳으로 크로스로 리턴한다.
③ 코치의 볼이 스트레이트로 되돌아오므로, 선수는 그 볼을 쫓아가 크로스로 깊게 친다.

지도자 MEMO 볼의 궤도가 X자 모양이 되어서 X 공격이라고 한다. N 공격과 마찬가지로 상대의 타구 가능 범위를 예상해 오픈 스페이스를 노리는 전술적 연습이다. 두 가지 방법 모두 크로스로 치고 각도를 주어 리턴한다.

게임 전술

프로그램 178 공격에 빠르게 대처

난이도 ★★★★
시간 5~10분
횟수 10포인트 선취

목표 상대가 친 강타에 재빠르게 반사·반응한다.

Ⓐ가 스트로크로 강타한 뒤 앞으로 나간다.

Ⓑ가 발리로 리턴한다.

발리 vs 발리의 접근전. 가까운 거리에서 서로 공격한다.

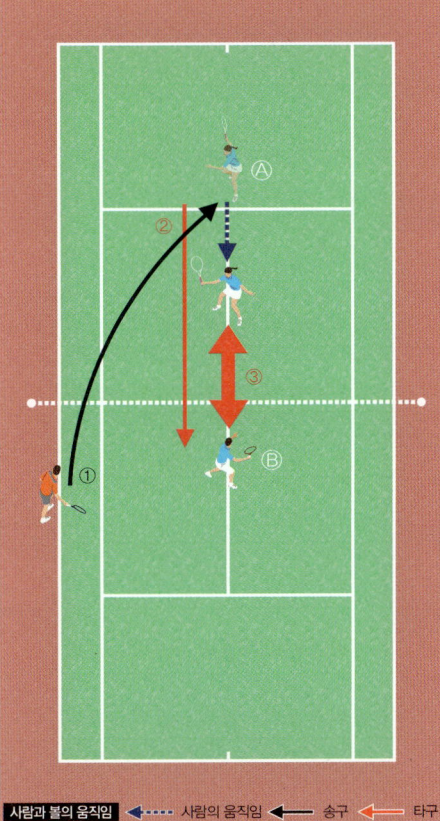

코치가 코트의 사이드에서 볼을 보낸다. 스트로커가 강타를 날리고 앞으로 나가면 발리 대 발리의 형식이 된다.

방법

① 코치가 코트의 사이드에서 Ⓐ에게 볼을 보낸다.
② Ⓐ가 스트로크로 강타한 후 앞으로 나간다.
③ Ⓑ가 발리로 리턴한다. 이어서 발리 vs 발리의 접근전으로 서로 강한 볼로 공격한다.

지도자 MEMO 상대가 친 강한 볼을 두려워하지 말고 반사·반응할 수 있게 만드는 연습이다. 서로 맞서는 부딪치는 느낌으로, 필사적으로 볼을 치면서 응수하도록 한다. 공격받는 것을 오히려 즐길 수 있도록 연습하자.

게임 전술

프로그램 179 드롭 샷으로 포인트 획득

난이도 ★★★★
시간 10~20분
횟수 10포인트 선취

 드롭 샷을 처리하기 위해 앞으로 달려나갈 경우에 대응한다.

Ⓐ가 드롭 샷을 한다.

▼

Ⓑ가 드롭 샷을 처리한다.

▼

드롭 샷을 드롭 샷으로 되받아치거나 로브를 섞어서 응수한다.

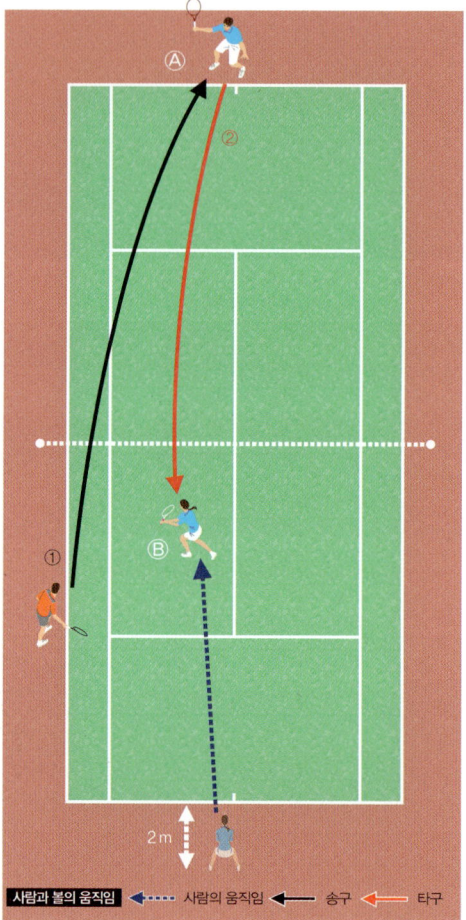

사람과 볼의 움직임 ◀┈┈ 사람의 움직임 ◀━━ 송구 ◀━━ 타구

방법

① 코치가 코트의 사이드에서 Ⓐ에게 볼을 보낸다.
② Ⓐ가 드롭 샷을 한다. Ⓑ는 베이스라인보다 2m 뒤에 서 있다가 전진해 드롭 샷을 처리한다.
③ 충분히 연습한 후, 서로 상대를 움직이게 하는 볼을 치면서 포인트를 걸고 승부한다.

 지도자 MEMO

드롭 샷 후에 상대의 반구에 어떻게 대응할지, 그리고 다음에는 어디로 볼을 치고 어디로 움직일지 재빨리 판단해 플레이한다. 타법 연습만 하는 것이 아니라 이와 같은 게임을 활용해 실전 능력을 기르자.

게임 전술

프로그램 180 패싱 샷으로 포인트 획득

난이도 ★★★★
시간 5~15분
횟수 10포인트 성공

목표 패싱 샷과 발리의 공방으로 상대와 자신과의 관계에 대해 배운다.

Ⓐ가 패싱 샷을 친다.

패싱 샷이 성공하면 1포인트이다.

발리어 Ⓑ는 상대 스트로커를 따라 움직인다.

크로스나 스트레이트를 섞어 볼을 예상할 수 없게 만든다.

방법
① 코치가 코트의 사이드에서 Ⓐ에게 볼을 보낸다.
② Ⓐ가 패싱 샷을 친다.
③ 발리어 Ⓑ가 패싱 샷을 막기 위해 움직인다. 패싱 샷이 성공할 경우에만 카운트해 10포인트가 될 때까지 계속한다.

지도자 MEMO 패싱 샷은 타법 기술뿐만 아니라 상대와 자신과의 관계 역시 중요한 샷이다. 발리어가 좌우 어느 쪽으로 움직일 것인지 읽으면서 자신의 코스는 들키지 않아야 한다.

게임 전술

프로그램 181 : 어프로치 샷으로 포인트 획득

난이도 ★★★★
시간 5~15분
횟수 10포인트 선취

목표 어프로치 샷으로 전개할 때 상대와 자신의 관계에 대해 배운다.

Ⓐ가 어프로치한다.

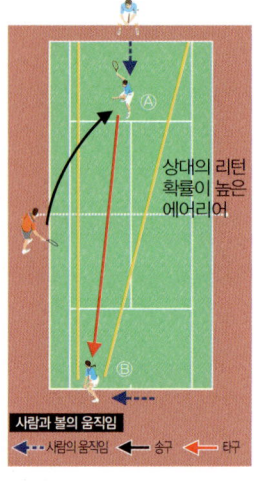

상대의 리턴 확률이 높은 에어리어

사람과 볼의 움직임
← 사람의 움직임　← 송구　← 타구

Ⓑ가 패싱 샷으로 응수한다.

상대의 리턴 확률이 높은 에어리어

네트 vs 베이스라인으로 포인트 경쟁을 한다.

방법
① 코치가 코트의 사이드에서 볼을 보낸다.
② Ⓐ가 어프로치 샷을 한다.
③ 스트로커 Ⓑ가 패싱 샷으로 응수한다. 이어서 드롭 샷, 로브를 섞어서 포인트 경쟁을 한다.

 지도자 MEMO 이 연습도 서로 관계 맺는 방법에 대해 배우는 연습이다. 발리 vs 스트로크의 공방이 되지만, 단지 서로 볼을 치면서 이어 나가는 것이 아니라 상대가 꺼리는 코스나 구질을 사용해 포인트를 얻도록 한다.

게임 전술

프로그램 182
백핸드 쪽을 깊게 공격당한 상황에서 전개

난이도 ★★★★
시간 5~15분
횟수 10포인트 선취

목표 약점이 되기 쉬운 백핸드의 높은 타점에서 어떻게 방향을 전환해 만회할지를 배운다.

코치가 Ⓐ의 백핸드 쪽으로 바운드가 있는 볼을 보낸다.

백핸드로 온 높은 볼은 처리하기가 어렵다.

코스로 대응

볼을 처리하기가 어려우므로, 코스를 조심스럽게 겨냥해 되받아친다.

로브로 대응

시간을 벌 수 있는 로브를 이용해 응수한다.

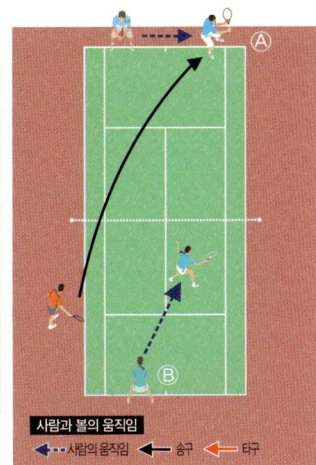

사람과 볼의 움직임
← 사람의 움직임　← 송구　← 타구

방법
① 코치가 코트의 사이드에서 Ⓐ의 백핸드 쪽으로 바운드가 있는 볼을 보낸다.
② Ⓐ는 어떻게 반격할지 생각하면서 신체의 힘을 쓰기 어려운 높은 타점의 백핸드에 대응한다. 상대가 반격할 수 없도록 코스를 노리거나, 로브로 응수한다.
③ Ⓑ는 상대의 볼을 받아친다.

지도자 MEMO 일반적으로 백핸드의 높은 타점은 처리하기가 매우 어렵다. 이때 무턱대고 강타하는 것은 좋지 않은 방법이다. 물러나서 포물선을 그리는 볼로 리턴하거나, 물러나지 않은 채 라이징볼(rising ball, 코트에 바운드되어 튀어 오르는 볼)로 처리하는 등의 다양한 구질과 바운드를 익히도록 하자.

복식 경기의 게임 전술

복식 경기의 이론

단식 경기는 자신의 판단으로 플레이를 이끌어가지만, 복식 경기는 페어로 플레이하기 때문에 서로 공통된 생각을 하지 않으면 시합에서 이길 수 없다. 따라서 자신이 담당하는 에어리어와 파트너가 담당하는 에어리어를 항상 확인하면서 효율적으로 움직이는 것이 중요하다. 포지션 체인지를 소홀히 하고 파트너와 세로로 서서 일렬로 경기하면, 상대는 오픈 스페이스로 공격해온다. 콤비네이션이 얼마나 잘 이루어지느냐가 복식 경기의 기본이다.

POINT ① 상대의 리턴 코스를 둘이서 분담하므로 확실한 콤비네이션이 필요하다.

복식 경기에서는 상대의 리턴에 대해 둘이 분담해 방어한다. 이때 두 사람이 취해야 할 포지션은 그림 A와 같이 상대가 크로스하는 사이드에 있는 선수가 후위가 되고 스트레이트 사이드에 있는 다른 한 명이 전위가 되는 것이다.

후위는 상대의 로브와 앵글 샷을 담당한다. 전위는 스트레이트 사이드이므로, 각도가 있는 볼을 처리할 일이 없다. 그러므로 확실히 앞으로 나가서 상대의 리턴을 발리나 스매시로 처리할 찬스를 노린다.

또 파트너의 움직임에 맞춰 자신의 위치를 조정하는 것도 중요하다. 예를 들어 그림 B와 같이 후위가 센터 쪽으로 위치를 바꾸면 전위도 그에 맞춰 다소 사이드라인 쪽으로 포지션을 수정해야 한다.

이처럼 복식 경기에서는 파트너끼리 서로 연결된 듯 움직이는 호흡이 반드시 필요하다.

복식 경기의 기본적 수비 포지션

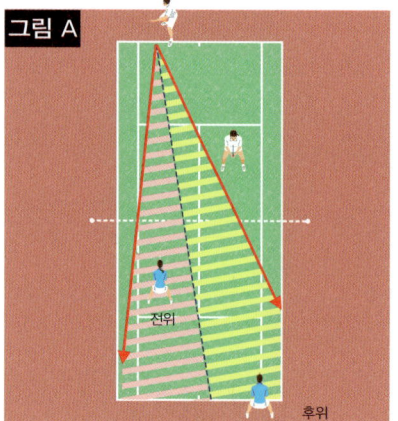

그림 A

전위 / 후위

노란색이 후위, 분홍색이 전위의 담당 수비 범위이다. 볼이 오는 방향으로 몸이 향하도록 하자.

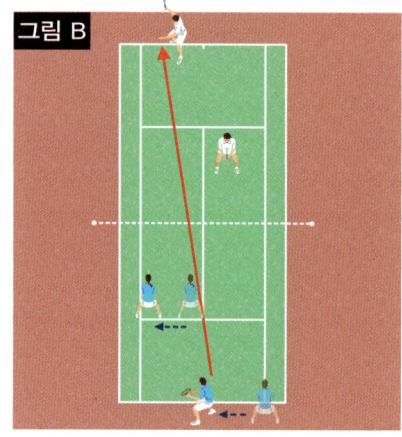

그림 B

후위가 타구를 위해 센터 쪽으로 움직이는 것을 느끼면 전위도 그에 맞춰 움직여야 한다.

사람과 볼의 움직임 ◀---- 사람의 움직임 ◀━━ 타구

POINT ②
상대 페어의 진형에 따라 공격법이 바뀐다.

복식 경기의 주요 진형은 안행진(雁行陳)과 평행진(平行陳)이다. 상대가 어떤 진형으로 대처하는지에 따라 공격 방법이 달라진다. 안행진일 때에는 전위에게 발리를 맞지 않도록 후위에게 크로스로 리턴하는 크로스 이론과 전위의 뒤쪽을 노리는 두 가지 방법이 기본이 된다. 평행진일 때에는 상대편 페어의 사이를 노리는 센터 이론이 공략법이다. 이처럼 상대의 진형에 따라 공격 방법이 달라진다는 사실을 알아두자.

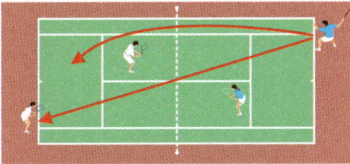

상대(흰색)가 안행진일 경우

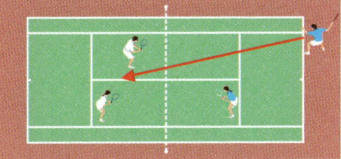

상대(흰색)가 평행진일 경우

POINT ③
확실한 샷으로 상대 진형을 무너뜨린다.

복식 경기에서는 강타가 아니라 컨트롤된 타법이 더 중요하다. 상대가 둘이서 방어하므로 한 번의 파워 샷으로 수비망을 뚫기 어렵기 때문이다. 조심스럽게 코스를 공략한 샷으로 상대의 진형을 무너뜨리는 것을 주요 공격 방법으로 삼아야 한다. 파트너와 공조하면서 확실한 샷을 연습하자.

POINT ④
상대의 약점이나 불리한 상황을 철저하게 이용한다.

상대편 페어 중 한 명이 백핸드에 서투르다는 사실을 알게 되면 철저하게 그곳을 공격한다. 또는 상대편 전위에게 발리를 하고, 볼이 돌아오면 다시 전위에게 발리로 보낸다. 처음의 리턴으로 상대편 전위의 자세가 흐트러지는 경우가 많아서 승부가 날 확률이 높기 때문이다. 이처럼 상대의 약점을 철저하게 공격하거나 자세가 흐트러진 상대를 노리는 것은 꽤 효과가 좋은 전법이다.

POINT ⑤ 진형이 무너질 것 같다면 로브를 올려 경기를 재정비한다.

안행진과 평행진 중에서는 평행진이 더 공격적이다. 서비스라인과 네트 사이에 두 사람이 포지션을 잡기 때문에 상대가 느끼는 압박감이 커 경기를 공격적으로 전개할 수 있다. 만약 상대가 평행진으로 압박해 'POINT ②'의 센터 이론에 따른 공략법의 실행도 곤란할 경우, 그림과 같이 깊게 로브해야 한다. 그곳이 상대의 오픈 스페이스이기 때문에 경기의 흐름을 자신의 편에 유리하게 만들 수 있다.

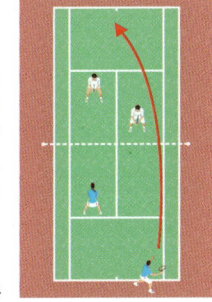

진형이 무너질 것 같다면 로브를 실시하도록 한다.

사람과 볼의 움직임   사람의 움직임   타구

복식 경기의 게임 전술

복식 경기의 기본, 안행진

안행진이란 페어 두 명이 앞뒤로 서서 한 명이 후위로서 주로 스트로커의 역할을, 다른 한 명이 전위로서 주로 발리어의 역할을 맡는 진형이다. 역할 분담은 후위가 뒤에서 연결하면서 상대로부터 찬스 볼을 유도하고, 전위가 발리로 처리하는 형식으로 이루어진다. 어느 정도 형식이 정해져 있기 때문에 초보자도 시도하기 쉬운 진영이다.

POINT ①

전위의 기본은 앞뒤로의 재빠른 움직임이다.

안행진의 전위는 볼이 자기편 진영에 있는 동안에는 서비스라인 부근까지 물러나서 상대의 공격에 대비한다. 볼이 적진으로 날아가 상대편 전위에게 잡히지 않을 것으로 판단되면 즉시 포지션을 옮겨 앞으로 나가서 공격할 자세를 취한다. 그러나 상대편 후위가 자신(안행진의 전위)의 손이 미치지 않는 곳으로 되받아쳐서 볼이 파트너인 후위 쪽으로 되돌아오면, 다시 서비스라인 부근까지 물러난다. 이 앞뒤의 움직임을 재빠르게 실시하는 것이 안행진 전위의 기본 움직임이다.

아군 후위 Ⓐ가 볼을 칠 때 전위 Ⓑ는 네트로 나가서 공격적인 포지션을 취한다. 이때 상대편 전위 Ⓓ는 서비스라인 부근으로 물러나 수비적인 포지션을 취한다.

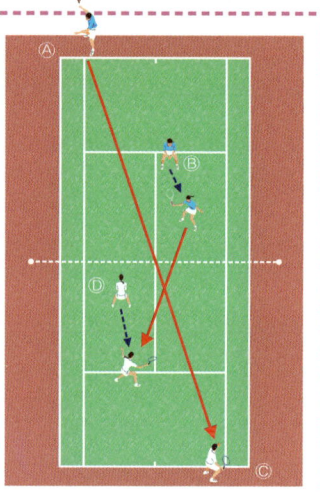

POINT ②

안행진의 서버 포지션을 이해한다.

안행진의 서버 포지션은 상대의 리턴을 커버할 것을 고려했을 때 싱글 코트의 사이드라인보다 약간 안쪽으로 들어간 포지션이 적절하다.
단식 경기를 할 때처럼 센터에서 치면, 상대에게 크로스로 리턴을 받았을 때 먼 거리를 쫓아가야 하므로 반드시 주의해야 한다.

단식 경기는 센터에서 서브하지만, 복식 경기에서는 싱글 코트의 사이드라인보다 약간 안쪽에서 서브한다.

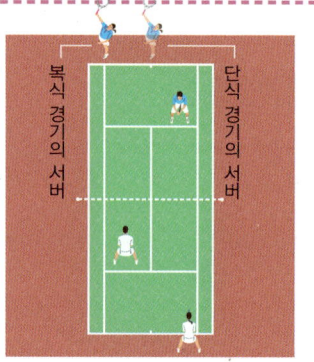

사람과 볼의 움직임 ◀┄┄ 사람의 움직임 ◀── 타구

POINT ③

안행진의 리시버 포지션을 이해한다.

안행진의 리시버는 싱글 코트의 사이드 라인 부근에 서서, 서버와 정면으로 마주 보는 포지션이 기본이다.

리턴할 코스에서 먼저 생각해야 할 점은 서버 쪽의 전위에게 잡히지 않도록 송구하는 것 즉, 서버 쪽 전위의 손이 닿지 않는 상대편 후위 쪽으로 깊게 크로스(그림의 노란색 부분)로 되받아치는 것이 기본이다.

POINT ④

전위는 플레이의 3분의 2를 맡는다는 기분으로 움직인다.

일반적으로 안행진에서는 후위끼리 스트로크를 이어가는 플레이가 많고, 전위는 이따금 발리를 띄우는 역할을 주로 한다. 그러나 이 방법으로는 상대의 미스 샷만을 기다리는 꼴이 되어 좀처럼 포인트를 따낼 수 없다.

효율적으로 득점하려면 전위가 플레이의 3분의 2를 맡는다는 생각으로 움직여야 한다. 이렇게 적극적으로 움직이다 보면 후위에게 모든 볼을 맡기겠다는 생각을 없앨 수 있고, 페어의 움직임도 더욱 활성화된다.

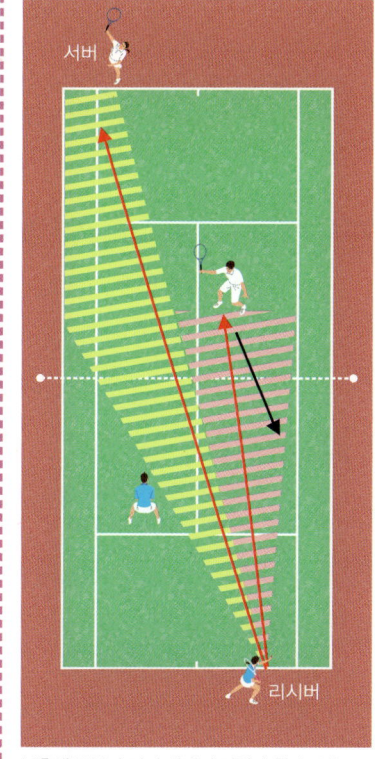

분홍색 부분과 같이 상대편 전위가 칠 수 있는 곳으로 되받아치는 것은 금물이다. 상대편 전위의 손이 닿지 않는 후위 쪽으로 크로스를 넣도록 하자.

POINT ⑤

전위는 포지션으로 상대를 압박한다.

전위의 기본 포지션은 센터라인과 복식 경기에서의 사이드라인 중간 부근이다. 그러나 이것은 어디까지나 기본적인 것으로, 전위는 활발하게 움직여 상대를 압박하는 것이 임무이다.

전위가 포치를 나오지 않는다고 해서 제자리에서 머무르기만 한다면 플레이에 참여하지 않은 것이나 다름없다. 예를 들어, 기본 포지션보다 반걸음에서 한 걸음 정도 센터 쪽으로 접근하는 것만으로도 상대에게 위압감을 줄 수 있다. 더불어 상대편 리시버가 크로스로 리턴하기 어렵게 만드는 효과도 생긴다.

또는 일부러 빈 곳을 보여주고 그쪽으로 볼을 유인하는 페인트 방법도 유효하다. 이처럼 전위는 플레이 대부분을 후위에게 맡기는 것이 아니라 비록 볼을 치지 않더라도 적극적으로 움직여서 게임에 관여해야 한다.

사람과 볼의 움직임　　사람의 움직임　　타구

복식 경기의 게임 전술

기본 개념

복식 경기의 기본, 평행진

평행진은 두 사람이 앞쪽으로 나오는 진형이다. 네트 부근에서 승부를 보는 전개로 이어지는 경우가 많아서 네트 플레이에 능숙해질 필요가 있다. 예전의 프로 시합에서는 이 진형을 주로 했지만, 라켓이 개선되어 파워풀한 샷을 하기 수월해진 지금은 상대의 강한 스트로크를 막으려 해도 발리로는 막을 수 없게 되었다. 따라서 최근에는 안행진이 더 늘고 있는 추세이다. 단, 일반 선수는 프로 선수처럼 강한 스트로크를 치는 일은 많지 않으므로 공격적인 플레이를 원한다면 평행진을 추천한다.

POINT ①
평행진에서도 페어의 위치에 따라 전후가 존재한다.

평행진이라고는 해도 두 사람이 평행하게만 서는 것은 아니다. 기본적으로 Ⓐ와 Ⓑ 중 볼을 치는 ⓒ와 더 가까이에 있는 Ⓑ가 네트와 서비스라인의 한가운데에, Ⓐ가 서비스라인에서 한 발 앞쪽에 포지션을 취하는 진형이 된다. 베이스라인 부근에서 두 명이 포지션을 취하는 '뒤쪽 평행진'이라는 진형도 있다. 상대가 서브를 잘 넣는 경우 뒤로 물러나 확실하게 방어하며 겨루는 진형이라고 할 수 있다. 만약 스트로크에 자신이 없다면 이 진형을 잘 활용하지 못할 것이다.

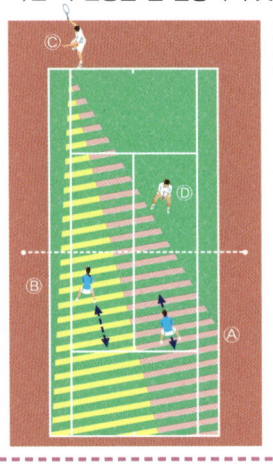

노란색이 Ⓑ, 분홍색이 Ⓐ의 담당 수비 범위

POINT ②
가장 조심해야 할 것은 머리 뒤쪽으로 떨어지는 로브이다.

평행진에서 가장 조심할 것은 상대의 로브이다. 평행진은 페어의 뒤쪽이 넓게 비는 진형이므로, 상대편이 로브로 깊은 곳을 겨냥하면 대응이 매우 어려워진다. 상대는 이쪽 진형을 무너뜨려서 찬스를 만들기 위해 볼을 치므로 확실하게 대응해야 한다. 따라서 'POINT ①'에서 설명한 것처럼 페어끼리 전후 관계를 만들어야 한다.

POINT ③
스트레이트를 섞으면 센터 이론을 효과적으로 활용할 수 있다.

'복식 경기 이론'의 'POINT ②(213쪽)'에서 평행진의 '센터 이론'을 설명했는데, 이 이론을 효과적으로 사용하려면 시합 초반부터 스트레이트를 섞는 것이 좋다. 상대도 스트레이트를 경계하며 사이드를 보호하려는 의식이 생긴다. 이 타이밍에 맞춰 '센터 이론'을 이용하면 승부를 유리하게 전개해 나갈 수 있다.

사람과 볼의 움직임 ◀---- 사람의 움직임

POINT ④
전위의 뒤쪽으로 로브가 들어왔을 때의 기본적인 콤비네이션

'POINT ②'에서 로브에 대한 주의사항을 설명했듯이 평행진의 약점은 뒤쪽에 커다란 스페이스가 있다는 점이다. 특히 앞에 있는 선수 Ⓐ의 뒤쪽에서 로브를 맞는 경우가 많다. 이와 같은 경우에 페어가 실시하는 기본적인 포지션 이동을 익혀 두자.

로브가 오는 순간, 뒤에 있는 선수 Ⓑ가 이 볼을 보호하기 위해 Ⓐ의 뒤쪽으로 이동한다. 동시에 Ⓐ는 Ⓑ가 있던 장소로 재빨리 이동한다. 유연하게 포지션을 이동하지 않으면, 두 명이 세로로 나란히 서게 되므로 주의가 필요하다. 이것이 평행진에서 앞의 선수 뒤쪽에 로브를 맞았을 때의 기본 콤비네이션이다.

볼을 치는 Ⓑ는 '센터 이론'에 따라 상대편 페어의 사이를 노리거나, 자세를 수정할 시간을 벌기 위해 깊은 곳으로 로브를 넣는 것이 리턴의 기본이다.

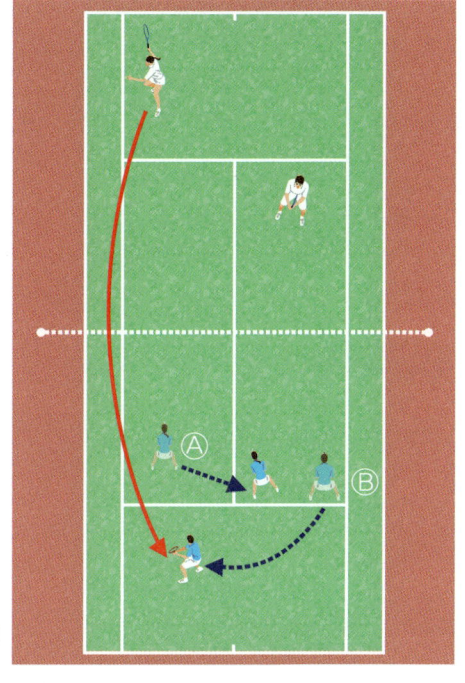

POINT ⑤
상대의 발밑으로 가라앉는 볼을 쳐서 리턴을 어렵게 한다.

상대편 페어가 평행진으로 압박해 올 때, 어중간하게 뜬 볼을 되받아치면 결정적인 샷을 맞을 위험이 높아진다. 이런 상황을 만들지 않기 위해서라도 상대의 발밑으로 가라앉는 볼을 치는 것이 효과적이다. 볼이 발밑으로 가라앉으면 상대는 볼을 받아치기 어려워져 가볍게 뜬 볼로 되받아치는 경우가 많다.

그렇게 되면 강타나 각도를 준 샷을 칠 수 있는 찬스가 생겨 상대를 몰아넣을 수 있게 된다.

POINT ⑥
공격적인 진형이라고 해도 무리하지 말고 때를 기다린다.

평행진이 공격적인 진형이라고 해서 계속 공격적으로만 나가면 시합에서 이길 기회를 잡을 수 없다. 특히 발리를 할 때 단 한 번의 샷으로 승부를 내려 한다면 공격이 억지로 되기 쉬워서 자멸하는 경우도 많다. 로우 발리나 백핸드 하이 발리 등 어려운 볼을 맞았을 때에는 무리하지 말고, 확실히 방어하는 의식도 필요하다. 볼이 뜨지 않도록 하면서 이어가다 보면, 곧 찬스 볼이 오게 된다. 그 볼을 놓치지 않고 단번에 공격할 수 있어야 강한 페어이다.

사람과 볼의 움직임 ◁┄┄ 사람의 움직임 ◁── 타구

복식 경기의 게임 전술

복식 경기의 기본, 패턴 연습

복식 경기는 상대편 진영에 오픈 스페이스를 만든 뒤, 그곳을 공략하는 방법이 관건이다. 이 방법을 익히면 자기편 전위가 결정적인 샷으로 포인트를 따내는 상황까지 이어갈 수 있다. 따라서 상대편 진영에 오픈 스페이스를 만들기 위한 패턴 연습을 소개한다. 시합에서는 다양한 상황이 펼쳐지므로 이대로 실행하게 되는 경우는 드물지만, 오픈 스페이스를 만든다는 생각으로 연습하면 응용이 가능하다. 반복 연습해 머릿속에 이미지를 만들자.

POINT ① 상대가 안형진일 경우

상대를 코트 밖으로 내보낸다.

사이드로 각도를 준 볼 ②를 쳐서 상대편 후위 ⓒ를 코트에서 내보내는 상황을 가정한다. 상대는 무리하게 리턴하므로, 포치로 나와 있던 자기편의 전위 ⑧에게 찬스 볼이 올 확률이 높다(③). 이 볼을 상대편 후위가 처음에 있던 부근의 오픈 스페이스로 넣는다(④). 또는 상대편 전위 ⓓ가 센터를 커버하기 위해 이동하면서 생긴 반대쪽 사이드의 오픈 스페이스를 노린다(④').

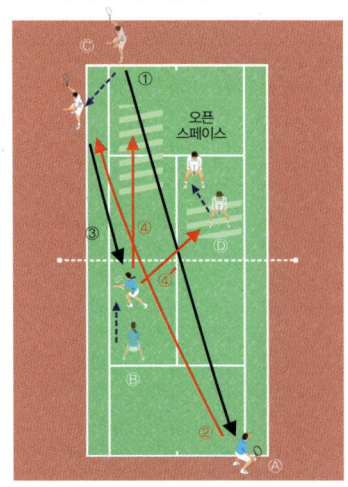

ⓒ가 크로스 ①로 볼을 보내면 ⓐ는 각도를 준 볼(②)로 리턴한다. ⓒ의 리턴(③)을 ⑧가 ④나 ④'로 때려 넣는다.

POINT ② 상대가 평행진일 경우

발밑으로 가라앉는 볼을 사용한다.

217쪽의 'POINT ⑤'에서 설명한 '상대의 발밑으로 떨어지는 볼 치기'를 이용한 패턴 연습이다. 상대편 후위 ⓒ의 발밑으로 가라앉는 볼을 치고(②), 그 리턴 ③을 포치로 나가 있던 아군 전위 ⑧가 상대편 페어의 사이를 노려서 센터로 치는(④) 패턴이다. 이 경우 상대편 페어의 뒤쪽에 있는 오픈 스페이스로 로브 발리를 넣는(④') 방법도 상당히 효과적이라는 사실을 기억하자.

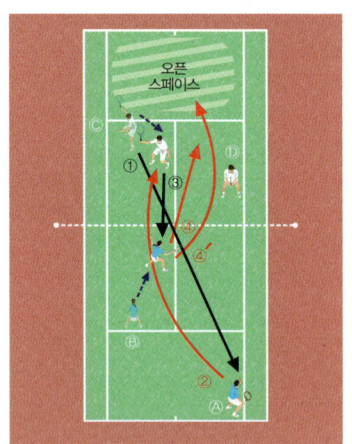

ⓒ의 크로스 ①을 ⓐ가 ⓒ의 발밑으로 리턴(②)한다. ⓒ의 리턴 ②를 ⑧는 ④나 ④'로 노린다.

사람과 볼의 움직임 ◀---- 사람의 움직임 ◀━━ 타구 ◀━━

제9장
트레이닝
Training

효율적인 테니스 플레이를 하려면 기술·전술과 더불어 체력 역시 매우 중요하다.
스피드·파워·몸의 균형 등을 강화하는 트레이닝과 피로 회복을 돕고
부상을 예방하기 위한 준비운동을 확실히 마스터하자.

준비운동	부위 전신
	시간 약 5분

프로그램 183 준비운동

목표  어깨와 고관절의 움직임을 원활히 하기 위해 플레이하기 전에 몸을 풀어준다.

어깨 돌리기

양팔을 크게 돌려 어깨의 가동 범위를 넓히는 것을 목표로 한다.

어깨 스트레칭 ①

약하게 / 강하게
반대쪽 팔로 어깨를 뒤로 잡아당겨서 어깨와 상체를 부드럽게 풀어준다.

어깨 스트레칭 ②

앞 / 뒤
한쪽 손으로 반대쪽 팔꿈치를 등 뒤로 해서 누른다. 등 뒤의 손이 어깨뼈에 닿도록 한다.

옆구리 스트레칭 ①

오른쪽 / 왼쪽
팔꿈치를 잡은 손을 등 뒤로 누르면서 몸을 좌우로 구부려 옆구리를 확실히 늘려준다.

옆구리 스트레칭 ②

왼쪽 / 오른쪽
뒤통수에서 깍지 낀 양손을 붙이고 상체의 힘으로 몸을 좌우로 구부린다.

팔과 허리 늘이기

양팔을 최대한 앞으로 뻗고 허리를 구부려 상체를 힘껏 늘여준다.

전굴 자세

상체의 힘을 빼고 몸을 앞으로 숙여서 허리부터 대퇴부 뒤쪽 근육까지 늘여준다.

상체 뒤로 젖히기

허리에 손을 올리고 상체를 뒤로 젖혀서 배근을 스트레칭한다.

상반신 돌리기

허리에 손을 올리고 상체를 한 바퀴 돌려서 복근과 배근, 그리고 허리의 가동 범위를 넓힌다.

발 교차해 전굴 자세

발을 교차한 상태에서 몸을 숙여 허벅지 안쪽 근육을 강하게 스트레칭한다.

다리 스트레칭 ①

발을 넓게 벌리고, 한 발씩 번갈아가며 체중을 실어 고관절을 부드럽게 한다.

다리 스트레칭 ②

허리를 낮춰 스트레칭하면 고관절을 풀어주는 스트레칭이 된다.

아킬레스건 늘이기

바닥에 무릎이 닿지 않을 만큼 허리를 낮춰서 뒷발의 아킬레스건을 늘여준다.

손목·발목 돌리기

깍지 낀 양손을, 발목과 함께 돌려서 손목과 발목의 가동 범위를 넓힌다.

팔 비틀어 돌리기

양손을 깍지 끼고 팔을 비틀어서 손목과 팔꿈치의 관절을 부드럽게 풀어준다.

팔 비틀어 늘이기

양팔을 교차한 다음 깍지를 끼고 팔을 머리 위로 들어 올려서 팔과 어깨를 스트레칭한다.

앉은 상태에서 손 뒤로 모으기

앉아서 양팔을 뻗은 상태에서 팔을 뒤로 돌리고, 등 뒤에서 양손을 깍지 낀다. 균형을 잡으며 정강이 부분과 발가락에 실리는 힘을 인식하며 실시한다.

 지도자 MEMO 플레이하기 전에 부상을 예방하는 준비운동을 하는 것은 모든 스포츠의 상식이다. 어느 부위의 근육과 힘줄을 스트레칭하는지 의식하면서 각 동작을 한다. 동작을 의식함으로써 힘이 해당 부위에 집중돼 준비운동의 효과가 더욱 높아진다.

 **One Point! 어드바이스** 프로그램 183의 각 운동은 연속해서 실시하도록 한다. 이를 잘 실행하면 스트레칭이라는 목적 외에도 몸을 운동 중인 상태로 만들어 피지컬 트레이닝의 역할도 한다.

준비운동

프로그램 184 — 어깨뼈 스트레칭

부위	어깨뼈
시간	약 5분
횟수	각 10회

목표 ▶ 부드러운 스윙을 위해 스트레칭으로 어깨뼈의 가동 범위를 넓힌다.

양 팔꿈치 뒤로 당기기

양팔을 앞으로 뻗어 팔꿈치를 구부리면서 뒤로 당겨준다. 양 어깨뼈를 쭉 당기는 느낌으로 한다.

양팔 앞으로 내리기

짐볼을 든 느낌으로 머리 위로 팔을 뻗고, 양팔을 안쪽으로 돌리면서 아래로 내려준다. 이 동작을 반복한다.

양팔 등 뒤로 내리기

머리 위로 들어 올린 양팔을 등 뒤쪽으로 내려서 손뼉을 친다. 다시 양팔을 들어 올리고 머리 위에서 손뼉을 친다. 이 동작을 반복한다.

양팔 뒤로 당기기

앞으로 뻗은 양팔을 등 뒤쪽으로 보내서 손뼉을 친다. 다시 양팔을 앞으로 뻗어 손뼉을 친다. 이 동작을 반복한다.

지도자 MEMO — 테니스는 라켓을 사용하는 경기인 만큼 팔, 어깨와 어깨뼈 주위를 하나로 묶어 움직이기 때문에 플레이하기 전에 스트레칭을 해 과도한 움직임에 대비한 준비를 해야 한다. 스트레칭을 충분히 하지 않으면, 손으로만 볼을 치게 되어 효과적인 플레이를 할 수 없다.

One Point! 어드바이스 — 어깨뼈를 스트레칭해 그 주변의 근육을 부드럽게 할 수 있다. 그러면 어깨의 가동 범위도 넓어지고 팔을 휘두르는 것도 편해져 스윙을 부드럽게 할 수 있다.

준비운동		부위	고관절
프로그램 185	**고관절 스트레칭**	시간	약 5분
		횟수	각 1회

목표 ▶ 재빠른 방향 전환이나 대시할 때 중요한 역할을 하는 고관절의 움직임을 유연하게 한다.

한 발 올렸다 내리기

한쪽 무릎을 올렸다가 내린다. 그런 다음 무릎을 옆으로 벌린 상태에서 올렸다 내린다. 두 발을 교대로 실시한다.

한 발 굽혔다 펴기

축이 되는 발의 무릎에 반대쪽 발목을 올리고, 균형이 무너지지 않도록 하면서 축이 되는 발을 굽혔다 편다. 두 발을 교대로 실시한다.

전방으로 들어 올리기

펜스나 벽을 한 손으로 짚고, 한쪽 다리를 최대한 크게 앞으로 들어 올렸다가 내린다. 진자 운동과 비슷한 동작이다.

후방으로 들어 올리기

펜스나 벽을 양손으로 짚고, 한쪽 다리를 옆으로 크게 들어 올린다. 시계추의 움직임을 연상하면서 실시한다.

지도자 MEMO 갑작스러운 방향 전환이나 무리한 자세에서 볼을 쳐야 할 때 고관절이 유연해야 재빠르게 움직일 수 있다. 따라서 이 부분을 충분히 스트레칭하지 않으면 상체가 안정되지 않아 균형이 무너질 수 있다.

One Point! 어드바이스 몸의 축이 확실히 잡혀 있지 않다면 위의 발 동작을 실시할 때 균형이 무너진다. 이를 막으려면 몸의 균형을 잡는 데 중요한 역할을 하는 몸통을 단련해야 한다.

준비운동

동적 스트레칭

부위	전신
시간	약 5분
횟수	각 1회

목표 전신을 사용해 다양한 관절의 가동 범위를 넓힐 수 있는 동적 스트레칭을 실시한다.

스트레칭 ①

정적 자세를 취한다.

무릎을 낮추고 양손을 모은다.

양손으로 바닥을 짚으면서 몸을 앞으로 뻗는다.

몸이 다 펴지면 정지한다.

팔꿈치를 구부려 몸이 지면과 평행하게 한다.

그 상태에서 천천히 일어난다.

발의 위치는 고정한다.

원래 자세로 돌아온다.

스트레칭 ②

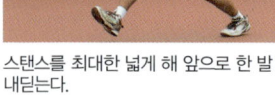
스탠스를 최대한 넓게 해 앞으로 한 발 내딛는다.

허리를 낮추고, 상체를 좌우로 비튼다. 뒷발의 무릎은 코트에 닿지 않게 한다.

몸을 비튼 상태에서 앞발을 끌어당겨 원래 자세로 돌아온다. 다른 발도 같은 요령으로 실시한다.

지도자 MEMO 동적 스트레칭은 전신을 움직여서 여러 관절의 가동 범위를 넓히거나 근육을 부드럽게 풀어주는 것을 목적으로 한다. 몸을 움직임으로써 운동 준비가 되기 때문에 운동 전 스트레칭으로 가장 적합하다.

One Point! 어드바이스 몸 전체를 크게 움직이면서 팔과 발, 어깨, 고관절 외 다양한 관절을 한 번에 스트레칭할 수 있다. 근육 역시 운동 상태로 만들어주어 피지컬 트레이닝으로도 효과가 있다.

트레이닝

프로그램 187 균형 잡기

부위	전신
시간	약 5분
횟수	5회

목표 중심을 컨트롤하는 감각을 익혀 다양한 상황에서도 몸의 균형을 유지하면서 대응할 수 있도록 한다.

몸의 축을 확실히 잡은 다음, 전신으로 균형을 잡으면서 다리를 앞으로 뻗는다.

앞으로 뻗은 다리를 조금씩 뒤로 올리면서 상체를 앞으로 숙인다. 올린 다리와 상체가 일직선이 되게 한다.

뒤로 올렸던 다리를 천천히 내린다. 축이 되는 다리의 옆쪽으로 움직였던 다리가 오면 착지하지 말고 그대로 옆으로 벌린다.

옆으로 올렸던 다리를 내리고, 허리를 비틀면서 축이 되는 다리의 뒤쪽으로 벌린다. 다리를 내리고 나서 반대쪽 다리로도 실시한다.

지도자 MEMO 몸의 축이 확실하게 잡혀서 균형을 잘 잡는다면 자세를 재빠르게 바꿀 수 있다. 균형 감각을 기르는 이와 같은 트레이닝으로 많은 근육과 관절이 조화를 이루어 몸을 안정시키는 작용을 느끼도록 한다.

One Point! 어드바이스 이 네 가지 움직임은 따로 구분해서 실시해서는 안 된다. 반드시 한 번에 같이 실시하도록 하자. 다양한 자세를 연속된 움직임으로 실시함으로써 균형 감각을 기르고 몸의 축을 안정시킬 수 있다.

쿨링다운

프로그램 188 정적 스트레칭

부위 전신
시간 약 10분
횟수 각 1회

목표 지친 몸과 정신을 완화하는 쿨링다운(정리 운동)을 반드시 실시해 다음 연습이나 시합에 대비한다.

한쪽 무릎 감싸기

누운 자세에서 한쪽 무릎을 끌어올려 양손으로 감싸고, 몇 초 동안 자세를 유지한다.

허벅지 늘리기

발바닥을 붙이고 앉아 양 팔꿈치에 힘을 주고 양 무릎을 눌러서 허벅지를 벌린다.

허벅지 안쪽 늘리기

한쪽 발을 앞으로 뻗은 다음, 양손으로 발끝을 잡고 상체를 앞으로 구부린다.

허벅지와 고관절 늘리기 ①

한쪽 발을 허벅지 부근에서 반대쪽으로 넘겨 무릎을 세운 다음, 세운 다리를 반대쪽 팔로 몸 안쪽으로 몇 초 동안 누르면서 근육을 늘여준다.

허벅지와 고관절 늘리기 ②

누운 자세에서 한쪽 발을 반대쪽으로 넘기고 무릎을 굽힌다. 상체는 비틀지 않는다.

지도자 MEMO 운동 후 빨라진 심박수를 평상시로 되돌리고, 지친 근육을 릴랙스시키려는 목적으로 실시하는 것이 쿨링다운이다. 다음을 통해 연습이나 시합에 대비해 몸을 재정비하자. 또한 쿨링다운은 정신적 긴장을 완화하는 효과도 있다.

허벅지 안쪽 근육 늘리기
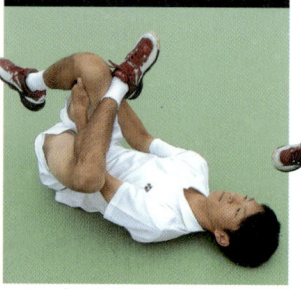
양발을 띈 다음, 무릎을 구부린 상태에서 한쪽 발을 교차한다.

WM 자세

쿨링다운의 기본 자세라고 할 수 있는 가장 편안한 자세이다.

One Point! 어드바이스 여기서 소개한 쿨링다운은 스피드가 필요한 동작들이 아니다. 호흡을 고르고 천천히 몸을 움직여 긴장된 근육과 마음을 가라앉히도록 하자. 반드시 천천히 실시해야 한다.

| 트레이닝 |

프로그램 189 사다리 운동

부위 하반신(신경계)
시간 약 5분
횟수 각 10회

목표 다양한 상황에 재빨리 대응하기 위해 민첩성과 순발력을 기른다.

방법
① 트레이닝용 사다리를 준비한다.
② 미리 정해 놓은 스텝으로 끝까지 주파한다.
③ 타임 트라이얼(time trial, 랩 타임으로 승부를 가리는 레이스. 경기자 혼자서 일정한 거리를 주파해 시간이 짧은 순서로 순위를 결정하는 방식)로 경쟁의식을 높일 수도 있다.

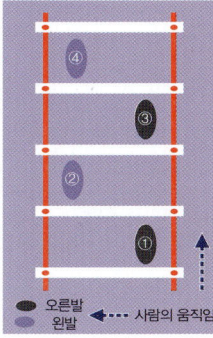
양쪽 발로 사다리를 한 칸씩 밟으면서 최대한 빠르게 전진한다.

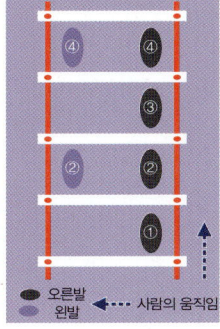
한 발 → 양발 → 한 발 → 양발의 순서로 전진한다.

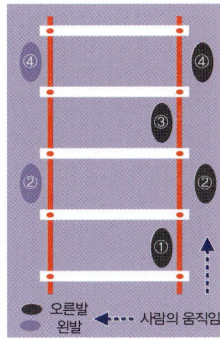
한 발은 안쪽, 양발은 바깥쪽을 밟으며 전진한다.

지도자 MEMO 사다리를 사용한 트레이닝으로 민첩성과 순발력을 기른다. 왼쪽에 나와 있는 세 가지 패턴처럼 코치가 지정해주는 순서에 따라 재빨리 스텝을 밟도록 한다.

| 트레이닝 |

프로그램 190 민첩성 기르기

부위 하반신(신경계)
시간 약 3분
횟수 각 3회

목표 테니스코트의 라인을 이용해 민첩성을 기르고, 운동에 관계된 신경을 자극하는 트레이닝이다.

방법
① 한 발 : 라인을 한 발로 밟은 다음, 원래 위치로 돌아온다. 곧바로 반대쪽 발로 라인을 밟다가 원래 위치로 돌아온다. 이를 교대로 반복한다.
② 양발 : 양발로 라인을 넘었다가 재빨리 원래 위치로 돌아온다. 이 연습을 반복한다.

한 발
양발을 번갈아가며 라인을 밟는다. 무릎 아래쪽의 움직임을 부드럽게 한다.

양발
상체를 안정시킨 다음, 허리 아래쪽을 재빠르게 움직여 양발을 앞뒤로 이동한다.

지도자 MEMO 두 방법 모두 민첩성을 기르는 트레이닝이다. 동시에 연속적이고 빠른 움직임으로 운동에 관계된 신경을 자극한다.

트레이닝

프로그램 191 미니 허들

목표 착지한 반동으로 미니 허들을 넘어가면서 민첩성과 순발력을 기른다.

부위	전신(순발계)
시간	약 1분
횟수	3회

방법
① 미니 허들 10개를 50cm 간격으로 나란히 놓는다.
② 발에서 머리까지 똑바로 세우고, 발목 관절만 굽혔다 펴면서 미니 허들을 넘어 전진한다.

지도자 MEMO 지면을 차고 뛰어오르는 점프가 아니다. 발목을 굽혔다 펴면서 들어 올린 몸을 지면에 착지해 생기는 반동으로 다시 들어 올리는 것이다. 발의 근육을 용수철처럼 사용하는 요령을 익힐 수 있고, 순발력 역시 기를 수 있다.

몸이 뜨는 순간에 양팔을 앞으로 휘둘러 힘을 일으킨다.

점프할 때에는 무릎을 구부리거나 상체를 앞뒤로 흔들지 않아야 한다.

트레이닝

프로그램 192 마커 옆으로 뛰어 넘기

목표 사이드 스텝으로 재빠르게 옆으로 이동하면서 민첩성을 기르는 트레이닝이다.

부위	전신(리듬계)
시간	약 1분
횟수	3회

방법
① 마커를 50cm 간격으로 10개씩 2열을 평행하게 늘어 놓는다.
② 이 마커들을 사이드 스텝으로 뛰어넘는다. 1열을 다 넘으면 다음 열로 이동해 같은 요령으로 뛰어넘는다.

지도자 MEMO 사이드 스텝을 통해 이동하는 속도를 높인다. 상체가 흔들리지 않게 하면서 허리 아래쪽으로 사이드 스텝을 밟는 느낌으로 한다.

허리 아래쪽으로 사이드 스텝을 밟듯 옆으로 이동한다.

상체가 앞뒤로 흔들리면 스텝을 안정되게 할 수 없다.

트레이닝

미니 콘 터치

부위	전신(균형계)
시간	약 1분
횟수	3회

목표 상황 변화에 즉시 대응할 수 있는 균형 감각과 동작의 민첩성을 기른다.

방법

① 미니 콘을 3m 간격으로 두 줄로 늘어놓고, 미니 콘 끝 부분을 좌우 번갈아가며 터치하면서 사이드 스텝으로 전진한다.
② 좌우의 미니 콘은 선수가 비스듬하게 전진할 수 있도록 서로 엇갈리게 늘어놓는다.

터치하는 동작과 다음 콘을 향해 첫발을 내딛는 동작을 같은 타이밍에 한다.
이 방법을 실시하려면 몸의 힘을 이용해 균형을 유지하는 것이 중요하다.

지도자 MEMO 콘을 터치하는 동시에 대시 동작으로 이어질 때도 균형이 무너지지 않게 하면서 근육과 관절의 움직임을 의식하도록 한다. 이것이 상황에 즉시 대응하는 플레이로 이어진다.

트레이닝

장애물 서킷 트레이닝

부위	전신(지구계)
시간	약 5분
횟수	3회

목표 민첩성, 순발력과 더불어 근력 또한 향상시킨다.

방법

① 지금까지 연습한 프로그램 189 사다리 운동, 191 미니 허들, 192 마커 옆으로 뛰어 넘기, 193 미니 콘 터치를 왼쪽 그림과 같은 순서로 연속해서 실시한다.

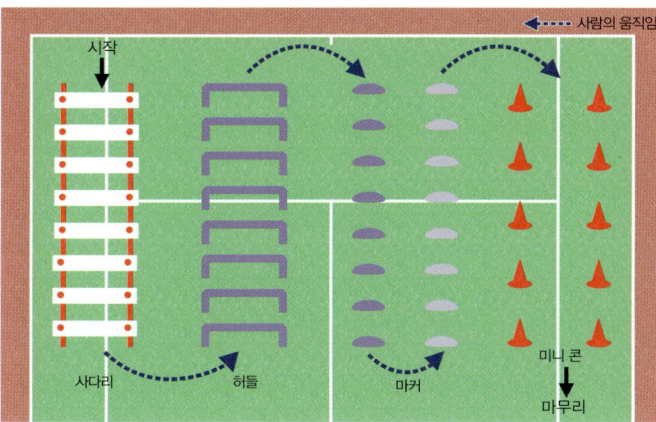

지도자 MEMO 민첩성과 순발력을 기르기 위한 서킷 트레이닝이다. 각 훈련을 연속해서 실시하기 때문에 근육 사용량이 늘고 심폐 기능 또한 빠르게 작동하므로 피지컬 트레이닝으로도 효과적이다.

트레이닝

프로그램 195 라인 트레이닝

부위	전신
시간	5~15분
횟수	각 3회

목표 대시, 급정지, 방향 전환 등 연속된 동작 변화에 대응하는 능력을 기른다.

사이드라인

라인을 터치하고 나서 곧바로 사이드 스텝으로 반대쪽 라인으로 이동한다.

방법
① 앨리 지역을 사이드 스텝으로 반복해서 왕복하고, 발이 라인을 넘으면 손으로 라인을 터치한다.

지도자 MEMO 좌우의 폭이 좁기 때문에 사이드 스텝과 라인을 터치하는 동작을 재빠르게 전환해야 한다.

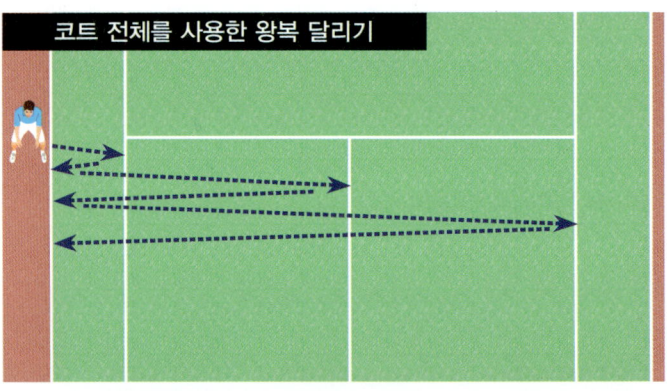

코트 전체를 사용한 왕복 달리기

방법
① 그림과 같은 순서로 라인을 터치한다.

지도자 MEMO 모든 라인을 빠르게 왕복하면서 시합에 필요한 가속, 감속, 방향 전환 능력을 키우는 훈련이다.

앨리

양발이 동시에 코트에 붙지 않게 한다.

방법
① 앨리 지역의 폭에 맞춰 한 발씩 번갈아가며 점프하면서 전진한다.

지도자 MEMO 한 발 점프로 착지할 때는 축이 되는 발의 뒤쪽으로 한쪽 발을 교차해서 균형을 유지한다. 자세를 급격하게 바꾸더라도 균형을 유지할 수 있는 감각을 기른다.

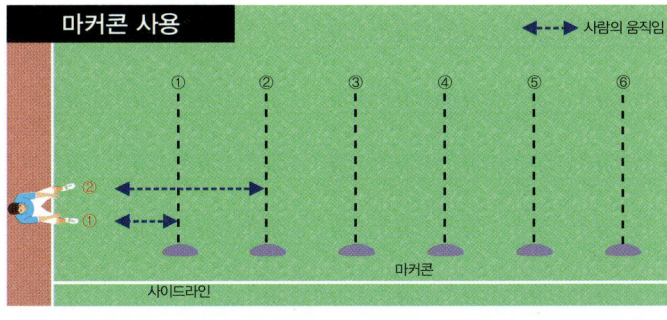

방법

① 사이드라인을 따라 마커콘 6~7개를 30~40cm 간격으로 늘어놓는다.
② 시작 신호에 맞춰 제일 앞에 있는 마커콘부터 차례대로 재빠르게 왕복한다. 후진 시 뒷걸음질 친다.
③ 파트너와 경쟁하면서 실시하면 더욱 효과적이지만, 뒷걸음질로 달릴 때 마커콘에 걸려 넘어지지 않도록 주의한다.

지도자 MEMO 전진과 후진 동작을 빠르게 전환할 때 필요한 균형 감각을 기른다. 몸의 축을 확실히 유지하면서 연습하자. 이를 위해서는 몸 전체의 근육과 관절의 움직임을 하나로 이어지게 해야 한다.

전진과 후진를 반복하면서 잔 스텝으로 재빠르게 방향 전환을 하거나 자세를 정돈하는 감각을 익힌다.

트레이닝

프로그램 196 볼 교환

목표 러닝에서 사이드 스텝으로의 전환을 빠르고 안정적으로 실시하는 능력을 기른다.

부위 전신
시간 10~20 왕복
횟수 1~2회

방법

① 중앙에 서서 라켓 위에 볼 하나를 올려 두고 양쪽 코너에도 볼을 놓아둔다. 볼 하나를 들고 중앙에 선다.
② 오른쪽으로 이동해 볼을 교환한다. 중앙으로 돌아와 라켓 위의 볼과 교환한다. 왼쪽의 볼도 교환하며, 전체적으로 이 동작을 반복한다.

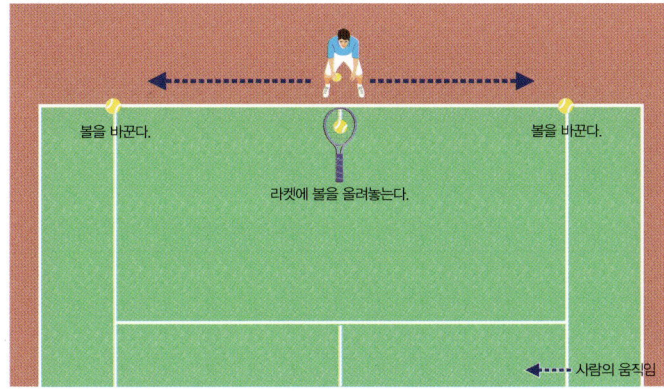

지도자 MEMO 스텝 전환에 대응할 수 있는 균형 감각을 기른다. 또한 볼을 교환하면서 볼 근처에서의 동작 전환 능력을 높인다.

왕복할 때는 대시로 이동하고, 볼을 교환하기 직전에는 사이드 스텝으로 전환한다.

트레이닝

프로그램 197

스파이더 & 역 스파이더

부위	전신
시간	약 30초
횟수	1회

목표 여러 방향의 목표 지점에서 볼을 회수하거나 목표 지점에 볼을 놓아두면서 타구 위치까지의 거리감, 방향 감각을 익힌다.

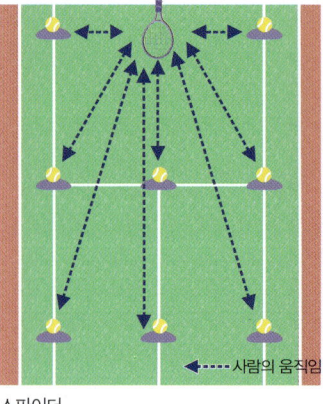
스파이더

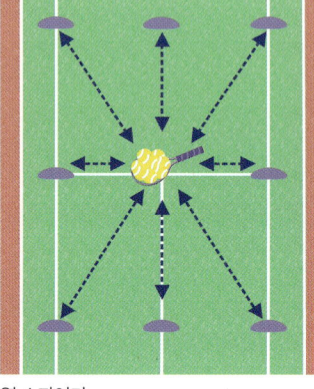
역 스파이더

 사람의 움직임

방법
① 스파이더는 베이스라인의 센터에서 시작한다. 역 스파이더는 사이드라인 중앙에서 시작한다.
② 두 방법 모두 라켓으로 각 마커에 볼을 하나씩 옮기거나, 각 마커에서 볼을 하나씩 회수한다.

> **지도자 MEMO** 두 방법 모두 대시로 이동한다. 코트 내의 모든 장소로 재빠르게 움직이기 위한 방향 감각, 거리감을 익힌다.

트레이닝

프로그램 198

볼을 이용해 스텝 밟기

부위	전신
시간	약 3분
횟수	10회×3세트

목표 유연하고 재빠른 신체 회전에 필요한 빠르고 짧은 스텝을 습득한다.

앞뒤
빠르고 짧은 스텝을 밟을 때의 리듬감을 기억한다.

좌우
볼을 이용하는 것은 스텝의 움직임에 익숙해진 다음에 하는 것이 좋다.

방법
① 미니 콘(볼)의 끝 부분을 양쪽 발끝으로 번갈아가며 터치한다.
② 앞뒤로 스텝을 밟는 방법과 좌우로 스텝을 밟는 방법(사이드 스텝)을 모두 연습한다.

> **지도자 MEMO** 의도한 방향으로 재빠르게 이동하거나 회전할 때 짧은 스텝을 밟으면 효율적이다. 연습 전이나 시합 전에 이 훈련을 실시하면 실전에서 잔 스텝을 적용하는 데 도움이 된다.

트레이닝

199 굴려 준 볼에 대응

목표 캐치, 리턴, 대시를 반복해 동작을 빠르게 전환할 수 있도록 한다.

부위	전신
시간	약 1분
횟수	2회

방법

① 코치와 3~4m 떨어져서 준비한다.
② 코치가 좌우로 굴린 볼을 한 손으로 캐치한다.
③ 캐치하면 그 볼을 굴려서 코치에게 되돌려준다. 이 연습을 반복한다.

뛰고 있을 때 볼의 방향, 거리를 재빠르게 판단한다.

캐치하는 동작과 굴리는 동작의 전환을 빠르게 한다.

 지도자 MEMO 볼을 캐치하는 동작과 굴려서 돌려주는 동작에 대시로 이동하는 동작이 더해진 트레이닝이다. 이 동작들을 상황에 따라 빠르게 전환하는 능력을 기른다.

트레이닝

200 재빠르게 볼 캐치

목표 동작의 재빠른 전환을 익히는 동시에 볼을 입체적으로 판단하는 감각을 기른다.

부위	전신
시간	약 1분
횟수	2회

방법

① 코치와 3~4m 떨어져서 준비한다.
② 코치가 좌우로 던져 준 볼을 원바운드로 한 손으로 캐치한다.
③ 캐치하면 그 볼을 코치에게 되돌려준다. 이 연습을 반복한다.

볼을 캐치하면 재빠르게 다음 동작을 한다.

캐치하는 볼의 방향, 높이, 거리를 입체적으로 인식하자.

 지도자 MEMO 프로그램 199와 목표가 같지만, 그와 더불어 볼이 공중에 있을 때의 방향, 높이와 거리감을 이동하면서 인식하고 판단하는 능력 또한 필요하다.

트레이닝

프로그램 201 복근 단련

부위	복부
시간	5~10분
횟수	각 10회

목표 상체를 안정시키는 데 중요한 역할을 하는 복근을 다양한 트레이닝을 통해 강화한다.

복근 ①

무릎을 구부려 허벅지를 들어 올린 자세를 한다. 이 상태에서 상체를 구부려 허벅지와 가까워지게 한 다음 3~5초 동안 정지한 후 원래 자세로 돌아온다. 이 연습을 반복한다.

복근 ②

무릎을 구부리고 양 발바닥을 코트에 댄 다음, 양팔을 뻗어서 허벅지에 각자 손을 올려놓는다. 이 자세에서 상체를 들어 올렸다가 천천히 내리는 동작을 반복한다.

복근 ③

무릎을 구부려 허벅지를 들어 올린 자세를 한다. 양팔을 앞쪽으로 뻗고 한쪽 손으로 다른 손의 손목을 잡는다. 이 상태에서 상체를 들어 올리고, 앞쪽으로 뻗은 팔을 좌우로 반복해서 비튼다.

지도자 MEMO 복근 트레이닝을 할 때에는 몸을 움직이면서 항상 복근에 의식을 집중하도록 한다. 이는 다른 근육을 단련할 때에도 마찬가지이다. 단련하고 싶은 부분에 의식을 집중하면 근육에 힘이 들어가서 효과를 더욱 높일 수 있다.

트레이닝

프로그램 202 — 배근 단련

부위	등
시간	1~2분
횟수	각 10회

목표: 운동 연결에 중요한 역할을 하는 동시에 몸을 지탱하는 배근을 단련하는 트레이닝이다.

방법
① '한 손·한 발'은 왼손과 오른발, 오른손과 왼발을 각각 동시에 올렸다가 내린다.
② '양손·양발'은 엎드려서 양손과 양발을 동시에 올렸다가 내린다.

한 손 · 한 발

왼손과 오른발, 오른손과 왼발을 교대로 올렸다가 내린다.

양손 · 양발

허리를 지렛대 삼아 양손과 양발을 동시에 올렸다가 내린다.

지도자 MEMO: 발에서 만들어진 힘을 팔에서 라켓으로 전달할 때, 몸통 부분의 힘이 강하지 않으면 운동 연결은 잘 이루어지지 않는다. 이 트레이닝은 몸통 부분을 지탱하는 중요한 근육인 배근을 단련시킨다.

트레이닝

프로그램 203 — 팔굽혀펴기

부위	가슴, 팔
시간	1~2분
횟수	10회×여러 세트

목표: 팔과 가슴을 중심으로 몸통을 포함한 전신을 단련하는 트레이닝이다.

방법
① 양팔과 양 발끝으로 몸을 지탱한다. 양팔은 어깨 너비만큼 벌리고, 양다리는 가지런히 모은다.
② 그대로 양 팔꿈치를 구부려서 몸이 코트에 닿지 않도록 낮추고 3초 동안 정지한다.
③ 3초가 지나면 팔꿈치를 펴서 원래 자세로 돌아온다.

지도자 MEMO: 정지할 때에는 몸에 힘을 모으는 느낌으로 실시해 근육을 단련한다.

트레이닝

프로그램 204 스쿼트

부위	다리, 허리
시간	1~2분
횟수	10회×여러 세트

목표 고관절의 가동 범위를 넓히면서 다리와 허리의 근육을 단련해 안정된 자세를 취할 수 있도록 트레이닝한다.

방법

① 옆구리를 펴고, 양손을 귀 근처로 든다.
② 양다리를 어깨 너비보다 약간 넓게 벌리고, 그대로 무릎을 구부려서 허리를 낮춘다. 상체가 앞으로 기울어지지 않도록 한다.

지도자 MEMO 천천히 허리를 낮춘다. 무릎이 90°가 되도록 구부려 허리를 낮춘 다음, 천천히 상체를 올린다. 이때 반동을 이용해서 상체를 올려서는 안 된다. 허벅지 근육에 정신을 집중하도록 하자.

양손을 귀 근처로 든 다음, 조금씩 상체를 낮춘다.

상체를 다 낮추면 허리는 약간 뒤로 빠진 자세가 된다.

트레이닝

프로그램 205 레그 런지

부위	다리, 둔부
시간	약 5분
횟수	좌우 각 10회

목표 허벅지와 엉덩이 근육을 단련하면서 몸의 균형 감각도 기를 수 있는 트레이닝이다.

방법

① 머리 뒤로 양손을 깍지 끼고 선다.
② 한쪽 다리를 앞으로 멀리 뻗은 다음, 그대로 양 무릎을 구부린다.
③ 무릎을 펴고 앞쪽 다리를 끌어당기면서 원래 자세로 돌아온다.
④ 반대쪽 다리도 같은 요령으로 실시한다.

지도자 MEMO 상체를 똑바로 하고, 다리를 앞으로 뻗거나 뒤로 끌어당긴다. 동작을 하는 도중에도 균형을 유지하는 것이 포인트이다.

양손을 머리 뒤에 대고 다리를 앞으로 멀리 뻗는다.

허리를 곧게 편 상태에서 상체를 낮춘다.

균형이 무너지지 않게 다시 무릎을 펴고 다리를 끌어당긴다.

트레이닝

프로그램 206 고관절 근력 강화

부위	다리, 고관절
시간	약 1분
횟수	각 방향 10회

목표 균형 잡힌 플레이에 필요한 고관절의 가동 범위를 넓혀서 다리의 근육을 강화한다.

다리 올리기

천천히 발을 올렸다가 내린다.

다리 교차

 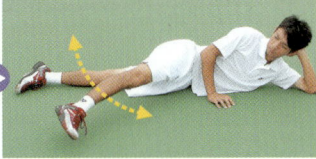

다리를 앞으로 뻗었다가 되돌린다. 앞으로 뻗었다가 위아래로 움직일 수도 있다.

방법

① 옆으로 누운 자세에서 머리를 손으로 떠받친다.
② '다리 올리기'는 사진과 같이 천천히 다리를 들어 올렸다가 천천히 내린다.
③ '다리 교차'는 다리를 천천히 앞으로 뻗었다가 다시 천천히 되돌린다. 다리를 앞으로 뻗고 그 상태에서 천천히 위아래로 들었다가 내리는 방법도 있다.

지도자 MEMO 고관절 주위의 근력을 강화함으로써 안정된 플레이를 할 수 있게 도와준다.

트레이닝

프로그램 207 메디신볼 던지기

부위	상반신
시간	약 2분
횟수	10회×여러 세트

목표 중량이 있는 메디신볼을 캐치하고 리턴하면서 배근과 복근을 강화한다.

선수가 상체를 뒤로 젖힐 때 볼을 떨어뜨린다. | 배근과 복근에 상당한 힘이 들어간다. | 상체를 올리면서 볼을 코치에게 되받아친다.

방법

① 양 무릎을 굽힌 상태에서 똑바로 눕는다.
② 코치가 선수의 발끝을 가볍게 밟으면서 메디신볼을 떨어뜨린다.
③ 선수가 상체를 일으켰다가 다시 뒤로 누울 때 볼을 떨어뜨리도록 한다.
④ 선수는 캐치한 뒤에 상체를 일으켜 세우면서 리턴한다.

지도자 MEMO 운동 연결과 신체를 안정시키는 데 중요한 역할을 하는 몸통 강화를 목표로 한다.

트레이닝

프로그램 208 서포트 점프

부위	전신
시간	5~10분
횟수	각 10회

목표 도움을 받아 점프함으로써 하반신 근력을 강화한다.

앞사람이 점프

두 명이 상체를 낮춘 다음, 타이밍에 맞춰 점프할 준비를 한다.

뒷사람은 앞사람이 최대한 높게 점프할 수 있도록 서포트한다.

방법
① 뒷사람이 앞사람의 허리를 양손으로 떠받친다.
② 두 사람이 동시에 허리를 낮춰 점프할 준비를 한다.
③ 두 사람이 양 무릎부터 몸 전체를 곧게 편다.
④ 타이밍에 맞춰 앞사람은 그대로 점프하고, 뒷사람은 양손으로 앞사람을 떠받치면서 보조한다.

지도자 MEMO 두 사람이 타이밍에 맞춰 점프한다. 앞사람은 하반신 강화를 할 수 있고, 뒷사람은 점프를 보조하면서 팔의 근육을 강화할 수 있다.

뒷사람이 점프

앞사람의 허리를 잡을 때 양손에 가했던 힘을 이용해 점프한다.

허리가 위로 높이 올라가도록 점프한다.

방법
① 앞사람은 사진과 같이 무릎을 굽히고, 허리를 'ᡣ' 모양이 되도록 구부린다.
② 뒷사람은 몸을 약간 숙여 앞사람의 허리를 양손으로 잡는다.
③ 뒷사람은 이 자세에서 무릎을 굽히지 않고 양발을 벌려서 점프한다.

지도자 MEMO 뒷사람은 무릎을 구부린 상태에서 점프할 수 없기 때문에, 앞사람의 허리에 댔던 양손에 힘을 가해 몸을 지탱하면서 허리의 힘으로 점프한다. 허리를 확실히 들어 올려서 점프하도록 하자.

Message of the Supervisor
독자 여러분께
To readers

자신의 신체와 마주하며
실력 향상의 힌트를 찾는다

머리말에서도 이야기했지만, 현재 테니스 지도 현장에서는 여전히 결과분석 지도법을 중심으로 지도하고 있다. 그래서 인간의 올바른 신체 사용법을 중시하는 기능분석 지도법을 기반으로 한 이 책을 새롭다고 느끼는 독자는 적지 않을 것이다. 그렇지만 이 책을 읽고서 실제로 프로그램을 실시해 보았다면, 무언가 깨달은 바가 반드시 있을 것이다.

이 책의 제1장에서 소개한 던지기, 잡기, 치기라는 구기의 기본 동작은 실시하기 전에는 쉽게 할 수 있는 동작이라고 생각할 수 있다. 그렇지만 실제로 해보면 사실은 바르게 하지 못하는 사람이 더 많다는 것을 알게 된다.

이 책의 연습 프로그램들은 평소 무심코 움직이던 자신의 몸이 어떠한 작용을 통해 움직였는지 알게 되는 기회가 된다. 그리고 이처럼 신체의 사용법을 이해하는 것은 틀림없이 테니스 실력 향상으로 이어진다.

물론 자세를 분석하고 그것을 토대로 지도하는 것이 나쁜 것은 아니다. 단, 그것만으로는 분명 한계가 있다. 이 책을 계기로 테니스를 시작한 사람은 물론 지금까지 원칙대로 쳤음에도 잘 쳐지지 않아 고민하던 사람에게 이 책의 접근 방법이 새로운 힌트가 된다면 저자로서 매우 기쁠 것이다.

또한 이 책을 통해 신체의 올바른 사용법에서부터 접근하는 테니스의 지도법이 조금이라도 더 세상에 알려지기를 바란다. 이미 전세계적으로 이 지도법이 주류가 되었기 때문에 이 흐름을 놓치면 세계 무대에서 함께 경쟁할 수 없게 된다.

아직 더 많은 노력이 필요하겠지만, 노력을 계속하면서 다른 코치들과 선수들에게 필자의 생각을 전하고자 한다. 이 책이 테니스를 사랑하는 모든 사람에게 도움이 되길 바란다.

일본 프로 테니스 코치 가미야 가쓰노리(神谷勝則)

New 테니스교본

1판 9쇄 | 2024년 3월 25일
지은이 | 가미야 가쓰노리
감 수 자 | 김 석 환
옮 긴 이 | 김 수 연 · 김 석 환
발 행 인 | 김 인 태
발 행 처 | 삼호미디어
등   록 | 1993년 10월 12일 제21-494호
주   소 | 서울특별시 서초구 강남대로 545-21 거림빌딩 4층
         www.samhomedia.com
전   화 | (02)544-9456
팩   스 | (02)512-3593

ISBN 978-89-7849-466-3 (13690)

Copyright 2012 by SAMHO MEDIA PUBLISHING CO.

출판사의 허락 없이 무단 복제와 무단 전재를 금합니다.
잘못된 책은 구입처에서 교환해 드립니다.